谨以此书献礼新中国成立 70 年

纪学 著

朱德
和康克清

中国言实出版社

图书在版编目(CIP)数据

朱德和康克清 / 纪学著 . -- 北京 : 中国言实出版社 , 2019.10
ISBN 978-7-5171-3217-2

Ⅰ.①朱… Ⅱ.①纪… Ⅲ.①朱德(1886-1976)-生平事迹
②康克清(1912-1992)-生平事迹 Ⅳ.① K827=7

中国版本图书馆 CIP 数据核字(2019)第 228271 号

出 版 人:王昕朋
总 监 制:朱艳华
责任编辑:肖　彭
　　　　　张　朕
出版统筹:冯素丽
责任印制:佟贵兆
封面设计:徐　晴

出版发行　中国言实出版社
　　　　　地　　址:北京市朝阳区北苑路 180 号加利大厦 5 号楼 105 室
　　　　　邮　编:100101
　　　　　编辑部:北京市海淀区北太平庄路甲 1 号
　　　　　邮　编:100088
　　　　　电　话:64924853(总编室)　64924716(发行部)
　　　　　网　址:www.zgyscbs.cn
　　　　　E-mail:zgyscbs@263.net
经　　销　新华书店
印　　刷　北京温林源印刷有限公司
版　　次　2019年10月第1版　　2019年10月第1次印刷
规　　格　710毫米×1000毫米　1/16　16印张
字　　数　245千字
定　　价　58.00元　　ISBN 978-7-5171-3217-2

▌再版前言▐

这部《朱德和康克清》出版后，受到了广大读者（包括当时还未回归的香港读者）的普遍喜爱。直到近时，还有人因书店买不到此书，来信向我索要，可惜我的手头也没有，只能抱憾。

现在，中国言实出版社决定再版《朱德和康克清》，我自然十分高兴。这不仅解决了读者想读此书而没有的困难，还有其更多的意义。因此，我没对作品本身作什么改动，只说些与书有关的话。

今年是中华人民共和国成立 70 周年，在庆祝这一伟大的节日时，人们都深情怀念和敬仰无数革命前辈和无数流血牺牲的先烈。朱老总是中华人民共和国的主要缔造者之一，康大姐少年青年时就投身反对旧社会的斗争，他们都是为建立新中国不屈不挠、踏艰履险的奋斗者，为建设新中国呕心沥血、直至生命最后一息的奉献者。从他们身上，我们可以看到新中国的来之不易，从而更加珍惜她，更加努力建设好她。

我们现在进行"不忘初心、牢记使命"的教育，朱老总、康大姐就是这方面的光辉榜样。朱老总来自旧军队，是滇军的名将，他毅然放弃显赫的地位、优越的生活，寻求救国救民之路，从国内到国外，终于找到中国共产党，并加入其中，为之战斗一生。康大姐参加儿童团、妇女会、民兵队、上井冈山，参加共产党领导的武装斗争和社会主义建设。他们从青年时找党跟党革命的行动，到老年时坚守革命到底的誓言，不论在什么时代里什么条件下什么环境中，都不改变初心，始终保持共产党人的信仰、精神和本色，永远值得生活在今天的人们学习。

另外，今年又是朱老总、康大姐结婚90周年。他们在硝烟烽火中结成革命伴侣，又并肩携手踏过硝烟烽火，有过甜美和欢乐，也有过纷乱和忧思，但夫妻恩爱却始终如一，愈久愈深。他们虽然已经相伴远去，但他们用至今还鲜活的事实诠释的爱情、婚姻、家庭的真谛，仍能提供诸多思考和参照。真正的爱情一定会带有时代的色彩，但绝不会因时代的变化而变色。

我曾说过，计划接着写延安、太行山、新中国成立后直至"文化大革命"时期的朱老总和康大姐，并为之做了诸多准备，采访了一些人，查阅了一些资料，还有康大姐谈话中零星说到的她和朱老总在延安、太行山特别是"文化大革命"中相濡以沫、甘苦与共的岁月。可一直拖到现在，我始终未动手写。写不写，何时写，怎么写，我自己还没想好。

纪 学

2019 年 2 月

目　录
CONTENTS

第1章
随红军上井冈山的路上，
"媳妇王"第一次看到朱军长

1928年9月24日。

黎明的霞光，温柔均匀地洒落下来，为江西省遂川县的大地罩上一层绯红色的薄绸细纱，那缓缓飘浮的乳雾，也染成了粉红浅润的颜色。村庄里，升腾起袅袅曼曼的炊烟；树林中，传出婉转悦耳的鸟啼。

铺满绚丽霞光的小路上，走着一支八九十人的队伍。他们身穿普通农民的衣服，黑的白的蓝的，有新有旧，颜色不一，肩上都背着枪。他们显得很疲倦，沉重的步伐，憔悴的面容，说明他们已经多日没有休息好了。特别是队列里的七个女的，更有点精疲力竭的样子，身子摇晃，步履维艰。只有其中的一个姑娘，迈动没有缠裹过的双脚，走得很有力。只见她快步闪出队列，站到路边一块突出的岩石上，抬起右手抹下额头的汗水，使劲甩落到地面上。她叫康桂秀，就是后来改名为康克清的人。

霞光射来，为她留下一幅剪影：高高的个头，健壮的身躯，红润的脸庞嵌着一双有神的大眼睛，如同一泓清澈的泉水；乌油油的短发，在清晨的微风中不停飘动，有几缕贴在汗湿的前额和鬓边。她伸手向后拢了拢头发，目光望着弯弯曲曲的来路。

"好险哪！"她在心里对自己说。

这支万安游击队来到遂川城六天了，昨天晚上才接到跟随红军上井冈山的通知，并且发给了每人一支枪。人们好高兴哟！久久地议论着，说村里的事情，谈以后的生活，领队的同志几次催促早些睡觉，第二天好有力气赶路，也不起作用，直到他严厉地说"以后我们就是红军战士了，要遵守纪律"，大家才勉强躺下。

她和曾华英、张良、罗恒秀、张庚秀、刘桂秀、朱挺兰六个女伴睡在一起。这几个女伴都是她动员出来的。

"睡不着呀！"朱挺兰翻了个身说。

"是呀，睡不着。"其他人也说。

她虽然理解女伴们的心情，还是说："睡不着也得睡，不然明天怎么赶路？"

屋内静了下来。

此时，她的心里也特别兴奋，但她还是强迫自己睡觉。可怎么也睡不着。她半睡半醒地躺着。有几次，她的手一碰到枪，心跳就不由得加快起来：这比梭镖强多了！从参加儿童团时起，她就扛着梭镖站岗、放哨、查路条，看到有人拿枪就眼馋得慌，心想：什么时候我也能有一支真正的枪，那才叫威风呢！现在真的有了枪，她又仿佛觉得是在梦中，抓得紧紧的，唯恐还会失掉似的。

深夜，远处传来了枪声，她迅速坐起身来。黑暗中，一个急促的声音在耳边回响："快！到城外的山上集合！"

等他们赶到城外的山上时，枪声更紧更密了。漆黑的夜幕，被子弹划出一道道闪光，雪亮的弧线，在空中交叉穿行，如飞舞的银蛇，发出嗖嗖的声音。集中到山坡上的万安游击队的队员们，听着嗒嗒嗒的机枪声，看着子弹在身边、脚下迸溅起的石块和泥土，心里不免有点儿发慌。

"好厉害呀！连着响！"有人议论。

他们还是第一次见到机枪射击哩。

"不要慌！"她低沉的声音，平静了人们的议论。

子弹越来越密集，机枪的响声更近了。怎么办？蹲在这里等着吗？她皱皱眉头，眨一眨眼睛，提议道：

"从这里去井冈山，黄坳是必经之地，应该朝那里走。"

领队接受了她的建议，说："我们下山去，向黄坳方向走，到那里等着红军！"

别看她只有16岁，可大家都听她的。谁不知道，她曾当过区妇女协会的秘书和宣传委员，带领妇女夺过白军的枪，是万安暴动中的积极分子。所以一听到她的建议，人们就互相拉扯着搀扶着，磕磕绊绊地往山下跑，沿着通往黄坳的路，来到了这个地方。

"康桂秀，你在看什么呀？"张庚秀停住脚大声问。

她转过脸说："我参加红军，不叫康桂秀了，现在叫康克清。"

"对，叫康克清，我叫惯了嘛！"张庚秀说。

康克清从刚才的思绪中挣脱出来，和女伴们走在一起，脚步踏在山石上，发出噔噔的响声。

张庚秀比康克清的年龄大一些，大姐姐似的问道："康克清，是不是想家了？"

"没有。"康克清使劲摇摇头。

她嘴里虽然这么说，心里还是猛地一动。这一次真的离开家了，不知什么时候能再看到它。说真的，她对那个家还是有感情的，那里毕竟是她生活了16年的地方啊，尽管是个"望郎媳"。

16年前，她生在万安县罗塘乡塘下村一个善良贫苦农民的家里。父亲康定辉是个靠租一条渔船在赣江惶恐滩下游水上流浪的渔民，因生活不定，当女儿出生才40天时就送给大禾场村罗奇圭家做"望郎媳"。"望郎媳"即是童养媳。当地的风俗，先找个媳妇，以便这媳妇能望来个儿子。可是这个"望郎媳"没有望来"郎"，罗家也就把她当成了养女。不过，外人还是把她看成童养媳。在附近的童养媳中，她是最聪明能干的，人们就夸她是"媳妇王"。

罗奇圭家里也很穷，靠租种地主的田糊口。农闲时，他就到邻村去唱采茶戏，弄几个钱养家。桂秀长得俊俏伶俐，三四岁能爬树摘松子，十二三岁时会做饭、洗衣、推磨、车水、种田，还能做一手好针线活，所以罗家很喜欢她，看成亲生女儿一般。

给康桂秀印象最深的还是养母，一次养父被团丁抓走，养母就到财主家做零工，换回一点米维持全家的生活。养母还顶住了奶奶的压力，支持她不裹脚。那天她从外面劳动归来，奶奶递过准备好的布，强迫她裹脚。她不肯，说：

"不裹。我好好的一双脚，裹了还怎么走路？"

奶奶看着说不服，就大哭大嚷："养个大脚妹子，将来怎么嫁出去！"

养母同情桂秀，笑着对自己的婆婆说：

"嫁不出去，我养她一辈子。"

奶奶还是不依。桂秀心中暗自思忖，硬顶是不行的，得想个主意。你让我裹脚，看我怎么对付你。

第二天，桂秀不去打柴，也不去挑水。见到缸里没了水，奶奶着急了：

"桂秀，你怎么不去挑水？"

"你不是要我裹脚吗？"桂秀理直气壮地说，"我裹了脚就挑不了水，你看怎么办吧！"

奶奶从此不再提裹脚的事，她也就有了一双大脚板。

此刻，她下意识地看看自己迈动的双脚，从心里感激养母的支持，庆幸自己想了个反抗裹脚的好办法。如果不是这样，现在怎么走这崎岖不平的路呢？

太阳出来了，红艳艳的光芒照在刚刚收割过的稻田里。康克清走在队列中，明亮的目光，一会儿远眺前方朦朦胧胧的山影，猜想那里是不是井冈山；一会儿看着近处，秋风吹来，有些树的叶子开始变黄飘落，而一棵棵青松，一蓬蓬翠竹，却依旧傲然挺立，绿色如故，显示着凛然不屈的勃勃生机。

他们到达一个村庄前，打听后知道这里叫堆子前。几户星散的人家，掩映在树丛的阴影里。

"看！后面来了红军！"一个队员大声说。

"在哪里？"

随着这几乎是异口同声的问话，八十多双目光同时向来路看去。

康克清看了一会儿，大声说："是红军！是红军！"

是的，那的确是一支红军队伍，红四军第二十八团。走在最前面的，是军长朱德。

朱德的脸上罩着一层喜悦之色。战斗胜利了，共歼敌3个营，击溃两个营，生俘敌营长、连长各一名，士兵两百多人，缴枪二百五十多支。这是回师井冈山后的第一个大胜仗。

对于这次胜利，朱德是早有所料的。十多天前，他率领在湘南遭到失败的红二十八、二十九两个团，在毛泽东的迎接下到达黄坳。刚刚住下，赣南的敌军刘士毅部就尾追而来，占领了遂川县城。他和毛泽东一起召开红四军干部会议，分析敌情，作出了将计就计、诱敌包围、分兵合击、出其不意攻打遂川县城的部署。会后，他率红二十八团和遂川赤卫队第一中队为前卫，毛泽东率三十一团第三营和遂川赤卫队第二中队为后卫，先后出发。

战斗是 9 月 23 日上午开始的。10 时左右，他率领的第二十八团在草林圩附近遇上了前来引诱的小股敌人。战斗一打响，敌兵就一边还击，一边向县城方向退却。朱德佯装没有识破敌计，指挥红军战士和赤卫队员步步进逼。到了城西关子地一带时，又以排山倒海之势向引诱之敌发起冲击，一口气追杀 20 多里。红军后勤、炊事人员也挑着锅碗瓢勺跟进。敌人以为红军已进了他们的包围圈，便向县城移动，企图围歼红军。正在这时，毛泽东率领的红军和赤卫队分成两路向县城压去，左路占领城东的石桥，截断了敌军退路；右路越过遂川江上游的阳关桥，猛攻敌人后方。在左右夹攻之下，敌军腹背受敌，惊恐万状，最后被歼灭。刘士毅挨了打不甘心，又和李文彬部一起前来合击遂川，红军及时撤了出来。

如果仔细看去，朱德的喜悦里也夹杂着缕缕不易察觉的痛心。这一次的胜利，是不能弥补上一次的损失的。两个多月前，敌人纠集湘赣两省十一个团向井冈山根据地进行第二次"会剿"。为了阻击湘赣敌军会合，他和毛泽东决定留下三十二团守井冈山，其余兵力分成两路：一路由毛泽东率三十一团于永新牵制赣敌，袭扰疲惫敌人；一路由他率二十八、二十九团进取酃县（今炎陵县）、茶陵，以便在运动中歼灭湘敌，然后再寻机打破赣敌。可是当攻克酃县后，由宜章农民编成的二十九团却不愿回永新，要到湘南去。朱德反对向湘南冒进，军委却决定二十九团回湘南。结果，在郴县与范石生部接触，先胜后败，二十九团随即自由行动，跑向宜章家乡，军参谋长兼二十八团团长王尔琢前往劝说，被逃兵开枪打死……对此，朱德的心里一直很沉痛，眼前的胜利，也不能使他完全忘却那次的失败和损失。对一个真正的将领来说，失败比胜利的印象更深刻难忘。

有人走到朱德的身边说："军长，前边就是堆子前了，要不要让部队停下？"

"哦。"朱德答应一声，随后说，"不！继续向黄坳前进！"

说完之后，他抬眼看看四周。多熟悉的地方！那田野，那村庄，那树林，都如此亲切。昨天，他在这里宿营过。面对集合站立的战士，他这样动员道：同志们，刘士毅这个敌人是又凶狠又狡猾的。他在县城附近设了一个伏击圈，等着我们去上他的钩。他的胃口不小呢，想一口吞掉我们。我们就来个将计就计，先做出钻进伏击圈的样子，然后再出其不意地反过来包围他，消灭他，打个漂亮的歼灭战！……如今，他的动员发生了作用，他和毛泽东的将计就计也取得了效果。他想着，看一眼走在身旁的妻子伍若兰，脸上又荡起一丝笑容。

伍若兰似乎理解丈夫此时此刻的心境，报以嫣然一笑。

朱德率领的红军队伍，来到了堆子前。

看到红军队伍过来，康克清和游击队员们自动地闪开一条路，让军队先过，他们则站在两边，目不转睛地看着。

啊！到底不愧是红军的队伍！多么整齐，多么雄壮，多么有力！他们虽然经过战斗，还没有来得及好好休整，穿的又是破旧的灰布军衣和自编的草鞋，甚至有的人还穿着其他颜色的衣服，武器也是各种各样，有的甚至背着梭镖长矛，但是一个个精神饱满，斗志旺盛。唰唰唰唰的脚步声，从这山路上响起，向四面荡开去。

"看，那是朱军长！"一个人指着走在前边的朱德说。

人们的目光一下子集中到了朱德的身上，眼睛里充满了惊奇和敬慕。在此之前，他们都还没有见到过他哩！

康克清也是第一次看到朱德，她挤在人群中，踮起脚尖，仔细地打量着。朱德穿的也是一身灰布军装，虽然非常破旧，但是很整洁干净，领口敞开着，脚上穿的是粗麻编织的草鞋，斜背着的一顶斗笠，紧紧贴在后背上。腰间的驳壳枪，随着身子的向前而轻轻晃动。枪带和斗笠带，在胸前交叉成一个不规则的十字,然后一齐压在腰间的一根宽皮带下面。他个头不高,身材魁伟,椭圆形的脸膛,因风吹日晒呈现黑红黑红的颜色;浓重的眉毛下,闪动一双忠厚而又机敏的眼睛;胡子长得很长,几乎和鬓角连到了一起。见两旁的人在看他,他就挥挥右手,笑嘻嘻地打着招呼。

他就是军长?康克清心里一动,不就是传说的朱毛中的一位吗?她睁大惊奇的眼睛看着。开始听人说到朱毛,还不明白是什么意思,以为是一个人,后来虽然知道是红军的两位领袖,但没有见到过。人们说的那么神,原来竟是这个样子,要不是亲眼看到,她真的不会相信。尽管当时她还不能确切地说出军长是个什么样的职务,但她知道军长是个很大的官,应该有威风凛凛的派头,或者骑着高头大马,或者坐着八抬大轿,有很多人前呼后拥,吆喝开路。就说家乡"挨户团"的杂牌团长吧,还是一走地皮颤,前前后后好几个护兵和保镖呢!可眼前的朱军长,却是一个平平凡凡的人,平凡得像个农民,像个马夫,像个伙夫,丝毫不引人注意。只有那打得高高的绑腿,走路时的挺胸昂首,才隐隐透出军人特有的威武气概。

"走在朱军长旁边的女红军是谁呀?"人们议论起来。

"就是女红军呗!"

"听说是朱军长的妻子。"

"不,是太太。"

"太太就是妻子,她叫伍若兰。"

康克清看到,伍若兰中等个头,一副大脚板,头发挽在脑后,压于军帽下,皮肤黑黑的,长得虽然不十分漂亮,但穿着合体的军装,显得很标致,特别是那一双大眼睛,闪着智慧与果断的光芒。

这就是女兵呀!早就想当个女兵的康克清心里这样想。

朱德率领的红军队伍走过去了,康克清和游击队员们才跟在后边,继续朝黄坳方向行进。

第2章

跟着毛委员和朱军长干革命，她说："我宁死也不回头了！"

好难走的路哟！

在黄坳住了一夜。从那里再往前走，群山连绵，沟壑纵横，竹树繁茂。一条坎坎坷坷的小路，盘绕在峰谷和竹树之间，向着山顶延伸，如同一根细细的游丝，被风吹得晃晃悠悠、飘飘摇摇，打了一个又一个弯。每个拐弯的地方，都有机枪手把守着。康克清和万安游击队的队员们，沿着这条路朝井冈山上攀登。一边是看不到顶的峭壁，一边是见不到底的幽谷。

胆子本来就大的康克清，心中不但没有害怕，反而更加喜悦，像一只飞出了笼子的鸟儿，充盈着解放了的自由的快慰。到底走上了渴望已久的道路，种种约束都摆脱了。她看天空，如此明丽高远；她望大山，如此巍峨挺拔；低头俯视深谷，流水唱着好听的歌儿。一切都这么美好，这么亲切，这么可爱。

是的，怎么能不这样呢？为此，她曾进行过多少不屈不挠的努力和奋斗啊！

她还记得1925年那个春天。在花红树绿、鸟语蝶飞的季节里，罗奇圭家出入的人突然多了起来，有罗天宇、陈正人、张世熙等。罗天宇在北京大学读书期间接受了马列主义，回乡后与陈正人、张世熙等进步知识青年一起，以教书作掩护，秘密组织了"万安青年学会"，创办《青年》杂志，在罗塘湾的至善小学演出《车夫的婚事》等文明戏，创建农民协会。罗奇圭参加了中国共产党，他的家里成为党的秘密活动点。康克清看过文明戏，也听过罗天宇等人的谈话。当时，人们并没有注意到这个13岁的农家姑娘，但这个农家姑娘却记住了那似懂非懂的话语："人家苏联那边打倒了地主、资本家，事事由工农当家做主，再不受压迫剥削，我们也要发动农民起来反封建，求自由，像他们那样做。"

受压迫受剥削的苦痛，使少年康克清极容易地接受了这些道理，并认定了只有这样做才能救中国救穷人。所以当万安县委秘密成立后，宣传男女平等、剪掉辫子、反对裹脚时，她都是走在前面的积极分子。后来村里成立农协会和妇女会，她又带头参加，很快成了一名共青团员。

村里成立农民自卫军时，规定凡是16岁至45岁的男会员都可以参加。成立的那天，男青年们持着梭镖，系着大刀，扛着鸟枪，在禾场上点名。只有14岁多的康克清站到队列里，向队长罗存定说：

"给我加个名字，我要当农军。"

"你看，我们这里站的都是男的，可你是个女孩子。"罗存定拍拍她的肩膀说，"出来吧，等成立女子军时你再来参加。"

康克清不服气了："女孩子怎么样？女孩子就不能当兵了？北伐军里也有女兵，女兵一样打仗，你这个农军为什么不收女兵？真封建！"

对于康克清的这些话，罗存定无言以对，停了一会才说：

"好！破格吸收你参加农军。"

接着，罗存定在花名册上写下了"康桂秀"三个字。

这一年，康克清被送到妇女干部训练班学习，结业后当了妇女协会的秘书和宣传员，参加巡视团到全县各处去演讲，男女平等呀，公婆不准打骂媳妇呀，丈夫不准打老婆呀，妇女要起来参加革命、自己解放自己呀！……别看她年纪小，可说得头头是道，特别是那些妇女们，简直听得入了神，连连点头，夸她讲得对，讲得好。

万安暴动的指挥中心罗塘湾，到处是红旗、标语、党团员、农协会、妇女会都动员起来了。男子日夜操练，准备上前线，妇女做后勤。康克清没有上前线，但却是妇女中最活跃的一个。她到兵工厂去，和乡妇女主任欧阳秀一起，走村串户地收集破铜烂铁，将妇女分成砸铁组、熬硝组、装药组，干得热火朝天。经过四次暴动，攻下了万安县城。当农军从前线回来，康克清又和妇女们组织慰劳队，开欢迎会，激发广大群众的斗争热情。

正如眼前的这条路弯曲不平一样，康克清也有感到憋气的时候。1927年4月12日以后，蒋介石、汪精卫相继叛变革命。反动势力的猖狂反扑，使万安一带也洒满了腥风血雨。白军到处屠杀人民，共产党员、共青团员和积极分子都"沉下去"，即分头隐蔽起来。和养父一起藏到外婆家里的康克清，听到好多认识的人被杀害的消息。一个20多岁的女共产党员被拖到石灰桥害死，死后很久，肚里的孩子还在跳动。她听到这些，心里既难过又气愤。

由于康克清年龄小，形势稍缓和后就回到了家里。那些地痞流氓、"挨户团"把村子搞得乌烟瘴气，见到康克清就瞪眼睛，说些不干不净的下流话。康克清要么不予理睬，要么就狠狠地顶几句，心想，你们是小河里的水站不长，我们是水底的石头冲不走。

这时候，又一件事摆到了康克清的面前，使她困扰不安。养父偷偷回到家里后，就商量着把她嫁出去，养母将她关在家里捻麻线、做鞋子，准备嫁妆。她跟在养母身后吵闹，不肯做那些东西。养母生气地说：

"你不做，到时候让你穿着褰衣上轿！"

"看吧，也许有人上轿，没人下轿！"康克清愤愤地说。

养母听出了养女是想以死反抗，又生气又担心，抹着鼻涕眼泪说：

"我算是白疼了你一场，如今你的翅膀硬了，就不听爹娘的话了！"

康克清知道养母心疼自己，是她支持自己不裹脚。剪辫子时，养母初见到拿起棍子要打她，她就说：

"娘，别打吧！剪了发省得天天早上起来梳辫子。现在我已经剪了，你把我打死也安不上去了。"

养母又恨又爱地放下了棍子。一看到养母哭，康克清的心里酸酸的。

看到女儿没吭声，养母又说：

"这是终身大事，你一点禁忌也没有，专拣不吉利的话说。"

康克清没有说话，她不愿让养母为此而生气。夜里，她偷偷找到党的一位领导同志，问：

"我现在就去当女兵行不行？"

"现在还不行。"

康克清流泪了。她哭着诉说自己的处境，最后道：

"如果家里逼我出嫁，我就只有一死！"

那位同志笑了："死了就不能革命啦！"

"出了嫁也不能革命呀！"

"出了嫁还是能革命的。"那位同志说，"当然婚事能拖就拖，只要有机会，我们就想法让你走。"

这个机会终于来了。1928 年 9 月 15 日，陈毅率领一个营的红军来到罗塘湾。红军一进村子，康克清就从家里跑了出来。这次无论如何也得跟红军走。她心里这样想着，就到处找已经当了红军的二叔，可是没有找到，又不好意思把自己的心事跟生人说。正在这时，一个声音传来：

"桂秀，你怎么还不出来给红军准备粮食呀？"

寻着声音看过去，见是本乡的一个熟人，就走过去问：

"你什么时候当的红军？我原来还不知道红军是些什么样的人哩！"

"什么人？还不都是自己人。"那个熟人说，"赶快去给我们整粮食呀！"

"好的。"

康克清说着就跑去找到张良、周华英等一些妇女积极分子，连当了红军的二叔家的二婶也拉上，把"挨户团"家的猪赶出来，打开地主的粮仓，搬谷子，舂米，在德声堂摆起锅灶，为红军煮饭……她一边奔忙，一边在心里想着怎样参加红军。

三天后，红军离开罗塘湾，康克清动员了张庾秀、刘桂秀、朱挺兰几个女子，一起跟到遂川县，跟着到了这里。所以，后来陈毅和她开玩笑说：

"那回要不是我把你领出来，谁知道你现在是哪家的媳妇啊！"

走着想着，不知到了什么地方。康克清看到朱挺兰走得很吃力，就挨近她的身边，说：

"把枪给我背吧。"

"不用了，我能行。"朱挺兰很倔强地回答。

康克清把她的枪硬拿过来，背到自己的背上，说：

"坚持下去，很快就到了。"

"还有多远？"刘桂秀问。

"我也不知道。"康克清说，"不过不会太远了，你看我们快到山顶了嘛！"

还没有到。仍然是山路，仍然是峭壁，仍然是竹树。队伍仍然攀登着。

又走了很长时间，太阳快落山时，才有人说：

"前面就到小井了！"

"哎呀！才到小井？"张庚秀说。

"小井就是井冈山。"

"是吗？"

人们高兴了，不由得加快脚步。

康克清大步走着。她背着枪，身上还是从家中穿来的衣服，乌黑的短发梳得很整齐。她的脚步有力，踏在山石路上，发出噔噔的响声。多么威风潇洒的游击队员！

她还记得，他们刚在小井住下之后，朱德军长就来了，来欢迎和看望新上山的人。他穿的仍是一身灰军衣，仍是那么和蔼，仍是普通得像个农民。他笑嘻嘻地和人们握手，用一口浓重的四川话说：

"你们万安的同志吃了苦，受了国民党的压迫，死了好多人。我们这次去游击，救出一部分来了，今后还要救出更多的同志……"

人们听得很认真，似乎又想到了死在反动派刀下的同志，一时沉默了。沉默中的康克清，眼前也出现了罗天宇的形象。这位万安暴动的主要领导者，就是在对敌斗争中英勇牺牲的。可以说，他是康克清的启蒙老师，教给这位勇敢的农村姑娘许多革命道理。朱德的话，完全说到了她的心里。当然，那时她还不知道，毛泽东在给党中央的报告中写道："9月红军到万安。……有八十个革命农民跟随到井冈山，组织万安赤卫队。"

这之后，万安游击队与新上山的泰和赤卫队整编成万（安）泰（和）游击大队。康克清和万安农军编为第一中队，在小井住下来，担负警戒任务。此时，康克清就是下哨回来的。

虽然来到这里的时间不长，她也已经知道，在井冈山上，人们把小井和大井、上井、中井、下井合称为五井。这小井有四十多户人家，组成一个分散的山村。抬头看看不远处的黄洋界，峭壁上凌空飞下一条瀑布，如素练自天而降，落入下边的龙潭，发出巨大的吼声，连续不断地传入耳膜。听说深绿色的潭水中有一种娃娃鱼，可惜她还没有看到过。

她停下脚步，目光落在一排三十多间的红军医院。房子是刚刚修建起来的，伤员们住在那里，医院旁边那块低洼的小田里，稻子已经收割，留下的稻茬在阳光里默默地站立着。是的，这里是安全的，没有地主和白军的刀枪杀来，也不用为父母亲

红军时期的朱德

的逼嫁而焦急不安。康克清觉得，这里新鲜、美好，甚至连空气都洁净、甜润。她在心里对自己说：要永远跟着红军，为穷苦人打天下。

忽然，一支山歌从绿树丛中飘过来：

> 朱毛会师在井冈，
> 红军力量大又强；
> 不分红军三分力，
> 打垮江西两只羊。

寻声望去，是个年轻的后生，一副山民打扮。是砍柴的，还是打草的？

她知道，这支歌唱的是七溪岭战斗。4月底，朱德和陈毅率领南昌起义的余部和湘南农军，在宁冈砻市与毛泽东领导的部队会合，建立了红四军。一个多月之后，江西军阀杨池生、杨如轩的部队就向井冈山进攻。朱德和毛泽东研究后，率红军抢先控制了制高点望月亭和风车口等地。待敌进入有效射程内时，朱德一声令下："打！"顿时机枪、步枪和手榴弹在敌群中开花，连续打退了敌人几次进攻。可是敌人凭着人多枪多，又组织新的进攻，占领了地势十分险要的风车口。风车口的上面就

是望月亭，朱德的指挥所设在那里。在形势十分危急的时候，朱德手端机关枪纵身一跃，跳出战壕向敌人射击。敌人的子弹呼啸飞来，把朱德的八角帽打穿了两个洞，可他毫不在乎。在朱德的影响带动下，战士们奋勇杀敌，打败了杨池生和杨如轩的军队。人们欢呼胜利，编了这支山歌，歌词中的"两只羊"，就是指杨池生和杨如轩两人。

康克清回到住处，一眼就看到养父罗奇圭正在等她。她的心里不由得一惊：他怎么来了呢？一种不祥的预感袭上心头。

"爹，你怎么来了？"康克清心里狐疑，嘴里亲热地问。

罗奇圭显得很不好意思，迟迟疑疑地说：

"桂秀，跟爹回去吧。"

"跟你回去？"康克清虽然早已预料到养父的来意，但此刻还是十分吃惊，"我已经来到这里了，怎么能跟你回去呢！"

罗奇圭嗫嚅着说："你不回去，挨户团要杀我的。"

望着养父的面孔，康克清的心里很难受。她太熟悉站在面前的这个农民了，一年到头没日没夜地劳动，还是连日子也过不下去，不得不在农闲时到四乡去唱采茶戏。在大革命的洪流中，他参加了中国共产党，成为区农会的主席，可头脑里还存留着许许多多旧的观念。他组织和号召别人去上夜校，却不准自己的养女去，说："这么大的妹子，站起来比老师还高，整天在外面跑，人家会笑话的。"养女一再坚持，他宁肯把课本带回家来自己教，也不让养女到夜校里去。

康克清还记得，一次听说红军要到村里。一大早，养父就出去了，临走时嘱咐养母，要在红军进村后把养女藏起来。红军来的时候，康克清故意将笼子里的鸡放出去，往大路上轰，她边追边喊："妈妈，鸡都跑啦！"养母慌慌张张地走出来，又赶鸡又赶女儿。慌乱中，她把康克清推进了别人的家里。康克清没办法，只好趴在窗洞里看着红军走过去。

在"沉下去"的那些日子，养父是没有动摇的，现在为什么害怕了呢？是不是有别的什么原因？康克清耐心地解释说：

"爹，我无论如何不能回去！"康克清心里想着，给养父讲道理，"即使我回去，挨户团也不会放过我的。难道你忍心看着女儿被他们杀害吗？"

这个道理，罗奇圭是懂得的，他来找养女的真正目的，并不在这里。对于反动派的威吓，他不害怕，可有一件事他是没有办法的。沉默了一会，他说：

"你婆家要人，再说，那200块大洋怎么办？"

原来是这样！康克清的心里立即升起一团怒火，两道眉毛间皱起一个疙瘩。她心想：爹爹呀，你太糊涂了，我早就反对你们这样做，你还是做了。妈妈是怕我东奔西跑有风险不放心，对我说"你也这么大了，总不能在爹娘身边过一辈子，女人嘛，就是嫁个男人安安稳稳过日子"，可你应该懂得我说的话呀！我的婚事你不用操心，我自己会作主，革命的道路我走定了，谁也拦我不住。

想着想着，眼前又出现了那一幕。一天，她从外面回到家，见屋里坐着媒婆和一个小伙子，桌上摆着贴了红纸的酒、肉、糕、饼等礼物，就问：

"这是怎么回事？"

养母笑着说："妹子，今天给你定亲，这是喜事，你要高兴。"

那个媒婆也凑过来说："贺喜！贺喜！"

康克清生气了，指着媒婆说：

"你贺什么喜，赶快给我滚出去！我的事不要别人管，我自己会做主。"

养母气得浑身发抖，抹一把眼泪又抹一把鼻涕说：

"你哪里借来这么大的胆子，爹娘的话也不听了。"

媒婆更是火上浇油："你家收了人家的彩礼，不去，到时把你捆上轿。"

"捆我？"康克清对媒婆吼道，"我就是带头反对包办婚姻的，你敢捆我！"

她说完走出家门，找来一伙同伴，把媒婆批斗一番轰了出去。虽然她以后总听到养父母逼她出嫁，可现在才知道，不但给她订了婚，还收了人家200块大洋。她沉下脸说：

"至于那200块大洋，我不管！我要留在这里，跟着红军，跟着毛委员和朱军长干革命！"

语气是果断的，决心是坚定的。罗奇圭沉默了。是自觉理屈？是养女的道理说服了他，还是感到无可奈何？他轻轻摇摇头，长长地叹了一口气。

看到养父没有再说什么，康克清明白老人的心里是很矛盾的，进一步说：

"我宁死也不回头了！如果您同意我的话，我一辈子记得您的养育之恩。"

随后，她找人借了两块大洋，送养父下了山。

送走养父，康克清回到住处。张庾秀、刘桂秀、朱挺兰等女伴说：

"康克清，你是怎样把你爹给说服了的？"

"要坚决，不要怕！"康克清说，"如果你什么都怕，那就一辈子受人欺侮。"

冬季的井冈山，天气很寒冷。夜间，树枝和草叶上有寒霜凝聚。红军和赤卫队员们身穿单衣，冷风吹来，冻得浑身发抖。人们吃的是红米饭、南瓜汤，睡觉时铺的是稻草，盖的还是稻草。

这些，对康克清这个农家出身的苦妹子，都是不在乎的。她置身在欢乐的集体之中，被人民和妇女彻底解放的信念鼓舞着，感到浑身有用不完的力气。特别是她听说毛委员和朱军长也和战士们吃一样的饭，喝一样的汤，每天都是 5 厘钱的伙食费，到月底分一样多的伙食尾子，心里更加感到这里确实是穷苦人的天下。

康克清和彭儒住在一起。彭儒是衡阳第三女子师范的学生，参加湘南暴动后与二哥彭琦、二嫂吴仲廉等参加红军，走上井冈山的。她俩住在一起，如同亲姐妹一般。彭儒虽然比康克清的年龄小，但知道的事情多，她讲湘南暴动，讲湘南失败，讲她的叔伯哥哥彭晒，姐姐彭堃、彭娟在耒水桥上被冲散牺牲，讲湘赣边界党的第二次代表大会，使康克清感到既羡慕又新鲜。

一天，陈正人突然来到她们住的地方。他曾到罗奇圭家里去过，认识康克清。康克清以为陈正人是来找自己有事情，可陈正人和她打过招呼后就去找彭儒了，两个人谈得十分亲密。康克清开始觉得奇怪，慢慢地看出了其中的奥秘，问道：

"这是怎么回事啊？"

陈正人笑着说："我们两天前已经结婚了。"

湘南失败后，彭儒被派到遂川县搞宣传工作，在那里认识了遂川县委书记陈正人。回井冈山后，彭儒又被分配到湘赣边界特委做妇女工作，陈正人是特委的副书记。有一天，彭儒收到陈正人的一封信，表达了对她的感情。信是用文言文写的，彭儒看不大懂，就去找贺子珍和吴仲廉商量。吴仲廉摆出一副大姐姐的样子说：

"这个人很不错。人家写信你不回，人家来你又跑掉，这怎么行呢？你回他一封信吧！"

"这种信怎么写呀？"彭儒不好意思地说。

贺子珍极力赞成："应该回信，仲廉帮助你嘛！"

"好！"吴仲廉满口答应，当即替彭儒起草了回信……

这些，康克清当然不知道，她装着生气的样子，轻轻地打了彭儒一下：

"你这个小鬼，这么大的事也不告诉我一声，怕我要喜酒喝呀！"

彭儒的脸红了。

陈正人说："我们正准备办一桌喜酒呢，陈毅、宋任穷、杨至成、彭琦、吴仲廉都来，到时候你也来吧！"

康克清连连摆手："我可不去！我可不去！"

在井冈山上，康克清听到看到的更多了，尤其是毛委员和朱军长的故事，简直像古书里讲的一样，带有浓厚的传奇色彩，使她牢记在心里。

……毛委员住在洋桥湖村贫苦农民谢慈俚家中，就拜谢慈俚为师学打草鞋。一天深夜，毛委员开会回来得晚，怕打扰房东休息，就将打草鞋的工具搬到厅堂里，在一根灯芯的油灯下练习打草鞋，直到打好两双后，才把草鞋放在桌子上，走去睡觉。第二天早上，战士们在厅堂的桌子上发现了草鞋，见到底板扁平，鼻圈软和，就夸房东的手艺高。谢慈俚说这是毛委员打的草鞋，战士们拿着草鞋看了又看，都开始学打草鞋了。

……14岁的童养媳罗姬英费了好大劲才把一块石磨搬起来，可是走了没三步就搬不动了，"扑通"一声扔在地上。毛委员听见响声走到楼下，看到罗姬英憋得通红的脸膛和眼中的泪珠，便走上前去，搬起石磨轻轻放进团箕里，又顺手把旁边凳上的炒米拿过来，慢慢放进磨眼里，帮助磨起来。罗姬英的婆婆见此情景十分惭愧，走近前感谢毛委员。毛委员搬起石磨，扫拢米粉说：

"你们两家都是受苦人，要互相爱惜、体贴才是。以后，这样的重活不要让细女做，容易累坏身体的。"

……朱军长在路上遇到一个有病掉队的战士，就让他骑自己的马。战士看到军长的年龄大，军务忙，怎么也不肯骑。朱德一边接过战士手中的背包，亲手扶他上马，并且亲自为战士牵马。黄昏的时候，连队派人来接这个战士，老远就对着朱德喊道：

"马夫，你才来呀！"

走近一看是军长，顿时呆住了，不好意思地说：

"朱军长，莫怪我喊错了。"

朱德拍着他的肩膀说："没关系，军长和马夫都是一样的嘛！"

……一天，朱军长到山上去看望烧炭人家，见到老人的脸蜡黄蜡黄，手里拄着竹棍还是站立不稳，身子摇摇晃晃的，一问才知道，由于国民党反动派的封锁，老人已六个月没有尝到盐味了。朱德立即吩咐通讯员下山，到军需处领来一包硝盐，交给老人说："先凑合吃吧，以后弄到盐再给你送来。"

几天之后，朱德果然又派通讯员送去了一大包盐。这时老人才知道，两次送给他盐的是朱军长。

……一个风雨交加的傍晚，朱军长和警卫员来到尹婆婆家里。尹婆婆搬来长凳，生起盆火。朱德正在烤着棉衣和尹婆婆说话，砰的一声响，门被打开了，两个身着农民服装的人走了进来。朱德一眼看出是民团的探子，但却毫不惊慌，机智地拿起又湿又破的棉袄假装捉虱子。走在前边的又矮又胖的探子，鼓着一双田螺眼，看了看朱德，皮笑肉不笑地说：

"老火头军，朱德在什么地方？你说出来，要多少光洋给多少。"说着从口袋里掏出十几块银圆，托在手里。

朱德不慌不忙地站起来，装着耳朵不太好使的样子问道：

"你们是问朱军长吗？"

矮胖子以为眼前的"火头军"见钱动心，马上又从口袋里掏出一把银圆。

朱德则沉着地说："他住在球坪，这里走下去，一二里路就是。"

一旁的尹婆婆和孙子也作证说，朱德是住在球坪。

两个探子走后，朱德马上叫挑水回来的警卫员通知各连立即到后山上集合，把队伍分成两路，埋伏在中坪到球坪之间的山林里。民团一到，红军先是猛烈射杀，接着冲下山来，打得民团东窜西逃，乱成一团。朱德站在哨口上，指挥部队痛击白匪，忽然听到山下传来一声哭喊：

"糟了！朱德的兵长了翅膀。我们来，他飞走；我们走，他飞来。"

朱德听出是刚才那个矮胖探子的声音，便扬起手中的快慢机，朝着说话的方向嗒嗒嗒放了三枪，那个声音就再也听不到了……

康克清上井冈山不久，就听到传来消息说，国民党反动派先后进行的两次"会剿"失败后，仍然不死心，入冬以后，湘、粤、赣的敌人又联合组成了对井冈山的第三次"会剿"。

怎样应付这严重的局面呢？

康克清和人们一样，都等着毛委员和朱军长的决策。决策没有到来，毛委员和朱军长却同战士们一起下山挑粮去了。每次下山上山来回要走五六十里崎岖难行的山路。朱军长的年纪大，工作忙，人们一再劝他不要挑了，但怎么也劝不住，有人就想了个办法，把他的扁担藏起来。但这也难不住他。他又请身边的人员砍了一根扁担，并亲笔写上"朱德记"三个字，仍然同大家一起去挑粮。军民们看到深为感动，就编了一首《挑谷歌》：

> 朱德挑粮上坳，
> 粮食绝对可靠。
> 大家齐心合力，
> 粉碎敌人"会剿"。

康克清看到过朱德挑粮的情景，也听到过这支歌谣，她为投奔这样的军队而高兴。

时间不长，命令就传下来了。前委、特委、军委和地方党的负责人在宁冈的柏露村召开联席会议，决定新来不久的彭德怀率领三十三团和三十二团留在井冈山坚持斗争。毛泽东、朱德率二十八团、三十一团和特务营向赣南转移，攻击敌人的后方，寻机开辟新的革命根据地。

康克清被分配在转移的队列里。她和其他人接到命令后急忙赶到茨坪的小行洲去集结，接受政治动员和军事训练，还抽空为留下的人准备粮食和其他物资。

第 3 章

伍若兰英勇牺牲，
康克清成为正式红军战士

　　黎明前的天色，更加漆黑。趁着夜暗，毛泽东、朱德率领的红四军，悄悄地从茨坪小行洲出发了。

　　离开井冈山，红军战士的心情是复杂的，脚步也很沉重。他们虽然来到这里的时间有长有短，但和这里的山川草木，和这里的人民群众，都建立了深厚的感情。在黄洋界、五斗江、七溪岭，他们歼灭过进犯的敌人；蜿蜒崎岖的山路上，洒下过他们挑粮的汗水……许多人是来到这里后才成长为革命战士，才确立了为之奋斗终身的理想和信念的。因此，井冈山在他们心目中的位置和分量，任何别的地方也无法比拟。

　　康克清的心情也是这样。她来到井冈山才三个多月，可对这里的一切也感到难舍难分，住熟了的房东，看惯了的山林，都牵动着一颗少女的心。现在为什么要离开呢？她说不明白，但她知道，这是毛委员、朱军长的决定，跟着他们走没有错。

　　正值数九寒冬，凛冽的朔风吹来，扑打在身上脸上，砭骨刺肉。纷纷扬扬的雪花，落到地面上很快就融化了，结成一层冰凌，在脚下发出吱吱的响声。走的人多了，就变成泥泞，又冷又滑。两旁的高山，擎着黑黝黝的巨峰，影影绰绰，狰狞可怕，狭窄的小路，铺在山石之间，细得几乎看不见。这是一条山间小径，过去很少有人走过，又陡又窄，有时人不得不匍匐着才能爬过去，有时得一个人拉着一个人的手，以免滑入旁边的深谷。康克清和游击队的战友们一起，跟着部队一步步攀越。

这条路真难走啊！康克清边走边想。那时她还不知道，走这条路是朱德和毛泽东调查研究后决定的。在茅坪乡工农兵政府主席李焕成的屋里，毛泽东说：

"你们要做好充分的准备。山棚要抢快搭起来，粮食准备足，打得赢就打，打不赢就钻山，敌人来得多就躲起来，来得少就消灭它。"

朱德问道："去赣南走哪条路最好？"

李焕成答："从山角洞、茶源、小圩洞、黄坑、上下淹到庄坑、徐洲、竹坑、大汾，再从大汾过营前，经唐江到赣州。不过，这条路尽是爬山。"

朱德一边在地图上做记号，一边笑着道：

"我们红军就是喜欢爬山！"

康克清小心翼翼地走着，往前看看，又抬起头朝后看看。前边有多少人，后边有多少人，她看不清，也不知道。但有一点她是清楚的，毛委员和朱军长也走在这个行列里，跟着他们走，完全可以放心。

天亮后，康克清才发现，他们的游击队是跟在红四军前委和军部后面走的，毛泽东、朱德、陈毅等领导人就在旁边。这些领导人的衣服也很单薄，脚穿草鞋，身背一条灰色的毛毯，和战士们一样爬山越岭。更使她高兴的是，这里也有女红军，她们和男红军一样行军，精神抖擞，脚步矫健。

她们当中的一位，瘦高的个头，清秀文静的面庞，剪着的短发罩在八角帽里，背着一个小小的背包——那是毛泽东的妻子贺子珍。是江西省永新县城里一个富足人家的女儿，被称作"永新一枝花"，从小接受进步思想，上学时就参加反对封建势力的活动，后来，她当了永新县第一任妇女部长，成为永新暴动中勇敢的女将。毛泽东率领红军打下永新时，她常向毛泽东请示汇报工作，接触多了，志向又一致，他们之间就产生了爱情，结合在一起了。

伍若兰是康克清在到井冈山的路上在堆子前见到过的。她出生在耒阳县一个知识分子家庭，毕业于衡阳女三师。朱德和陈毅领导湘南暴动时，她是有名的宣传员。和朱德结婚后，就在军政治部工作。

曾志也是和伍若兰一起参加湘南暴动后跟着朱德、陈毅上井冈山的女红军。她个头不高，但十分活跃，总是跑前跑后，喊口号，进行宣传鼓动，没有闲着的时候。

曾和她一起住过的彭儒没有来，她和她的丈夫陈正人一起留下了。

对贺子珍、伍若兰、曾志等几位女红军，康克清的心里非常羡慕。她们的年龄，有的比自己大，有的和自己差不多，有的则比自己还小，但她们有文化，识字多，懂得的道理也多。她真想走过去，和她们说说话，问问她们怎样当一个红军战士。可是，她不好意思。这个农民的女儿，这个女游击队员，在这样的地方，面对她所尊敬的人，还有些羞怯呀！

在一个地方，人们拿出随身带的饭团子，吃了一点，又继续前进。好冷呀！有人冻得直打哆嗦，有人使劲跺着脚，有人不时咳嗽。康克清看到，不少战士穿着单薄的衣衫，许多战士连鞋子也没有，赤脚踩在泥泞的路上，冻裂的脚上渗出血水，把冰凌都染红了。毛泽东、朱德、陈毅也和大家走在一起，雪花夹着雨水打来，浑身上下湿漉漉的，沾满了泥水。

有个男队员走不动了，他的身体很瘦弱。康克清走过去说：

"同志哥，把枪给我吧。"

"不不不，那怎么行！"那队员看到是一个女的要帮他背枪，不好意思了，连连推辞着。

"同志哥，不要客气喽，跟上队伍要紧。"

康克清急了，说着硬把枪夺过来，背到了自己的肩上。

走了一会，她见到一个女伴走得很吃力，就把她的枪也拿过来自己背着。

康克清的肩上背着三支枪。她看准路，踏牢脚跟，稳稳当当地走着，身子不摇，脚也不晃。从小的劳动和艰辛，练出了健壮的体魄和力气。她走着，心里很得意，这枪多么宝贵啊！有了它，就不怕那些反动派了，再多背几支也高兴呀！

康克清的举动，被贺子珍看到了。多好的妹子啊！天气这么坏，路这么难走，她不但不要男的帮助，还能帮助男的背枪。她注意看了几次，感到很陌生，过去怎么没见过呢？是新来的吧？看着想着，她由不得想到了自己。过去，她也是个不甘示弱的女子，对走这样的山路，也是不在乎的，可惜现在已经怀孕，行动起来就不方便了。对此，她在离开井冈山前就想到了，如今，她真羡慕没结婚的女子。

发现贺子珍在看自己，康克清也在看贺子珍。两双目光碰到一起，贺子珍向康克清微笑着点了点头。

部队停下休息的时候，康克清看到贺子珍向她招手，便走了过去。

贺子珍指指身旁，说：

"坐下歇歇吧，妹子。"

"哎。"康克清答应着坐下了。

"你是什么时候上山的？"贺子珍问。

康克清回答："去年 9 月。"

贺子珍想了想："是那次打遂川后吧！"

"是的。"康克清说。

贺子珍问："你是哪里人？"

康克清答："万安罗塘湾。"

"想起来了。"贺子珍说，"是不是陈毅同志带人到那里去时跟他出来的。"

"对对对。"康克清连声说，"你那次也到遂川去了吗？"

贺子珍摇摇头："那次我没去，当时我和毛委员正在永新。听到湘南失败的消息后，他要带部队去迎朱军长，因为我怀孕了，就把我留在永新。他说：'你如果回井冈山去，可以安全些。不过，这里更需要人，你就留在永新吧，帮助县委的同志守住这里。'所以，直到他们回到井冈山，我才离开永新。"

"那次我看到了朱军长和伍若兰同志。"康克清说。

"是吗？"贺子珍说，"如果我去了说不定咱们也能见面呢！"

康克清点点头。她看到，在不远的地方，毛泽东正和一个人在谈话，说得很亲热。朱德正盘腿坐着，看铺在地上的一张地图，伍若兰坐在旁边，默默地想着什么。

"走这样的路习惯吗？"贺子珍又问。

康克清收回目光，连声说：

"习惯，习惯。在家里从小就干活的，常上山打柴。"

"上过学没有？"贺子珍问。

康克清摇摇头："没有。家里穷，我又是女孩子。"

贺子珍叹了口气："是呀！穷人受苦，咱们妇女更苦。只有起来革命，自己救自己，妇女才能得到解放。"

毛泽东走过来，边走边说："你们谈得好热烈呀！"

贺子珍指着康克清向毛泽东介绍说："她叫康克清，是去年陈毅同志到万安去时跟出来的。"

"好啊！革命的女将！"毛泽东握着康克清的手，"那次你们万安跟上井冈山的是80个人，我在给中央的报告里还写上了。"

康克清站着，不知说什么好。

休息过后，部队继续行军，康克清的脚步更有力了。

摸着黑，部队来到一条山沟内。这里没有村庄，没有人家，只有一棵枝繁叶茂的大树挺立着，像夜色中的巨人撑起的一把大伞。

毛泽东来到大树下，回过头看看来路，下达命令说：

"让部队原地休息，等着朱军长。"

这次从杨眉出发时，毛泽东带领前委走在前面，康克清所在的游击队是跟着前委走的。

"告诉部队，不要暴露目标，不准生火做饭。"

对毛泽东的这道命令，干部战士完全能够理解，因为现在还处在敌军的追击之中。

三天前，红军主力攻下了大余县。这个县处在江西、广东两省交界的地方，比较富庶，街道整齐，铺子很多，前委决定在这里筹粮筹款。不料第二天傍晚，周围突然响起枪声，国民党金汉鼎部和李文彬部包围了红军。由于刚到大余一天，群众还没有发动组织起来，耳目不灵通，所以事先没有得到情报。

枪声是从二十八团驻地响起的。这个团的团长是林彪，他的团担任警戒新城、赣州的方向。毛泽东和陈毅立即赶往那里，看到红军没有组织抵抗，已经节节后退了，就对林彪说：

"你一定要组织力量顶住敌人，要主动向敌人出击，否则部队要转移都很困难。"

林彪答应了，可是看到部队潮水般地往后撤，连命令也没下就跟着部队向后跑。陈毅看到这种情景，就高声喊道：

"林彪，你怎么自己往后跑了？毛委员还在这里呢，你还不赶快组织抵抗？"

林彪装作没听见，对陈毅的话未加理睬，一直跑到比较安全的地方才停下来。

毛泽东和陈毅组织部队突围。朱德组织军部突围。激战从傍晚进行到深夜，又从深夜进行到第二天傍晚，才突围出来，在距大余 40 里的杨眉集合起来，整顿队伍时发现，刚调到二十八团任党代表不久的何挺颖负了伤，独立营长张威都壮烈牺牲了。为了尽快甩掉敌人，毛泽东和朱德决定连夜出发，穿过夜雾来到这条山沟。

部队停下来以后，坐在地上。经过激烈战斗和紧张行军的红军战士，已经一天多水米未沾牙了，肚子咕咕叫，全身无力，可是谁也未作声，谁也不喊饿。

毛泽东找来几个人，盘腿坐在一起，询问着什么。贺子珍身子靠着大树，仰望夜空闪烁的星星，默默不语，似乎在思考什么。

坐在不远处的康克清，对这一切已经很熟悉了。每次住下来之后，毛泽东都是这样，贺子珍也是这样。

康克清有点不理解，贺子珍现在这样文静，可宣传群众的时候，却那么活跃。在大余城的一天中，她拖着有孕的身子，帮助群众挑水，打扫院子，往墙上写标语，字体美观有力，讲解红军的政策，滔滔不绝，背诵《红军第四军司令部布告》，又熟练又有感情：

红军宗旨

民权革命

赣西一年

声威远震

此番计划

分兵前进

官佐兵伕

服从命令

······

全国工农

风发雷奋

夺取政权

为期日近

革命成功

尽在民众

布告四方

大家起动

正当康克清这样想着的时候，看到毛泽东猛地站起身来，问旁边的一个人：

"朱军长还没有来到吗？"

"没有。"

"怎么回事？"毛泽东又问。

"不知道。"

毛泽东开始着急了，语气里充满了烦躁：

"会不会出什么事情？"

没有人回答。

毛泽东的声音虽然不大，可附近的人都听到了。大家的心都不由得提了起来。在这样的时候，谁知道会出现什么样的情况呢？贺子珍忙站了起来，向毛泽东走过去，像是要说什么，可没有说出来。

康克清的心里也在想。毛委员、朱军长是我们这支队伍的主心骨，不能没有毛委员，也不能没有朱军长。对她来说，还有刚刚认识不久的伍若兰，这位女红军也和朱德在一起。千万可不要遇到什么意外啊！康克清心里默默地说。

朱德还没有回来。

有个人走到毛泽东面前，问："毛委员，要不要派人去迎一迎朱军长？"

呼啦一下围过来好多人，异口同声地说：

"我们去迎！我们去迎！"

毛泽东没有马上回答，他抬头看看漆黑的夜色，点燃一支烟，在地上踱了几步，缓慢地说：

"大家先安静下来，再等一会，再稍等一会。"

人们安静了，又坐在地上，可一双双目光始终聚集在毛泽东的身上。

毛泽东却没有坐。他默默地走过来，又默默地走过去，不时地停下来，昂首眺望夜色迷茫的远方，如同一尊威武的雕像。此刻，他的心中都想了些什么呢？是想到了他们在一起的交谈？是想到了共同制定的决策？是想到了下山来的失利？是想到了昨天大余城的突围？还是什么也没想，全部心思都盼着朱德早些来到？

天幕上闪烁的寒星，撒下一缕缕清辉；冷风吹来，冰凉冰凉的。人们忘记了寒冷和饥饿，也没有了睡意，小声议论着，或者透过夜色久久地眺望。

不知过了多长时间，远处传来嚓嚓的脚步声。这声音越来越近，模糊的身影也出现了。

有人说："是朱军长！朱军长回来了！"

人们的心一下子松了下来，自动地围了过来，有的人边走边说：

"这可好了！"

毛泽东急步走上前，握住朱德的双手说：

"你可回来了！你可回来了！"

朱德也紧紧握住毛泽东的双手说："我们在路上歇了一会儿，就被你们落下了。"

"大家都在为你着急呢！"毛泽东说，"你要是再不回来，我就要带着部队找你去了。"

朱德的目光扫视着周围的人，满不在乎地说：

"不会有事的，不会有事的。"

他们的两双手仍是紧紧握在一起。

和其他人一样，康克清也站在旁边。看到毛泽东和朱德如同久别重逢、两双手长久握在一起的情景，又想到了听人说的他们的会师。那时也是这样吗？在宁冈砻市的龙江书院前，他们长久地使劲摇着对方的手，热烈而深情，宣告了中国共产党领导的两支革命武装的会合，意味着中国革命的新的起点。

这时，伍若兰也走到贺子珍的跟前，关切地问：

"听说你的马丢失了？"

从井冈山出发的时候，为了照顾贺子珍的身体，专门拨给她一匹棕色的小马。开始，她总是坚持步行，很少骑马，后来走的是小路，昼伏夜行，崎岖的山路非常狭窄，有时人走都困难，更无法骑马了，所以，贺子珍总是牵着马。

还没有等贺子珍回答，曾志抢着说：

"她的马丢失了，一直是步行走过来的。"

"那怎么行呢？"伍若兰大姐姐似的说，"还是得配上一匹。"

朱德似乎听到了三个女红军的话，转过脸来问："你们说的什么呀？"

"贺子珍同志的马丢失了。"伍若兰说。

"赶快再搞一匹。"朱德果断地说。

毛泽东："不用了，就骑我那一匹吧！"

"你也需要呢！"朱德说。

"我的军长同志，不要再讨论马的问题了，还是说说人吧！"毛泽东说，"这一路突围过来，伤亡不少人，也有的失散了。现在还没有摆脱敌人，快让大家休息一会，还得行军呢！"

"对对对。"朱德说，"全体人员就地宿营，我们再商量办法。"

人们散开休息了。毛泽东、朱德、陈毅等人围在一起小声说着什么。康克清和伙伴们靠在一起，脑海里还回味着刚才的一幕。

二月初的赣南。晚上 10 点钟的时候，天已经很黑了。踏着夜色，红四军来到寻乌县顶山脚下一个小村子圳下宿营。

这是一块四面环山的狭长田垄。毛泽东、陈毅与前委的人住在村中的文昌祠里，朱德与军部住在村中间的小河边。他们住下后，立即对部队进行了部署：红二十八团为左路，住在田垄的前面，担任前卫警戒；红三十一团为右路，住文昌祠和大营岗一带，担任后卫；特务营和独立营与军部住在一起。这个部署是严密的，敌人的突然袭击已经使他们吃过亏。

这一晚，康克清和游击队员们住的地方紧挨着军部。

夜已经很深了，村庄进入熟睡之中。离开井冈山后一直被敌军追击、战斗连连失利的红军官兵，带着饥饿和疲劳睡下了，对于深夜的寒冷，根本感觉不到。他们实在太累了。即使警戒的哨兵，脚步也十分沉重。

黎明时，红二十八团驻扎的田垄方向，突然响起了军号声和激烈的枪声。

原来，国民党军刘士毅率领两个旅四个团始终尾随红四军。昨晚，当红四军在圳下宿营后，他们也在五里外的地方住了下来。晨曦里，刘士毅紧急集合部队，对红军发动突然袭击，首先与红二十八团接火。团长林彪见部队与敌接火，就带着团部的人向后撤退。后面的战士不知发生了什么事，也掉头向小河的对岸跑。一时间，桥上河上都是人，形成一片混乱景象。直到这时，军部才接到报告："敌军刘士毅部包围圳下，已同二十八团接了火。"

听到枪声，人们都急忙起来了。

朱德问清情况后，立即对伍若兰说："你跟军部的同志突围，我到独立营去。"

"不！我跟你到独立营去！"伍若兰的语气很坚决，似乎不容商量。

朱德看看伍若兰，说：

"好吧！我们一起组织部队顶住，掩护前委和军部撤退。"

伍若兰点了点头。此时此刻，能和丈夫在一起，她感到很欣慰。

康克清和几个游击队员立即紧紧跟上朱德。他们的任务，是抢救和运送伤员。

朱德和伍若兰到达独立营后，就和战士们一起，顽强抗击敌人的进攻。朱德从一个战士的手中拿过机关枪，向敌群猛烈射击，试图为部队突围打开一条通路。

看到敌兵一片片倒在朱德的机关枪下，康克清不由得在心里说：军长的枪打得真准呀！

"同志们，跟敌人拼呀！"朱德嘴里喊着，心里却想：毛泽东同志不知怎样了？

枪声刚响，毛泽东就快步走出屋子，沉着果断地派人向三十一团下达作战命令，要求部队坚决阻击敌人；然后又迎着二十八团继续后退的战士，走到桥边，抽出手枪，朝天放了一枪，高声喊道：

"不要往后跑！要消灭敌人！"

贺子珍始终跟在毛泽东的身边，和着毛泽东的声音，放开嗓子喊：

"不要往后跑！要消灭敌人！"

毛泽东带领特务营的战士，一面迎击敌人，一面从敌两个团的接合部冲出重围，渡过河，上了山，脱离了险境。

此时，红军的队伍寡不敌众，被分割成几块。朱德带领的独立营和军部机关的部分人，从另一处突出敌围。可是，他们还未来得及冲过去，又陷入敌人的埋伏圈。朱德发现中了埋伏，就组织部队拼命抵抗。他们虽然翻过围墙，但仍未跳出埋伏圈，他转脸一看，伍若兰已不在身边。他抬头看看周围，也没有看到，心里不由得咯噔一下。

伍若兰等人一直是跟着朱德的，中敌埋伏进行冲杀时，红军被冲散了，她又受了伤，和朱德失去了联系。在翻越围墙时，朱德过去了，伍若兰因受伤没能过去，被敌人俘获了。

敌人又包围了过来，红军被压缩在一个山坳里，朱德也在其中。他穿着普通士兵的衣服，脸上身上沾满硝烟和尘土。

一个敌军官领着几个士兵，来到红军面前辨认，想从中寻找朱德，以便到上司面前去领赏。他们走到朱德跟前，问：

"你是朱德吗？"

"不是，我是伙夫头。"朱德用四川口音坦然地回答。

"朱德在哪里？"敌军官厉声问。

"在那边。"朱德随便指了一个方向。

敌人往那边追去了，朱德却和部分战士在一起，向敌兵发动突然袭击，夺路而走。他手提机枪，率警卫班的战士作后卫，掩护其他人退走。曾志、康克清等人就是这时退走的。

敌兵继续追击，朱德和警卫班的战士且战且退。在坚持了十几里路以后，他看到其他人都撤走了，就和战斗到最后的三名战士抢上一条侧路，甩掉敌人，渡河上山。

已经先到这里的毛泽东，看到朱德领着三名战士最后来到，紧紧握住朱德的手不放，表情严肃，什么话也没有说出来。

朱德的目光扫视着人群。他看到了贺子珍，看到了曾志，看到康克清等几个女同志，但就是没有自己的妻子。人们知道他是在找伍若兰，都默默地低下了头。

朱德又回过头，朝圳下方向看了看，难过地说：

"若兰即使没被打死，也会被抓去杀害的。"

大家的眼睛湿润了，几个女同志哽咽了。

毛泽东夫妇和朱德夫妇经常是邻居，有时还会合住在一栋房子里，每天吃饭、休息、活动都在一起。贺子珍想到了平时和伍若兰的交往。伍若兰爽朗的性格，朝气勃勃的革命精神，都给她留下了深刻的印象，尤其是想到她怀孕后，伍若兰处处关心照顾她的情景，更使她心里如同刀绞一般。

曾志为失去一个老同学、老大姐而流出了泪水。伍若兰和她，都是衡阳第三女师的学生，只是比她高两级。这个比较富裕的家庭的女儿，早在大革命时期就投身到工农的革命行列中来。大革命失败后，土豪劣绅把她抓起来，要杀头示众，可是她逃了出来，找到农民武装。湘南暴动时，她与朱德结为夫妇。

康克清的心里也非常难受。尽管她和伍若兰认识的时间不长，了解也不多，但从离开井冈山以来，她亲眼看到伍若兰能文能武，不但会写文章，枪也打得好，做宣传工作、打土豪和筹款子，办法最多，做得最出色。她在心里说："多好的同志啊！"

"要是我们不分开就好了。"朱德自言自语又像是对别人说。

毛泽东站在朱德的身边，深情地劝慰道：

"你不要太难过了，这是没有办法的事。"

朱德抬起头，说："是啊，这两次战斗，红军的损失太大，不少同志牺牲，已无法挽救了。"

"现在大队又会合了，我们是不是退到寻乌县的罗福嶂去？"毛泽东用征询的口气问朱德。

"好的。"朱德说。

沿着山路，寻找敌人的空隙，红四军又向罗福嶂行进。这不是前进，而是后退，失利后的后退。

除夕之夜的大柏地，呈现出表面上的寂静。其实，一场战斗就要在这里发生。

这块瑞金以北三十公里处的洼形狭长地带，两边峰岭相连，树木茂密，中间一条石阶小路和外面相通。单从地形上看，它很像一个口袋，现在也确实是个口袋，是毛泽东、朱德布置的歼敌的口袋。两旁山坡上，密林中，修筑了掩体和工事，红军战士正隐蔽待机，准备打个漂亮的伏击战。

　　他们的心里很痛快。大余和寻乌的仗没有打好，谁的胸中不燃烧着复仇的怒火？部队到达会昌、瑞金地区，敌刘士毅部尾随而来，战士们真想痛痛快快地打掉它。可是前委开会时，毛泽东、朱德认为，红四军下山后，几次失利，比较被动，这一仗只有打好才能提高士气，但目前条件不成熟，准备不足，因此一定要打败刘士毅，但是要选择一个有利的地形和时机。于是，部队在敌包围圈没有形成之前，立即跳出来，与敌拉开距离，急行军转移到大柏地，休整和发动群众，并决定在这里打一仗。

　　夜色中，朱德正在一座工事里，和战士们一起吃着年夜饭。这些饭，都是土豪们准备过年的东西，红军搞了出来，一部分分给群众，一部分发给部队。战士们好多天没吃到带油的饭食了，这一次吃得饱饱的，好投入即将开始的激战。

　　朱德吃得并不香，一副心事重重的样子。是呀，失去妻子的悲痛，面临就要开始的战斗，使得他难以轻松。可以看得出来，他是强迫自己吃饭，强迫自己和战士们交谈。他是军长，他的一言一行甚至脸上的一丝表情，都极大地影响着战士们。

　　康克清和游击队员们也隐蔽在掩体内，他们的任务，仍然是抢救和运送伤员。她身子依在工事的墙壁上，听到山下的村庄里传来稀稀落落的鞭炮声，眼前忽然又涌来罗塘湾过年的情景。如果不出来，此时可能正同养父养母在一块儿守岁呢！没想到离家后的第一个春节竟是在这样的地方这样过的。她觉得很有意思。

　　绵绵细雨不停地飘落着，打湿了山坡、小路和树林，打湿了红军战士单薄的衣服。他们埋伏着，等待着敌人的到来。

　　等待，是激动的，也是漫长的。第二天，敌人进到大柏地以南，与红军警戒分队接触。红军警戒分队边打边退，把敌军诱至大柏地附近。随后，红军便向敌军发起了攻击。

　　战斗打得激烈，打得痛快。已经进入口袋的敌军，拼命顽抗。占领有利地形的红军向敌猛烈射击，乒乒乓乓的枪声，响彻山谷山顶，纷纷飞窜的子弹，从人们的耳畔身边飞过，打得泥土石块乱飞，树枝树叶洒满地上。

"快，毛泽覃负伤了！"一个人大喊一声。

康克清和一个游击队员急忙走过去，放下了担架，几个人将毛泽覃抬到了担架上。

毛泽覃伤得很重。他脸色煞白，两眼紧紧地闭着，鲜红的血浸湿了军衣。

康克清和另一个游击队员迅速将担架抬到一个隐蔽的地方，把盖在毛泽覃身上的毯子掖严。天很冷，小雨还在下，伤口不能沾水。

看着处在昏迷状态的毛泽覃，康克清很着急，怎样才能使伤员减轻痛苦呢？眼下什么也没有，无医无药。她只能久久地看着躺在担架上的毛泽覃。

康克清听说过，他是毛泽东的三弟，从小就受到革命的影响，做过工运、兵运工作。1927年，他参加了南昌起义，在叶挺部队的二十五师当宣传科长。在广东三河坝失利后，他和朱德、陈毅在一起，转战于大庾、汝城、韶关地区。是他，受朱德派遣，化名"覃泽"，到井冈山去和毛泽东取得联系。在井冈山上，他既做群众工作，又带兵打仗。下山之后，他一路上宣传群众，宣传党的政策和红军宗旨，是个深受人们喜爱的领导人。

"消灭刘士毅，杀敌贺新年！"

战斗已进入了高潮，红军呼喊着这样的口号，像猛虎下山一般扑向刘士毅部队的阵地，全歼了敌人。

战斗胜利后，毛泽东来看毛泽覃了。这位红军的领袖，伤员的亲哥哥，久久站在担架前，想说什么，又没有说出来。

朱德也来了。他大步走到担架前，慢慢蹲下来，伸出颤抖的双手，轻轻掀开毯子，小声喊道：

"泽覃，泽覃，你怎么样了？"

一直昏迷的毛泽覃，吃力地睁开眼睛，放射出奇异的光彩。那目光，似乎在询问着什么，手动了一下。

朱德握住毛泽覃的手，说："我们胜利了！俘虏刘士毅两个团长和八百多人。"

毛泽覃又闭上眼睛，痛苦的脸色中，浮现一丝笑容。

朱德眼眶里蓄满泪水，又轻轻把毯子盖上。

红军时期的康克清

康克清看着朱德的动作，眼睛也湿润了。如果说几天前，她看到的是朱德对妻子的感情，那么，此刻她看到的是战友之情。军人，并不是铁石心肠啊！

"这里不是久留之地，我们应该马上转移出去。"朱德对毛泽东说。

"对的。"毛泽东点点头，"到东固去，那里是独立二、四团建立的游击区，条件比较好。"

部队又出发了。康克清和游击队员们抬着毛泽覃和其他的伤员，经过几天的山路到达吉安县的东固。

东固，是个山高林密、崖陡谷深的山区，纵横数十里，前有九寸岭，后有大乌山，左有铜源岭，右有养军山。来到这里，游击队员们把毛泽覃等伤员送进医院，就参加了红四军和红二、四军团的会师大会。会上，康克清听到了毛泽东、朱德的讲话。一个湖南口音，一个四川口音，讲大柏地的胜利，讲武装斗争，讲中国革命必将取得最后胜利。

会后，传来了一个令康克清十分兴奋的消息，万（安）泰（和）游击队分成两部分，一部分编入红四军，一部分回万安、泰和去打游击，而她是编入红四军的，正式到了谭震林领导的工农运动委员会。

夜里，康克清没有睡好觉，她不止一次在心里对自己说：我也成为一名正式的红军战士了！我也成为一名正式的红军战士了！

第4章

结婚仪式结束后，
朱德将一对金戒指递给康克清

　　闽西的3月，早来的春天，涂染出一幅秀丽的画面。山上，新茶吐翠，杜鹃绽红；地里，水田如镜，秧苗青青。地处闽西的汀州城，大街小巷里洒满了和煦的阳光。穿城而过的汀江水，清澈碧亮，吟唱欢快的小曲。

　　康克清迈着轻捷有力的脚步，走在汀州城的街道上，心里充满了胜利的喜悦。她在东固编入红四军后，就随部队向闽西进军，翻过峰谷纵横、山高林密的武夷山，逼近汀州城。驻守这里的，是国民党福建省防第二混成旅旅长郭凤鸣。这个土著军阀，把全部人马集中到城南15里的长岭寨上，企图凭借险要地势，扼守进城必经之道，阻止红军到来。

　　她还记得那天的战斗。十分骄横的郭凤鸣，把他两个团的主力布置于梁屋头、河龙头的有利地形上，摆出不可一世的样子。毛泽东和朱德将红军分成三路，向长岭寨发起攻击。朱德率二十八团、三十一团由左右两路主攻，毛泽东率军部和特务营断敌后路。战斗打响不久，红军首先抢占了漆头脑高地，接着打败郭凤鸣的半个团，冲上主峰及左右两侧高地。郭凤鸣固守顽抗，慌忙分兵杀来。朱德手提驳壳枪，沉着指挥红军乘胜发起反冲锋，击溃敌人两次反扑。郭凤鸣见大势已去，在逃跑中被击毙。红军胜利进驻汀州城。

　　康克清走着，回想她参加红军后第一次直接参加的战斗，喜悦的大眼睛不停地扫视大街两旁。一家挨一家的商店大门前，搭着镶有蓝边的白布棚，贴着红红绿绿的商标、广告，店里摆着各种各样的商品。许多商品，她过去没有见过，也不认识，即使那些女孩子穿的衣服，她也没有兴趣。她很喜爱自己身上穿的崭新的灰蓝布军衣。这是打下汀州后才发的。

郭凤鸣盘踞汀州时，在城里有两座日本式的小型兵工厂，专门生产他的部队需要的武器；还有一座拥有新式缝纫机的被服厂，专给他的部队做军装。

红军进城后，接收了这两座兵工厂和被服厂。在被服厂里组织了工会，建立起两班制的上班制度，每班8小时，给红军赶做军衣。这种军衣的颜色是灰蓝的，每套有一副裹腿和一顶缀有红星的军帽。康克清领到了一套这样的军衣，还有一个挎包。刚成为红军战士，就领到了军衣，她很高兴，听说朱军长、毛委员也是第一次得到这么齐全的装备哩！

大街上，人们来来往往，有刚刚获得解放的人民群众，也有红军战士。他们或者一个一个分散走在群众中，或者排成队，一色的新衣新帽，整齐划一，精神抖擞，很是威武。这和在井冈山上及赣南的群山之中，有多么大的区别啊！人民群众看到红军战士，投来的都是敬慕和惊奇的目光。这是因为红军打败了郭凤鸣。进城那天，数以千计的群众拥上街头，纷纷说着：

"快来看呀，郭胖子吃红军的'红子'了！"

当他们看到郭凤鸣的尸体时，不停地高呼：

"把郭凤鸣的头割下来挂在城头上示众七天！"

"郭胖子你也有今天！"

欢腾雀跃的景象，令人久久难忘，再加上红军把没收的财产分给了群众，所以得到了欢迎和拥护。

从人民群众的情绪里，康克清又一次感到作为一个红军战士的自豪和光荣，从而更加坚定了做好宣传工作的决心。

她今天很满意。在大街小巷里，她向群众宣讲红四军的布告，讲解共产党和红军的政策。她看到，群众逐渐了解了红军，一些原先跑到外面去躲风的人回来了。好多人还走过来，主动告诉她哪家是财主，叫什么名字，有什么罪恶。是啊，这里的不少穷人，和她的家里一样，最容易接受革命的道理。受封建势力压榨几千年的中国人民，确实如同干柴一般，只要用革命的火种一点燃，就会熊熊地烧起来，发展成为不可阻挡的燎原之火。

她摸摸自己新军装的口袋里，有三块光洋，沉甸甸的。对于一个加入红军不久的姑娘来说，这是个很大的数字，长这么大以来，还没有一次得到过这么多的钱呢！进入汀州后刚发给她的时候，她真不知道这些钱应该怎么花。就是现在，走在平生见到的第一个大城市里，面对众多的物品，她仍是难以确定买点什么。毛委员、朱军长、贺子珍、曾志发的钱也和士兵一样多，他们是怎样花的呢？她心里想。

还是留着以后需要的时候再用吧，她在心里对自己说。

日头斜照，阳光从西边射过来，暖洋洋的。康克清转过一条街，加快了脚步，朝"辛耕别墅"走去。她所在的工农运动委员会，就设在那里，毛泽东、朱德、贺子珍、曾志等也住在那个院内。

"辛耕别墅"坐落在水东街上。这里原是汀州商会会长的宅院，面对着滚滚南流的汀江。别墅的房子很宽敞，分为东西相通的两个院子。红四军进城后，前委和军部就住在这里。毛泽东、贺子珍和政治部在东院，朱德和司令部在西院。

吃过晚饭，朱德坐在桌前的一把木椅上，浓眉紧皱，默默不语。他感到有点儿孤寂。

以往的这种时候，战斗取得胜利，他忙完了当天的事情，就和伍若兰相对而坐，或者说说话，或者坐一会。如今，伍若兰不在了，敌人将她杀害后，还将她的头挂起来示众，多么残忍啊！

伍若兰的被害，朱德是后来从敌人的报纸上看到的。敌人把受了伤的伍若兰抓去后，当即押到赣州，严加审问。当他们了解到站在面前的女红军是朱德的妻子时，就逼她供出红军的情况，还要她劝降朱德，但这些都被伍若兰严词拒绝了。敌人恼羞成怒，就枪杀了这位女红军，并割下头挂在城门上示众。此刻，朱德一闭上眼睛，仿佛又看到了伍若兰的形象，那文静的略有麻点的面孔，那含笑而坚毅的眼神，以及那不顾威逼利诱的坚贞不屈的威仪，在刑场上大义凛然和高呼"中国共产党万岁"的口号，……她是为我而死的，为革命而死的。多好的战友和伴侣，多好的女红军啊！

朱德的这个印象，从他进到耒阳县城第一次见到伍若兰时就开始形成了。

1928年2月初，他和陈毅等人率部到达湘南宜章一带，发动和领导了年关暴动，先占领郴县，又让赤卫队巧妙地化装成卖菜的和挑箩的农民混进城内，待隐蔽在北门附近的工农革命军杀进城里时，一起冲入县衙，放起大火，一举解放耒阳县城。

消灭了反动势力盘踞的耒阳城，家家户户挂上红旗，街里街外由赤卫队放置步哨，人群排列在西马路到灶市8里路长的大道两旁。身穿灰军装、臂缠红带、扎着绑腿的工农革命军，高举镰刀斧头的红旗，进到了耒阳城。在城隍庙召开的大会上，朱德发表热情洋溢的讲话。他赞扬了耒阳人民的斗争精神后，接着用生动幽默的话语说：

"桂系军阀李宗仁、白崇禧正在与唐生智混战，趁着他们吵嘴打架、互相揪住辫子、难分难解的时候，我们发动湘南暴动，组织、武装工农群众，壮大了自己的力量。现在宜章、郴县、资兴、永兴的暴动都胜利了！耒阳的暴动也胜利了！反动派想消灭我们，可是我们是消灭不了的，我们的队伍越打越大了，越打越强了，我们一定会取得胜利！"

在台下的听众中，有一个20岁左右的姑娘。几天后，在西门外有人指着这位姑娘对朱德说：

"她是共产党员伍若兰。"

朱德看看这位学生模样的姑娘说："你们的宣传工作做得不错嘛，农民们都起来了，有很多青年要求当兵呢！"

伍若兰很大方地说："县工农革命政权建立后，工会、农会、女子联合会、儿童团都成立起来了。在各区、乡工农革命政府领导下，农民分田分地，正热火朝天哩！"

伍若兰走后，朱德问旁边的人：

"这姑娘是个啥样的人？"

"她在咱们这一带可有名哩！"旁边的人说，"她家是书香门第，衡阳湖南省立第三女子师范学校的毕业生，前年加入中国共产党，一直做农民运动和妇女运动的工作。"

几天以后，有人对朱德说：

"介绍伍若兰和你结婚怎么样？"

朱德开始感到很突然，从南昌起义后，他还没有想过这个问题呢！但他想一想，还是同意了。

第一次见面时，他向伍若兰讲了自己的经历，说：

"我的生命和我都是属于革命的，你知道吗？"

伍若兰点点头："我愿意和你一起革命，你愿意吗？"

朱德看了伍若兰一会儿，笑着说：

"你有麻子，我有胡子，我们就麻麻胡胡吧。"

伍若兰也扑哧一声笑了。

朱德和伍若兰举行了简朴的结婚仪式，成为革命的伴侣。消息传开后，部队中还有人编了一首歌谣：

> 麻子胡子成一对，
> 麻麻胡胡一头睡。
> 唯有英雄配英雄，
> 各当各的总指挥。

这支歌谣，朱德是后来才听到的，当时只是一笑置之。现在，他想起来只能苦笑了。他伸出右手，摸摸自己的下巴，光光的。过去，他蓄着胡子，一次被敌困住，到处要抓长胡子的人，说长胡子的就是朱德。他一气之下，就把胡子全部剃掉了。

"不要去想了。"朱德劝说自己道，"她已经牺牲了，和许多烈士一样，将永远活在我和许许多多同志的心里，活在我们为之奋斗必将胜利的事业中。"

太阳已经落山，正在升起的暮霭，渐渐地笼罩了汀州城。房间里的灯光亮了，门外的汀江水渐渐变灰变暗。一只无名的小鸟从远处飞来，在院子上空盘旋，叽叽喳喳叫几声，又向远处飞去，消逝在越来越浓的暮色里。

朱德抬头望望天空，星星亮了，眨着明亮的眼睛，微风吹来，夹着缕缕凉意。他伸手扣上颈下的扣子，在院里缓慢地走着，走着。

远处，走来了曾志。她看到朱德在踱步沉思，猜测他可能还在为失去伍若兰而难过，心里不由得同情起来，走向前说：

"朱军长，你在休息呀？"

曾志是伍若兰在湖南第三女师低两级的同学，所以同朱德很熟悉。听到她的声音，朱德转过脸，便问："你到哪里去？"

"刚吃过饭，随便走走。"曾志答。

"今天宣传得怎么样？"朱德想转移自己的思路，赶忙换了个话题。

曾志似乎也意识到了这点，回答道：

"群众的情绪很高，不少青年人都要求参加红军哩！"

"好呀！"一说到青年人参军，朱德的语调顿时变得兴奋起来，"我们是人民的军队，只要替群众办了好事，他们是会拥护和支持的。"

曾志凝思了一会，说：

"朱军长，到我们那里去坐一会儿吧？"

这个邀请出乎朱德的意料，他猛地一惊，很快又镇静下来，点了点头："好吧，到你们那里去看看。"

曾志和一些女战士住在一起，是一间装饰很好但并不宽敞的房间。晚饭之后，女战士们正坐在一块聊天，交谈白天宣传群众的情景和遇到的有趣事情。当朱德在曾志的引领下从西院来到东院，走进室内时，女战士们都站了起来，欢迎自己尊敬的朱军长。

朱德忙说："都坐吧，各人照干各人的事情，是曾志让我来坐坐的。"

女兵们都坐在了各人的床边，显得有些拘谨。对面前的这位军长，她们虽然感到和蔼可亲，但像这样近地坐在一起，还是没有过的，所以都不知说什么好。

"怎么都不讲话了？"朱德扫视着人们说，"刚才进门时我听到你们这里满热闹的嘛，我一来都变成了哑巴！"

"你是军长，她们有点怕你。"曾志说。

"敌人怕我，你们怕我干什么？还不是两个眼睛一张嘴巴。"朱德说着扬了扬浓眉。

幽默的话语，逗得女兵们咪咪地笑起来。康克清也笑了，这个军长，真有意思。

"军长，我们要在这里长住下去吗？"有个女兵问。

朱德说："敌人要是不来打，我们就长住下去，建立根据地，扩大红军，壮大和发展我们的武装力量嘛！"

另一个女兵问："敌人会来吗？"

"看样子他们是不会甘心让我们住下去的，还会来打我们。不过我们不怕！"朱德说。

"那我们还得转移呀？"第三个女兵问。

朱德说："我们的力量还很小，不能和敌人硬拼。他们来了，我们就打，打不赢就走，找到有利的机会再消灭他们。现在他们还没来，我们就住下去，像个过日子的样子。"

像个过日子的样子？曾志听着，心里咯噔一下：是啊，我们的军长也应该像个过日子的样子，不能总是一个人呀！她犹豫了一下，谨慎地说："朱军长，若兰同志牺牲了，再给你介绍个女同志吧？"

一提到伍若兰，朱德的心头猛地一紧，仿佛在他未愈的伤口上又撒了一把盐，痛得发抖。但他知道这是对他的关心，随便说一声："好嘛。"

曾志先是看到朱德沉默，以为自己的话刺痛了他，有点儿内疚，接着听到朱德没有反对，就用目光悄悄地扫了一遍在座的女兵们，在康克清的身上停留的时间最长。

凭着少女的敏感，康克清发觉了曾志的目光，脸上有些发烧，心跳也加快了。她站起身来，悄悄地走出了房间。除了曾志，其他人并没有发现康克清的异常表现。

朱德不愿在这些女兵面前谈论这个问题，又说了几句话，就回到了他西院的住处。

又是一个落霞染红西天的傍晚，康克清回到住处，虽然浑身劳累，但心里格外兴奋。今天，她在宣传群众中，又收到了很好的效果，一些青年人在她的动员感召下，自愿报名参加了红军。每一次都是这样，看到有人参加红军，看到红军队伍不断扩大，她就觉得自己尽到了一份力量，再苦再累心里也舒畅。

第二天早饭后，曾志对大家说："你们先去工作，我同康克清有点事要办！"

曾志是一位活跃的女同志，以往见面就说笑，这次却没有说话，两道目光在康克清的身上看来看去，眼角流出不易察觉的笑意。

康克清被看得不好意思了，心不由得怦怦急跳：她是不是要说那天晚上提到的事？也许不是，从那次以后，她不是什么话也没说过吗？可能是我自己过于敏感。

"有事吗？"康克清问。

曾志没有直接回答，而是反问道：

"你对朱军长的印象如何？"

原先的预感被证实了，康克清心里慌得厉害。可她还是极力镇静自己，故作不解地说：

"军长就是军长。再说，这不是我们可以随便议论的。"

曾志的担心消除了。她曾把想将康克清介绍给朱德的想法对自己的爱人讲过，他很赞成，说这件事先要和朱德讲一讲，朱德同意后再征求康克清的意见。曾志这样做了，朱德很同意。现在又听到康克清对朱德的印象这么好，她感到有把握了，就进一步说：

"红军官兵一致，民主平等，对谁都可以讲。你只管说说，没有什么关系。"

"他这军长很少有，不像白军那些当官的。虽是个大官，没有官架子，能跟战士打成一片，能打仗，又有学问。"

曾志听着，又问了一些话，说：

"如果要你嫁他，你愿意吗？"

尽管原来已经有所预料，但当曾志明确地说出这个意思，康克清还是感到突然，一幕幕的情景又在她的脑海里映现出来。

也许因为从小就当童养媳，稍大后又被叫作"媳妇王"的原因，所以她从懂事的时候起，就把劳动妇女的苦处看在眼里，记在心里。她和差不多大的姑娘特别是其中的童养媳聚在一起，总是有倒不完的满肚子苦水，婆婆打，小姑子骂，有的饭都不给吃饱，有的身上被烧红的火钳烫出烙印，有的脚板被打出一条血口子。不是童养媳的，也免不了有一天被轿子抬走，碰好碰歹，真的要看"命运"的安排了。对这些姑娘来说，摆在前面的，是个漆黑的无底洞，她们在叹息。有人曾提出逃跑，但又怕被抓回来活活打死。1925年以后，她们又私下里议论当女兵，也有人说，那可不是闹着玩的……

此时，她想到自己上井冈山，就包含着反对包办婚姻的目的。她曾对养母说过："我的婚事你不要操心，我自己会做主。"现在，关于婚事，就摆在她的面前，要她自己做主，她却有些慌乱了，又是摇头，又是摆手，连声说：

"别开玩笑，这怎么可能！"

"不是开玩笑，是真的。朱军长十分喜欢你，组织上希望你能同他结合。"曾志说。

康克清不说话了，她自己也说不清楚。少女的心本来就是个谜，康克清也不例外。

曾志以为康克清不满意朱德，就说：

"朱军长参加领导过南昌起义，在最困难的时候，领导一支部队艰苦转战，上了井冈山。这些你可能都已经知道了。"

康克清点点头，心里却说，这和结婚是两码事。他是军长，我是个刚参军的红军战士，我们之间的差距太大了。

"军长是个好人。"曾志继续说，"打从伍若兰牺牲，他精神上很痛苦。你和他结婚，可以从生活上帮助他，给他最大的安慰。"

"我不像伍若兰那样有文化，她字也写得漂亮，能讲那么多道理。"康克清说。

曾志看看面前的这位农村姑娘，又说：

"伍若兰同志牺牲了，军长一个人很孤单，身边需要有个能协助他的女同志，我们都认为你挺合适的。"

康克清低着头，一只手捻着衣角，没有说话。此刻，她的心情复杂极了。不同意？曾志说了这么多；同意，她又下不了决心。果断的姑娘啊，在个人的婚姻问题上，却没有了主张。

曾志可能看出了她的心理活动，说：

"当然，这件事还得你自己拿主意，你再想一想吧！"

第一次谈话就这样结束了。

下午，朱德亲自前来求婚，说：

"我们干革命反封建，有话就直说。我很喜欢你，觉得你好学上进，工作大胆泼辣，有许多优点，是很有前途的同志。希望你能同我结婚。虽说我们彼此有些差距，但这不会妨碍我们。结了婚，我会帮助你，你也可以给我许多帮助。我们会成为很好的革命伴侣，你能答应我吗？"

康克清没回绝，可也没答应。她回到住室，想找女伴们商量一下，可她们都不在。直到吃晚饭时才见到。她们都在看她，有个女伴还朝她做了鬼脸。一个女伴走过来说：

"我们已经听说了，军长是个好人，他现在一个人也怪可怜的，你就答应了吧！"

"是呀，军长也喜欢你，你就和他结婚吧。"

康克清没有吭声，心想，要是让你们嫁给他，你们也这么轻松吗？

看到康克清沉默不语，伙伴们知道她心里想得很多，斗争很激烈，也就不再说什么了。还是让她自己冷静地想一想吧，这样的事，别人谁能代她作出决定呀！

夜里，康克清躺在床上，却怎么也睡不着，她想得很多，而且很乱。

这并不难理解。结婚，是人生的一件大事。一个姑娘对这样的事，总是小心而慎重的。康克清曾经不止一次憧憬过，以后能有个好丈夫，两个人和和美美、相亲相爱地生活。至于找个怎样的好丈夫，怎样过和和美美、相亲相爱的生活，都是十分模糊的。现在有个实实在在的人出现在面前，就使她作难了，何况又是她尊敬的军长呢？

想着想着，朱德的形象又出现在她的面前。自从伍若兰被俘牺牲以后，朱德很少说话，很难听见他的笑声，可以看得出来，他的心里是很难过的。他是以极大的毅力，忍受着心中巨大的痛苦，和毛泽东一起，指挥打胜了大柏地和汀州城的战斗啊！

有人说过，一个女性对一个男性的崇拜与同情相结合，就产生了爱情。此时的康克清对朱德是不是这样呢？她崇拜朱德的勇武，崇拜他的为人，同情他失去妻子的遭遇，同情他一个人的孤单，因而心中便有些活动了。

第二天，曾志把康克清送到朱德的住处，让他们再谈一谈。朱德讲了他的家庭和参加革命后的经历。缓慢沉着的话语，渐渐吸引了康克清的心。

今天，康克清早早离开了她所宣传的群众，太阳老高就回到了住处。进院时，遇到了贺子珍。她笑着打招呼：

"克清同志，你回来啦？"

"嗯。"康克清点点头。她明白贺子珍话中的意思，脸上飞起一朵红云。今晚，她将与朱德结婚。

贺子珍没有开玩笑，而是大姐姐般关切地说：

"快进屋歇歇，收拾一下吧！"

有什么可收拾的呢？康克清心里这样想，嘴里却没有说出来。

贺子珍见康克清没有讲话，又说："毛委员和我都祝贺你和朱德结婚。"

康克清没说"谢谢"，她还不习惯这两个字，便急急告别贺子珍，快步回到了自己住的房间。

同屋的女伴们还没有回来，康克清一个人默默坐着，一动也不动。她没想到也没有准备现在结婚，更没有想到会和赫赫有名的朱德结婚。她在心里对自己说，没想到来得这么快，快得简直让人一点思想准备都没有。

她抬起眼睛，看看室内摆着的几张床。这是她和她的女伴们住的地方，一路来，她们吃在一起，走在一起，住在一起，有说有笑，有打有闹，多么欢快的无忧无虑的生活啊！今晚，她就要离开这里，去和她早就尊敬的但并不十分熟悉的军长住在一屋。一想到这些，她就有点儿心慌，也就舍不得离开这个屋子的这些姐妹们。也许有人会开玩笑地喊我军长太太，那该多不好意思。康克清心里这样想着，感到脸上一阵阵发烧。

嘈杂的脚步声由远而近传入室内，女伴们回来了。她们进屋后看到康克清一个人坐着，就亲亲热热地问开了。

"你什么时候回来的？"

"都准备好了吗？"

"你一个人坐在这里想什么呢？"

"早就等着了呀？"

"心里正高兴吧？"

这一连串的问话，使康克清应接不暇。她没有回答，也不想回答，仍然一动不动坐着，脸上红通通的。

晚饭后，天色黑了下来，曾志匆匆忙忙走进屋，挨着康克清坐下，小声说：

"克清，走吧！"

康克清慢慢站起身，跟在曾志的身后出了屋。几个女兵拿起康克清的东西，跟在后面。不知是谁说道：

"我们的康妹子搬走了。"

康克清听到了这句话，别有一番滋味在心头。

从这"辛耕别墅"的东院到西院，只有20多米远。曾志走在前边，走几步回过头看看，见和康克清拉下了距离，就站住脚等一会儿。似乎走了好长时间，才到达西院朱德的住房前。

朱德住的是两间房子，一明一暗，外面的明间是和人谈话的地方，靠墙摆一张八仙桌，旁边放着椅子和凳子。暗间是卧室，放一张大床。曾志领着康克清进到了卧室里，让她在床边坐了下来。

几个女兵把拿着的东西放到地上，问：

"新郎呢？新郎在哪里？"

"军长还在那边开会呢。"警卫员解释说。

"都什么时候了还开会！"

"请毛委员今晚放军长的假！"

"新娘子都来了，快去找军长！"

曾志对几个女兵说："你们来陪新娘子坐着，我去找新郎。"

曾志找朱德去了，康克清在几个女兵的陪伴下，低头坐在床上。抬头之间，她看到这个房间是新打扫过的，墙壁和地面都很干净，床上铺一条旧毯子，毯子上面是白色的床单，两条很旧的被子放在床的一头。康克清感到很欣慰，看来他对婚礼还是很重视的。

"嗬，军长把新房布置得蛮好哩！"

"就是吗，克清该满意了吧？"

康克清赶忙低下头，她心里七上八下，翻来覆去地想：他对我会怎样呢？以后我们会生活得好吗？

"军长来了！"

"新郎来了！"

朱德一跨进屋，就被等在这里的人围住了。本来就和蔼可亲的朱德，此时只是嘿嘿地笑着，嘴里不停地说：

"谢谢大家！谢谢同志们！"

"新郎请客！"

"军长请客！"

站在人群中的朱德，连声说：

"我请客！我请客！"

七嘴八舌的声音一静下来，朱德又无可奈何地摊开双手：

"可是没有钱呀！"

一听这话，人们又嚷嚷开了：

"不行，军长一定要请客！"

"新郎不能耍赖！"

坐在里间的康克清，听到外间的说话声。她虽然看不见，但可以想象得到那热闹的情景。她也替朱德着急。听说，他和毛委员等领导人，与战士们吃一样的饭菜，分一样的伙食尾子，除了肩上的担子，不比战士多任何东西。而且，朱德手里有了钱，总是买东西给有病的战士吃。进汀州后发的三块大洋，说不定早花光了，现在哪里会有钱请客？她下意识地摸摸自己口袋里的三块大洋。要是这钱在他的口袋里就好了，可这会儿不能给他呀！

看到人们的高兴劲儿，朱德对警卫员说："你去买几筒罐头来。"

警卫员不一会儿就将罐头买回来了。随后，毛泽东、陈毅、谭震林、贺子珍、吴仲廉等人也来了，向朱德和康克清表示祝贺。

朱德大声说："这就是我和康克清同志结婚的宴席，虽然太寒酸了一点，可我们现在只有这个条件嘛！等取得了胜利，我们再请同志们，怎么样？"

"好啊！军长说了话要算数。"

人们一边欢呼，一边分吃罐头，一边议论：

"这罐头真甜！"

"那还用说，是军长的婚宴嘛！"

夜已经很深了，人们才散去。见朱德走进里屋，陪伴康克清的女兵也离去了。

康克清抬起头，看到朱德穿的是新发的灰蓝布军装，胡子新刮过，脸上泛着兴奋的光彩。当两个人的目光相碰时，她张张嘴，想说什么，但没有说出口，又低下了头。

朱德却轻声唤道："康克清同志！"

"嗯。"康克清温柔地答应一声。

朱德轻轻走到康克清跟前，从军衣口袋里掏出一个纸包，打开来递过去，说：

"这是我们的结婚戒指，请你收下吧。"

康克清懂得这个风俗。结婚时，由男方打一对戒指，男女一人一个，以象征长久相爱永不分离之意。讲究的人家，还要刻上吉祥的图案及双方的名字。看着朱德手中的戒指，在灯下闪闪放光，康克清很感动，从戒指上，她看到了一颗诚实真挚的心。

"你怎么有钱买这个？"康克清问。

朱德说："进城后不是发了3块大洋吗？我没舍得花，都用来买了戒指。虽然环境艰苦，条件不好，我也要对得起你。"

"那刚才买罐头的钱呢？"康克清不理解地看着朱德。

朱德解释说："买罐头是用的警卫员的钱，以后再还他嘛！"

康克清不说话了。

朱德把戒指放到康克清的手上，说：

"收着吧，作为我们结婚的纪念。"

康克清看着戒指，忽然又放到靠床的桌子上，说："都参加革命了，还讲究这个干啥！"

"说得对！说得对！"

朱德很高兴康克清的举动，嘿嘿地笑着，拿起戒指，擦了擦，用纸包好，放在桌子一角，说：

"已经买了，你就先保存着，以后也许会有用的。"

朱德说着坐在康克清的身边，轻声问道：

"和我结婚，你是不是有什么担心？"

"我有自己的工作，还要抓紧时间学习，希望你在生活上不要指望我很多。"康克清说。

"说得太好了！"朱德拉住康克清的一只手，兴奋地说。

康克清的眼睛一亮，羞涩地笑了。

夜风轻轻吹过，"辛耕别墅"西院的一间房子沉浸在幸福之中。一对革命伴侣，从此开始了他们漫长的并肩生活。

第 5 章
从赣南到闽中的千里行军路上，
她看得很多，想得也很多

出了汀州城，红四军的队伍急急向西行进。两天来，干部战士们走在连绵崎岖的道路上，两边是颠连不断的高山，怪石嶙峋，林木茂密。

朱德走在队列里。他有一匹马，可是却不骑。马夫或者牵着马跟在他的后面，或者被他派去驮伤病员。马夫了解军长的脾气，没有急事要处理，他是不会骑马的。往常，不论在什么样的路上，他都是和战士们一样步行，速度快时他鼓动战士们加油，速度慢时就和战士们交谈，讲故事，说笑话。可是这一次却有些异样，他的神色严肃，黝黑的脸上没有了往日的笑容，浓眉紧蹙，眉宇间形成了一个"川"字。一路来，他很少说话，总是迈动有力的双脚，大步走着，走着。

看到朱德这样，康克清的眼前又浮现出那天的情景。一个农民打扮的人，汗流满面走来，被领进"辛耕别墅"的红四军军部。他还没有坐下，顾不上喘一口气，就解开汗湿的短褂，从里面撕下一块布交给朱德。朱德匆匆地看了一遍，立即拿着它去找毛泽东。康克清虽然没看到也不知道布上写的什么内容，但从朱德的匆忙举动上猜出可能出了什么事情，心里忐忑不安起来：到底是什么事情呢？

时间不长，朱德回来了，一进门就对康克清说："准备出发，到瑞金去。"

"为什么到那里去？"康克清问。

"彭德怀同志到了那里。"朱德答。

"他不是在井冈山吗，什么时候到那里去了？"康克清又问。

朱德看看康克清，语气变得温和地说：

"以后，凡是涉及党和军队机密的事情，你不要打听，有时听到了，也不要对别人说，这是咱们的纪律，好吗？"

康克清懂得这些道理。在老家时，养父参加共产党，不是连奶奶、养母和她都没有告诉吗？她是加入共青团后在一次积极分子会上才知道养父是个共产党员的。因而，朱德一说她就明白，不再问什么，就随着部队出发了。

行军路上，她无意中听到了朱德和毛泽东的谈话，知道井冈山已经失守，彭德怀率领红五军到了瑞金。当时，她的心也很难受。那里，是毛泽东建立起的第一块根据地，是朱德和毛泽东会师的地方，也是她投奔红军的地方，年初离开的时候，人们还议论说："以后再回来！"现在却这么快被敌人占领了，那里的党团员，那里的人民群众，一定遭到了反动派的杀害。她又想到了在家乡时"沉下去"的那些日子，心里急得火烧火燎一般，有几次，她想问问朱德井冈山是怎样失守的，但想到朱德讲的纪律，到嘴边的话又咽了回去。

康克清看看朱德。朱德还是大步走着，还是脸色严肃，还是不说话，但却是沉稳的，让人看了觉得有力量有信心。康克清也感觉到并受到了莫大的鼓舞。

她听人说过，南昌起义的部队在三河坝失利后，朱德带领的一部分人和党中央失去了联系，在孤立无援的长途跋涉中，困难重重，十分危急。但他满怀信心地走在部队前面，神态自若，无所畏惧。路上，他给战士讲革命道理，指出光明的前途，提高了大家的革命觉悟和胜利信心。在陈毅的积极协助下，他巧妙地把部队带到湘南，在那里发动了有名的年关暴动，建立红色工农政权，扩大红军力量，最后到达井冈山，和毛泽东领导的部队会师，成立了红四军。

过去的艰难能够战胜，现在的危机也能克服，何况是朱德和毛泽东在一起呢？想到这里，康克清的心里舒畅多了，迈动双脚，跟随朱德，走在行军的行列里。

时间已经进入4月，明镜似的水田里，稻秧一片青翠葱茏，金黄的油菜花散发芬芳的香气，山坡上和水田边，簇簇红的蓝的白的野花，逗引着群群蜂蝶。阳光泼洒下来，已经很热了。由于连日行军，康克清浑身感到很疲劳，额头上沁出的汗水，浸湿了短发。

马夫从后面走过来，指着马说：

"康克清同志，你骑上马走吧。"

这是朱德的马。出发前，供给处要给康克清配一匹马，她没同意，朱德支持她这样做。现在，看到马夫让她骑朱德的马，她连连摆手：

"不不不！"

听到说话声，朱德转回头，见此情景，温和地说：

"如果累了，你就骑一会儿吧！"

你是军长都没有骑，我怎么能骑呢？康克清心中这样想，嘴里却说：

"我不累，自己能走。"

朱德似乎看出了康克清心里想的，解释说：

"你比不得我，我的身体好，走惯了，你是女同志，应该得到照顾。"

"我的身体也好。在家时下田插秧收割，上山打柴拾草，走的都是山路。"

康克清说着，抬眼看看红军行列里的女战士，她们都和男战士一样步行。我如果不是和他结婚，不是也和她们走在一起吗？我要当红军战士，不做官太太。她心里说着，伸手推开了马夫递过来的缰绳。

说话间，后面走过来一队红军战士，其中有个伤员，挂着一根棍子，走起路来一拐一拐的，十分吃力。

康克清对马夫说："让那个伤员骑吧，看他走得多困难。"

马夫犹豫了，这位军长的太太，和军长一样的脾气，总是宁愿自己步行，也要把马让给战士骑。

"快去吧！"朱德也在一旁帮腔，"让那位战士骑上马走一段，他受了伤嘛！"

马夫只好把马牵到战士跟前。那战士看到是军长的马，想到军长 40 多岁了还爬山越岭，自己这么年轻，怎么好骑马呢？就推辞说：

"我能走！"

朱德走过去说："骑上吧，你为革命负了伤，应该骑着马走，早点养好伤才能打胜仗呀！"

"你就骑上吧。"

康克清说着和朱德一起把负伤的战士扶上了马。

看着战士走远了，朱德才对康克清说：

"走吧！"

康克清擦一把额前的汗水，点了点头。

"很快就到瑞金了！"朱德说。

康克清嫣然一笑，又迈开大步，跟着朱德继续向前走。

瑞金，是赣南的一座小城，星散的房屋，分布在一片水田中间。彭德怀领导的红五军早就住在这里，再加上毛泽东、朱德率领的红四军到来，小城中到处是红军，显得更拥挤了。

进到瑞金后，朱德住在一个小院子里，这里也就是军部。康克清有时住在这里，有时住在女子班里。自从结婚后，她一直是这样的，平时和白天都在女子班里，晚上也不常回来。朱德的日常生活和衣着，仍由警卫员照顾。康克清喜欢这样，朱德也很赞成。他说："你是女子班的人，要多做那里的工作，我用不着你管，有警卫员就够了。"

因为刚刚住下，康克清到女子班去看了看就又回到了军部，见朱德的房间里坐着一些人，正在开会。毛泽东、陈毅是她熟悉的，彭德怀则是第一次看到。他身材魁伟，满腮胡须，军衣、军帽都褪了色，腿上的绑带打得整齐而结实。他正缓慢地向会议报告撤出井冈山的经过，康克清也听到了。

原来，毛泽东和朱德率领红四军离开井冈山后，国民党反动派就以比红军多三四十倍的兵力，分五路向井冈山发起进攻。他们先是用山炮轰炸，掩护黑压压的人群向上冲。红五军根据彭德怀的命令，等敌兵靠近了才打，苦战了七天七夜，击退敌人几十次进攻。

时值寒冬腊月，雨雪连绵，雾气遮天。敌人一面从正面进攻，一面组织三个营，借着大雾，在一个叛徒的带领下绕到红军背后，实行两面夹攻。一大队抵挡不住，撤出了阵地。彭德怀闻讯后，立即将随营学校和军部机关的人员组织起来，准备配合一大队夺回黄洋界。正在这时，又传来八面山失守的消息。彭德怀考虑到敌众我寡，硬拼下去会受到更大的损失。为了保存有生力量，他命令部队撤出井冈山。下山的路已被敌人封锁了。成千上万的敌兵，从黄洋界和八面山方向包围过来。彭德怀亲率部队拼杀，冲出敌人的围追堵截圈，且战且走，冒着漫天风雪，踏着泥泞道路，昼夜奔行，摆脱敌人，到了瑞金。他本想在这里休整后再打回井冈山的，当听到毛泽东、朱德领导红四军占领了汀州城，便派人化装前去送信……

彭德怀讲话的时候，室内静极了，除了他低沉的讲话声外，没有任何其他的声音。毛泽东把灰色的军帽放在面前的桌子上，一支接一支地抽烟，两道眉毛间的距离缩短了，一双目光里好像喷着火，透出心中的怒气。朱德稳稳地坐着，两道浓眉不时耸动一下。他一会儿看看彭德怀，一会儿看看毛泽东和其他的人，可以看得出来，他的心里正在急速地思考着。陈毅平时是很活跃的，此刻也非常安静，仿佛意识到了今天会议上可能发生的事情。

"撤离井冈山的经过，大体就是这样的。"彭德怀以这句话结束了他的报告。

没有人马上说话，室内开始沉默。

毛泽东仍一口接一口地抽烟，朱德仍稳稳地坐着，陈毅的眼睛则看着天花板。

还是没有人说话，室内继续沉默。

彭德怀看看毛泽东，看看朱德，看看陈毅，看看其他人。他等待着听到与会者的声音。

毛泽东使劲抽完一口烟，将烟蒂掐灭扔到地上，看了一眼彭德怀，说："我们千辛万苦经营的井冈山，被你丢掉了。"

这一句话的声音不高，可分量是很重的，把所有人的目光和心都吸引了过去。彭德怀更是感到了它的重量，倔强的嘴唇紧闭着，好像等待着什么。

接着，毛泽东那浓重的湖南口音讲了井冈山根据地的重要性，彭德怀如何不应该把它丢掉。他越说越激愤，抬起的右手猛地砸在桌子上，同时骂了一句"娘的"。

毛泽东的心情是可以理解的。在白色恐怖最严重的时候，在南昌起义失败的情况下，是他率领秋收起义的部队上了井冈山，建立起一块根据地，有了立脚的地方。在他的心目中，井冈山是黑暗中国的一颗明星。如今，立脚之地没有了，明星落入了敌人之手，他心痛呀！对毛泽东的举动和话语，康克清十分震惊。她没有想到，毛泽东会发这么大的脾气。

平时，他和士兵谈话，和群众谈话，既和气亲切又文质彬彬，往往是在平易的交谈中，讲出深刻的道理，让听的人不能不从心眼里佩服。可现在，他竟骂开了娘，这是康克清无论如何也不会想到的。

她再看彭德怀。他脸色很难看，嘴唇发抖，眼里滴下了大滴泪水。此刻，他也是痛心呀！井冈山是从他的手中丢失的。彭德怀也看到了康克清，他不愿让一个女人看到自己的泪水，忙把脸转了过去。

朱德一直看着彭德怀。如果不是敌人力量确实强大，他是不会下令撤退的。转脸之间，朱德看到了康克清，便站起身走到她身边，小声说：

"这里正开会，你不要在这里，到那边屋里去吧！"

康克清到了里间屋内，心还在怦怦急跳。她是第一次见到这样的场面，那些领导人平常那么亲密，争论起来这么激烈呀！

陈毅说话了："井冈山被敌人占了去，当然不是好事情，要找原因，也是很多的。从客观上看，敌人的力量确实太大，超过我们好几十倍；现在撤出来了，保存了人枪，还可再发展。留得青山在，不怕没柴烧嘛！"

朱德讲话语气很平静："井冈山是毛委员领导建立起来的，正因为有了这么一块根据地，我和陈毅同志从湘南来，德怀同志从平江那边来，才有了个立脚的地方。现在被敌人占去了，谁的心里都不好受。只要总结经验教训，我们还可以把它夺回来！"

彭德怀本来就有打回井冈山的打算，只因听到红四军的情况才改变了原来的计划。听朱德这么一说，他立即站起来，双手扶着桌子边，大声说：

"如果大家同意，我彭德怀领部队打回去，把井冈山再拿回来！我一定能拿回来！"

毛泽东看看彭德怀，见他的眼中还有点潮润，但双眼中射出的目光却是严峻的自信的，便做了个让彭德怀坐下的手势。

人们的目光集中到毛泽东身上，等待他的意见。

这次会议没有做出收复井冈山的决议，而是对部队进行了改编，红五军和红四军第三十二团改编为红四军第五纵队，湘赣边界赤卫队改编为红四军第六纵队，彭德怀以红四军副军长的名义指挥这两个纵队。

会议结束，人们都离去了，康克清才从里屋走出来。她见朱德一个人还坐在那里，似乎在思考什么问题，就走过去问：

"毛委员怎么发那么大的火呀？"

"都是为了把革命搞好嘛！"朱德微笑着说。

对于朱德的这句话，康克清当时并没有完全理解，几天后，她才真的懂得了其中的深刻内涵。

会后，部队就离开瑞金向雩都（今于都）进发。途中，毛泽东、朱德、彭德怀、陈毅等红军领导人在一起吃午饭。所谓午饭，就是每人用自己洗脸的手巾包上一碗红米饭，休息时坐下来就吃。饭是冷的，水是冷的，连一点菜也没有。他们席地而坐，边吃边交谈。不知是谁开的头，话题又扯到了井冈山失守的问题上。

陈毅说："现在南瓜汤也没有了，只能光吃米饭。"

"有米饭吃就好嘛，别忘了三河坝失利后连米饭也吃不上。"朱德说。

彭德怀的语调还是有些沉痛："如果井冈山不丢就不至于这样了。"

"没得关系，打败仗也是常有的事嘛，再说也不能全怪你。"陈毅说。

毛泽东把嘴里的米饭咽下去，看着彭德怀说：

"这次很危险，看来不该决定你们留守井冈山。"

彭德怀把包着米饭的毛巾放在地上，说：

"我看井冈山还是能夺回来的，我去把它夺回来。"

"等到雩都再开会讨论。"毛泽东说："现在先吃饭，不然肚子就要闹革命了！"

看到这种情景，康克清很受感动。这些领导人之间的关系多么好啊，有了事，可以争论，可以拍桌子，甚至可以骂人，过后又是一如既往，谁也不整谁，一心为了把革命搞好。

在雩都，中共红四军前委召开了一次扩大会议，讨论红四军的行动计划。会议决定，彭德怀率部回赣江以西恢复井冈山革命根据地，朱德和毛泽东率部在赣江以东发动群众，建立赣南革命根据地。

朱德、毛泽东率领的红军，首先攻克宁都县城，歼敌 500 余人，活捉敌团长 1 人。接着，根据中共闽西特委提供的关于陈国辉主力和张贞一部在广东参加讨伐桂系战争而闽西、闽南空虚的情报，以及江西敌人正联合向红军进攻的情况，就率部翻越武夷山，第二次入闽作战。他们指挥红军三占龙岩，攻克永定，歼敌于白砂，取得了一个又一个胜利。
正如毛泽东在《清平乐·蒋桂战争》一首词中所写的那样：

> 风云突变，
> 军阀重开战。
> 洒向人间都是怨，
> 一枕黄粱再现。

> 红旗跃过汀江，
> 直下龙岩上杭。
> 收拾金瓯一片，
> 分田分地真忙。

康克清一直和朱德在一起，跟随红军行动。每到一地，她就外出宣传，发动群众打土豪、分田地、参加红军，张贴红四军军长朱德、党代表毛泽东和政治部主任陈毅联名发布的《红军第四军司令部政治部布告》。布告上的话，她记得很熟：

> 我们红军受共产党的领导，执行民权革命三大
> 任务，打倒帝国主义，打倒地主阶级，打倒国民党
> 政府，以帮助工人、农民及一切被压迫阶级得到解
> 放为宗旨。

康克清从实践中看到，"从今年起，田地归耕种的农民所有"的政策，比过去土地所有权属于苏维埃政府而不属于农民的规定更受到欢迎。

晚上回到住处，朱德总要问问情况，诸如宣传的情况怎么样，人民群众有什么反映和要求，战士们有没有违反纪律的现象等。若遇到朱德处理完军务，还会和她坐在一起，或默默相视，或悄悄谈话。虽然这样的机会极少，但总是令康克清难忘。

交谈中，一说到农民生活的困苦，朱德就会深情地想到他的故乡，他的奶奶和父母、伯父母。他最爱说的话就是："对于地主来说，农民是

不是够吃，地里是不是忙得不能分身，那不是他的事。而且农民还要到地主家里去帮工，不但男人要去，就是我的母亲和伯母也要到地主的厨房里去帮工。母亲的双手操作得多了，几乎全是黑的，头发也在后颈挽个发髻，又脏又蓬乱。"

他还说过他的家，是一座经过风吹雨打雪盖而将近坍塌的房子。从西到东的长间上房面南而立，覆盖着灰瓦，破旧的原色木门，装在木门轴上。两边厢房较矮，稻草铺顶，和上房刚好对成直角。这些房间，没有窗子，全靠房门进光。房子外部涂的全是泥巴，没有粉刷过。

见康克清听得那么认真、专心，朱德说：

"你和我都是穷苦农民的孩子，现在都投入了为穷苦人民解放的事业，不管遇到多少困难，多少挫折，都不能后退。"

"我和你在一起。"康克清点点头说。

朱德哈哈笑起来："你是我的妻子，但首先是一个红军战士，为穷苦人打天下的红军战士，要永远和中国共产党在一起，和人民群众在一起。"

……

可是，这样的时间并不长。康克清发现，朱德说话少了，若是一个人在屋里，就会静静地坐着，时而凝眉深思，或者轻轻踱步。

康克清知道，红四军刚刚开过第七次代表大会，陈毅当选为书记。毛泽东虽然仍然是前委委员，但会后就到闽西苏家坡养病，贺子珍和曾志都跟到那里去了。

有一次，康克清问朱德：

"毛委员怎么不当书记了呢？"

"那是会上选举的。"朱德说。

"大家为什么不选他？"康克清感到不好理解。

朱德长出了一口气，说：

"这是党内的事情，你不要问了。"

康克清没有再说话，这对她是一个谜。

那时，她还不知道，就是在这次会议上，对一些问题发生了争论，而争论又是由来已久的。早在这次会议之前，曾经留学莫斯科，在红四军里先后担任过纵队参谋长、司令员、军委书记兼政治部主任的刘安恭，就说红四军分成两派，朱德是拥护中央指示的，毛泽东自创原则，不服从中央指示。一纵队司令员林彪写信说朱德利用"封建关系"，采用"政客的手段"，有"卑污的行为"，是搞"阴谋"等，还说"朱德用手段拉拢部下"，"希图成立军委以脱离前委羁绊"等。后来在"七大"会议上，陈毅严厉批评了刘安恭、林彪的言论和行动，说他们的"凭空臆断""过分估量和失之推测"是不对的。对毛泽东、朱德的言论，他也指出其缺点错误之所在，而肯定他们的正确认识。用他自己后来的话说：

"对主席我打了他一棒，对朱军长我也打了他一棒，对刘安恭我也打了他一棒。"

朱德心里都想了些什么，康克清当然不知道。这个从 1925 年就下决心"终身为党服务，作军事运动"的共产党员，严守组织纪律，不把所有这些告诉妻子，而是自己一个人默默地承受着，冷静地思考着。

正在这时候，国民党反动派以金汉鼎为总指挥，组织赣、闽、粤三省部队对闽西革命根据地进行了第一次"会剿"。红军决定兵分两路：第四纵队为一路，留在闽西，与地方武装一起，采取游击战术，阻拦敌人的进攻；第一、二、三纵队为一路，转至闽中，向敌兵力薄弱的外线发展，以分散和转移敌军"会剿"闽西革命根据地的力量。陈毅经厦门赴上海，参加中共中央召开的会议并向中央汇报工作。朱德便代理前委书记，独立担负起指挥红军向闽中转战的重任。

8 月底的闽中，日头火辣辣地照射着村庄和稻田。收割过的地里，又长出了葱绿的晚稻。收获季节的人民群众，热烈欢迎朱德率领的红军第二次来到漳平。一队队衣衫褴褛的士兵们，迈着雄健有力的步伐，走进各个村庄。群众打扫房屋，送茶送饭，小孩子们飞跑着，大声传播消息：

"红军又来了！是朱军长的红军！"

看着眼前的欢腾景象，康克清不由得想到半个多月前第一次来到这里的情形。

那是 8 月 2 日，朱德率领红四军第三纵队抵白砂与第二纵队会合后，即向闽中出击，第三天就北上歼灭宁化城的守敌。8 日，部队沿双洋河南下，强渡卢溪口，占领了漳平县城。

这里是闽中地区，原来被敌军占领，群众不了解红军，再加上反动派的欺骗宣传，所以一听说红军来了，就跑进山里躲了起来，无论怎讲道理也不回来。

康克清也在宣传的人员中，一天下来，毫无效果，晚上回到住处，气愤地对朱德说：

"这里的群众真落后！"

朱德看到康克清的情绪，耐心地说：

"群众是欢迎替他们办事的军队的，只是过去没见过这样的军队。我们刚来到这里，他们还不了解我们，一旦看到了红军的行动，他们就会信任的。"

第二天，朱德指示部队一方面继续加强宣传群众的工作，一方面坚决执行三大纪律八项注意。他还亲自召集手工业工人、农民和市镇贫民开座谈会，讲解中国共产党的政策及红军的宗旨、任务，进行调查研究，号召人民大众团结起来，投入革命斗争，建立自己的政权和各级组织。他讲的道理朴实明白，很容易为人民所接受。在他的具体指导下，很快建立了工会办事处、农民协会、妇女会等革命团体和漳平县城防第一赤卫队，从部队抽给他们一些枪支弹药，革命斗争就如火如荼地开展起来了。

看到这种景象，朱德说：

"我们红军的任务不单单是打仗，还要做传播革命火种的工作。"

红军播下的革命火种见了成效，这第二次到来，就受到了人民群众的欢迎。康克清想着，转脸看看朱德，他的脸上也荡起了笑容。

红军第二次来到漳平城后，朱德仍然没日没夜地召集部队和地方的干部开会，研究情况，考虑下一步的行动。

康克清也学着朱德的做法，深入到实际中去，和群众促膝谈心，讲道理。她觉得，只有多做工作，多动员青壮年参加红军，才能减轻丈夫肩头的担子。

这一天，康克清走在大街上，看到一个20多岁的小伙子，长得高高的，可是却伸手乞讨，就主动上前和他交谈。

"你的家在什么地方？"康克清问。

青年回答："在城边上。"

康克清又问："家里还有什么人？"

青年摇摇头："什么人也没有，就我一个。"

康克清奇怪了，问道："你为什么讨饭，而不参加红军呢？"

青年说："红军不要我。"

红军不要你？康克清仔细看看那青年，发现他的眉毛没有了，鼻子红红的，可还是弄不清红军不要他的原因。

这时，旁边有人小声说："他有麻风病！"

康克清过去听人说过麻风病的可怕，但没有见过这种病人。现在听人一说，吓了一大跳。多危险哪，要让这样的人参加红军，那不是要传染吗？

晚上回到住处，她对朱德说：

"我今天差点犯个大错误。"

正在沉思的朱德急忙转过脸，睁大吃惊的眼睛问：

"怎么回事？"

"有个麻风病人，我还动员他参加红军呢！"康克清把经过讲了一遍。

朱德哈哈大笑起来："你这个康克清呀！闹革命光有热情可不行咯，还要懂得好多知识咯！"

对朱德的这句话，康克清是很容易理解的。自从和朱德结婚之后，她就发现朱德十分喜爱读书，只要能找到的政治和军事书，他都精心阅读，看报纸和报告，也用铅笔仔细画上线，以作为记号。他说的话就是他的体会啊！

"怪不得你平时看那么多书呢！"康克清说。

朱德在康克清对面的凳子上坐下来，说："还是毛委员看的书多，连吃饭时也要看报纸。"

也许说到毛泽东时又引起了他的心事，朱德沉默了，好半天才说：

"不知道他的身体怎么样了。"

这样的话，康克清听到朱德说过不止一次了。从心里讲，她也很想念贺子珍和曾志，就说：

"既然这样，为什么要到这里来呢？"

朱德若有所思地说："你不知道，只有把敌人调开，把敌人消灭，多打胜仗，毛委员才能有安定的地方养病。"

夜色笼罩了漳平县城，室内很静，朱德和康克清相对而坐。

"要是毛委员在就好了，可是他的身体还是不行，陈毅同志也不在，什么时候才能回来呢？"朱德自言自语，又像是说给康克清听的。康克清没有说话，她不知道该说点什么来安慰自己的丈夫。

第 6 章

一双布鞋，
一个孩子和一次会议

夜深了，支队长以上干部会议才临近尾声。昏黄的油灯下，指挥员们的目光都集中到朱德的身上，等着他作出决定。

朱德没有马上说话，先看看在座的人，这已经是他的习惯了。一年多以来，每一次讨论军事问题，都有毛泽东和陈毅参加，他们都有高见发表。尽管毛泽东很尊重他，这方面的事情多以他的意见为主，但他总是认为多一个人就多一分智慧，多一分胜利的把握，所以每一次发言时，总要看看毛泽东和陈毅。可是今天仍然没有他们在座，毛泽东还在养病，陈毅到上海向党中央汇报还没有回来，一切事情还得由他来做最后的决定。

今天晚上讨论的是关于攻打上杭的问题。

击退敌人第一次"三省会剿"后，闽西根据地得到了发展和巩固，红色区域包括了龙岩、上杭、永定、连城、长汀五县，先后建立了各县、区、乡苏维埃政府，绝大部分农民都分得了土地。但是，半年前受到红四军沉重打击的郭凤鸣旅残部，由新任旅长卢新铭收罗起来，盘踞在上杭城里，与从红色区域里逃亡的地主豪绅及反动武装勾结在一起，继续进行破坏和捣乱。朱德率领红四军两个纵队从闽中返回闽西以后，人民群众纷纷要求拔掉这个顽固的反动据点，朱德召开前委会研究形势、敌情，作出了打上杭的决定。现在，他就是向中队以上干部布置具体任务的。浓重的眉毛耸动一下，朱德讲了各单位的任务，最后说：

"红军和地方武装都做了大量渡江和攻城的准备，如捆扎竹筏、制作云梯和救生设备等；城内的地下党组织积极侦察敌人的火力部署，加紧了做敌军内部的兵运工作。所以，我们决定：明天晚上渡江，后天凌晨发起总攻。"

开会的人都走了，朱德还面对着地图在沉思。地图上的上杭，被浩浩荡荡的汀江水三面环绕。看着看着，他的耳畔响起了一首歌谣：

> 铜铁上杭，固若金汤。
>
> 东无退路，西无战场。
>
> 南有河道，北有鱼塘。
>
> 嘱咐子孙，莫打上杭。

是啊，对于这座有着"铁上杭"之称的城市，朱德是很熟悉的。两年前的1927年8月，他和周恩来等人率南昌起义的部队经过这座县城时，就住在城中的琴岗书院里。那天，周恩来和他们几个人听福建省委负责人汇报上杭一带的情况，那位负责人要求留下一部分部队在上杭配合农民进行武装斗争。周恩来说，要集中力量到潮州、汕头去配合海陆丰的农民斗争，不能留部队，可以给你们一些枪，但要拿稳，不要让敌人抢去或落在地主手里。遵照周恩来的指示，部队留下100多支枪，并指派一名军官协助上杭建立工农武装。地方党委还协助部队医治伤病员，筹粮筹款，侦察敌情。从那以后，上杭人民就组织武装，与反动派展开斗争，如今，他又要带领部队攻打这座县城，心里很激动。

康克清一觉醒来，看到外屋还亮着灯光，便披衣走出来，见朱德还在对着地图沉思，就走过去轻声说：

"已经很晚了，你该早点休息才是。"

朱德抬起头，见康克清披衣站在面前，微笑着说：

"不是让你早点睡吗？"

"我已经睡过了！"康克清说。

"噢，你睡过了。"朱德说，"那我问问你，你们女子班准备得怎么样？"

康克清说："都准备好了，大家的士气可高呢！"

朱德点点头，连声说：

"那就好！那就好！"

康克清看看窗外，催促道：

"天快亮了，晚上就要渡江，你快睡一会儿吧！"

朱德没有再说什么，和康克清一起走进了里面的房间。

这是9月19日的深夜，确切地说已进入了9月20日的凌晨。天亮之后，红四军各纵队及地方武装、支前大队，悄悄地往上杭城开进。

到了晚上夜深人静时，攻城的突击队涉水渡过汀江，接着，大部队也陆续过江。朱德随军抵达上杭城下，把他的指挥所设在紧靠城东北的高地石牌岗上。这时的他，沉着冷静，默默地注视着夜幕中的上杭城，一句话也不说，别人也不去打扰他。

凌晨二时，朱德按原定计划，发出了总攻上杭的命令。顿时，寂静的夜空里，飞起了千万条火舌，一齐向城楼上的敌人射去。在猛烈的炮火掩护下，攻城部队架起一节节3丈多高的云梯，战士们顺着云梯奋勇向城墙上攀登。

经过两三个小时的激战，红军先后攻破了东门和西门。只有北门的敌人，还在负隅顽抗。

朱德听到这个情况，走出指挥所，提着枪来到了北门前，身后跟着指挥所的官兵。

"军长，这里太危险，你快躲一下！"有人上前劝阻道。

朱德没有听，也没有躲。他站在北门下边，手提驳壳枪，昂起头，对着城楼上的敌兵大声喊道：

"弟兄们，士兵不打士兵！缴枪不杀！"

极短暂的沉寂之后，响起嗒嗒嗒的枪声，这是对朱德喊话的回答。

城楼上的敌人连续开枪，嗖嗖的子弹从朱德身边擦过，打在泥土里，掀起一片片烟尘。

正在硝烟弹雨里抢救伤员的康克清，看到了这一幕，对军长的敬，对丈夫的爱，此时此刻完全交织在一起，把她的心急速地提了起来，禁不住大声喊道：

"危险！"

她真想奔过去，将朱德拉到安全的地方，或者按到地上，以躲避飞来的子弹。但她很快控制了自己，手按着怦怦跳动的一颗心，目不转睛地看着。

朱德仍然站在原地，一动也没有动，眼睛也没有眨一下，只是皱了皱眉头，心想：不缴枪，就消灭你们。他盯着城楼上敌人机枪的位置，举起驳壳枪，乒乓两响。敌人的机枪变成了哑巴。

朱德把手一挥，大声喊道：

"同志们，冲啊！"他喊着，第一个冲进了城内。

跟在朱德身后的部队，很快与从东门西门冲进来的部队汇合在一起，把敌人压缩到一条小街上。又经过一阵恶战，残敌才缴械投降。一场激战结束，红军占领了上杭城。

鲜红的太阳升起来了，绚丽的光芒照耀着灰色的军装和缀着红星的八角帽。朱德轻轻拂去衣服上的烟尘，拍打着帽子，微微笑了笑说："铁城也好，钢城也好，反正都是我们的。"

说完，他转身来到城内的广场上，主持召开军民大会。几乎两夜没合眼的朱德，站在临时搭起的台子上，丝毫没有倦意。他向军民讲道：

"中国共产党是反对帝国主义、封建主义和官僚统治的，广大人民要团结一致，在共产党的领导下，投入土地革命运动，建立工农兵当家做主的政权。"

几天后，在朱德的帮助下，召开了上杭县第一次工农兵代表大会，通过正式选举，成立了上杭县苏维埃政府。

在这胜利的时候，康克清发现，朱德又忧虑起来。9月下旬，朱德主持召开了红四军第八次党代表大会，讨论红军法规等问题。由于领导机关不健全，缺乏必要的准备，事先没有拿出一个意见，而是放手让群众讨论，结果会议开了三天，却没有取得什么结果。这使朱德的心里感到不安。

康克清看到朱德晚间总是一个人坐在灯下凝思，就想去分散一下他的注意力，让他高兴高兴。丈夫虽然十分理解妻子的心意，但朱德怎么也高兴不起来呀！

见此情景，康克清问：

"是会上出了什么事情吗？"

朱德摇摇头。

"那你为什么总是闷闷不乐呢？"康克清问。

朱德还是没有说话。

康克清有点着急了："你都在想什么呀？"

朱德看了看康克清，缓慢地说：

"看来，要想加强红四军党的建设，必须确立政治上的中心，加强党的领导机关的建设，这都离不开毛委员，他的领导是正确的。"

"请他回来不行吗"康克清睁大明亮的眼睛问。

朱德沉思一会儿，说：

"会上向他致函，希望他回红四军前委工作。已经送去几天了，可是还没有消息，不知是病没有好，还是别的什么原因。"

康克清没话说了。

"再等一等吧。"朱德说。

朱德还没有等到毛泽东的消息，却先接到了中共福建省委致闽西特委、红四军前委的指示信，信中要求特委和前委执行中共中央的指示："朱、毛红军全部立（即）开到东江去，帮助东江广大群众的斗争。"信中还说："开往东江并不是放弃闽西，仅是要扩大我们的工作到东江来，与闽西互相呼应，取得很好的联络，使闽西、东江连成一片。"读过指示信后，代理书记朱德很快召开前委会，决定调3个纵队向东江出击，并写信向福建省委和中共中央作了报告。报告中还说："党内争论问题，自七次大会以后，即告结束，虽有少数同志仍留有点成见，但正确的指示，大家很诚恳地接受，消除一切成见去对付敌人。""陈毅同志仍不回来，毛（泽东）同志久病，现虽起床，尚不能行步，此次去东江，尚不能出发。"

报告送走的第二天，朱德就率红四军主力分三路出上杭，经象洞，迅猛向东江出击。三天之内，第二纵队在粤边大埔县虎头沙击溃敌军两个营；第一纵队在广东省蕉岭县松源打败敌军1个营；第三纵队在闽边武平县岩前击溃闽西民团。一路上，朱德、康克清都是跟随第一纵队行动的。此时的康克清，已当了女子班的班长。

这天早晨出发之前，走来一个人，完全是商人打扮：身穿西装，头戴巴拿马帽，鼻梁上架一副墨镜，手中的那根文明棒，在地上捣出咚咚的声音。

来到跟前，朱德才认出是陈毅，急忙走上去：

"你可回来了！"

两双手亲热地握在一起。好像分别了很久，他们的手紧紧地握着，长时间不愿放开。

"军长，你瘦了，黑了。"

陈毅说完这句话，上下打量朱德，过了一会又说：

"只有你一个人，又是军队，又是地方，又是指挥打仗，又是建设政权，是够你辛苦的咯！"

"你不也是一样吗？"朱德说。

陈毅松开朱德的手，哈哈大笑起来："我可变成阔佬了，你看这身打扮，哪点儿像辛苦的样子嘛！"

朱德无心说笑，着急地问：

"快讲讲，恩来怎么样？中央有什么指示？"

"我的军长咯，我可是远道而来，就让我在这里讲啊？"

这幽默的话，把朱德也引笑了：

"是呀是呀，到屋里去讲，到屋里去讲。"

两人进到屋里，恰好碰到了康克清，陈毅又开起玩笑：

"怎么样呀，军长太太，跟着军长时而闽西，时而闽中，了不起啊！"

康克清的脸上泛起一层红晕。自从和朱德结婚之后，除了个别女兵开过玩笑，还没有人喊过她军长太太呢！现在，这位前委书记、政治部主任，虽然也是开玩笑，仍让她不好意思。

陈毅似乎看到了康克清的窘态，半解释半取笑地说：

"没有关系的，太太就是太太！在共产党里，当了太太仍是要革命的嘛！"

"还是快讲讲中央的指示吧！"朱德打断陈毅的话说。

陈毅坐下来，说：

"好，听军长的命令。"

康克清见朱德和陈毅要说重要的事情，便走出了屋子。

陈毅从西装里面的口袋里掏出一封信，递给朱德，说：

"这是中央给红四军前委的信，指示都在上面了，写得清清楚楚，你看看就知道了！"

朱德接过信，急不可待地打开，读了起来。

看着朱德读得这么认真细致，陈毅心里感到很轻松，因为这信里也有着他自己的一份心血和智慧啊！

陈毅扮作商人到达上海后，很快找到了中央军事部长周恩来。周恩来安排他住到一个饭店里，亲自听取了他关于红四军情况的书面及口头汇报，又召开几次会议，进行讨论，才决定他代中央起草一封给红四军前委的信。当他起草好之后，周恩来又组织人讨论和修改，最后才形成了这封信。现在，他仍记得信中作了九个方面的指示，尤其令人注意的是中央针对红四军党内的争论作了结论，其他如是否固守一个地区的割据、战争中集中与分兵、发动群众建立政权、要不要设立军委、党在军队中如何实施领导等问题，都有明确的指示，并强调毛泽东、朱德及红四军前委要团结全体同志努力向敌人作斗争，实现红军所担负的任务；要加强指导机关的威信，与一切非无产阶级意识作坚决斗争，纠正错误，恢复毛泽东、朱德在群众中的威信……

"非常好！中央太了解我们了！"

朱德读完信之后的叫好声，打断了陈毅的思绪。他想说什么，还没等他说，朱德又问："恩来同志怎么样？"

"他很好，就是太忙了。"陈毅说。

"你快说说，"朱德道，"我们怎样执行中央的指示？"

陈毅说："这得和你商量，和毛委员商量。"

"得把中央的指示先送给他看看，请他回来。"朱德说。

"我想先开个前委会，传达中央的指示，先做好工作，再去请毛委员，你看怎么样"陈毅说出自己的想法，征求朱德的意见。

朱德想了想，说："福建省委要求我们出击东江，开始这几天打得很顺利，我以为不宜停下来，应该继续出击，到了东江以后，再根据情况召开前委会，研究执行中央指示的问题。只是，毛委员那里谁去好呢？"

"我赞成你的意见，先打东江。"陈毅说，"至于毛委员那里，还是我去。我当面向恩来表示过，我要把毛泽东同志请回来主持前委的工作，我代替不了他。"

朱德被陈毅的话感染了，多么光明磊落的胸怀啊！他高兴地说："对，欢迎毛泽东来主持前委的工作。过去的那些我收回，我们请他回来。"

"我想他会回来的。"陈毅说。

"我也这样认为。"朱德赞同地说。

这时，康克清回来了，朱德和陈毅才发觉他们已经谈了很长时间。陈毅站起来说：

"就这样干吧？！"

"好啊，你去闽西，我去东江，后会有期。"朱德说。

康克清看看朱德，又看看陈毅，不明白他们都说了些什么，这句话是什么意思。

10 月下旬的粤北，天气已经变冷，地处深山里的马图村，更是如此，黄昏的山风吹来，寒意尤其浓重。但朱德的心里，仍然憋着一团火。这次没有能够占住梅县城。

是的，他怎么能不憋着火呢？昨天，他率领一、二、三纵队一举攻克了梅县城。可是粤军第六十一师师长蒋光鼐很快率三个团来袭击，权衡得失利弊后，他命令部队迅速撤出城外，翻越重叠的山峦，走过崎岖险峻的山路，来到这山窝中的小村子。

对此，他是有点不甘心的，两个拳头捏得紧紧的，蹙起的浓眉下射出两道犀利的目光，恨不得立即率部出击，把梅县城拿下来。但他能控制住自己，现在是敌强我弱，敌众我寡，硬拼是不行的。不过，他没有放弃占领梅县的念头，心里计划着怎样把它拿下来。

这样一想，他的心里平静下来，目光也变得温和了，凝视着越来越浓的暮色。

朦胧之中，康克清走来了。她看到朱德正在凝望，走近跟前说：

"你怎么不休息一会儿呀？"

"是你呀！"朱德抬头看到康克清，说，"你怎么回来了？今天很累，你应该和你的女子班在一起。"

康克清理解朱德话中的含义。退出梅县城，又走了这么多山路，女兵们可能会产生思想问题，作为班长，她应该和战士们在一起，可她回来也是有原因的。

"我将女子班安排好之后，想到应该来陪陪你。"

"没什么，胜败乃兵家常事嘛！"朱德笑笑，和康克清一起走进了屋内。

进屋后康克清端来水，洗了脚，然后从随身背的包里掏出一双鞋，可一穿才发现是一只脚上的，生气地说：

"真倒霉！"

"怎么啦！"坐在桌边的朱德，听到康克清的话，转过脸来问。

康克清把鞋递过去："你看看。"

朱德接过鞋，看到是一双布面皮底的女鞋，很漂亮，就说：

"这不是很好吗？"

"好是好，可都是一只脚上的。"康克清丧气地说。

朱德翻来覆去地看，的确是一只脚上的，便问：

"什么时候买的？"

"今天在梅县城里，用才发的钱买的。"

进城之后，每人发了一块半银圆。康克清和其他红军战士一起正向群众讲话，就传来了撤退的命令。经过一家商店时，她看到货架上的鞋子，就买了一双，急急忙忙装进挎包就离开了，连看也没看。

朱德又看看鞋子，边大笑边说：

"康克清呀，你真是个马大哈！"

"你还笑呢，这根本不能穿呀！"康克清说。

"不能穿就算了，别再心痛啦！"朱德劝慰说。

康克清还是说："我不是心痛鞋，是心痛那一块半银圆嘛！"

"我不是还有一块半嘛，过几天打进去时再买一双！"朱德说。

康克清用庆幸的口吻说："当时我想给你也买一双，幸亏没买。"

朱德把布鞋放到桌上，说："这鞋虽好，可是不能爬山，咱们的草鞋爬山可好呢。"

康克清擦擦脚，穿上草鞋，边倒水边说："都是敌人来得太快了。"

这句话勾起了朱德的心事，他感慨地说：

"是呀，这个地区好像是我们的伤心地，两年前，南昌起义的部队就是在这里失利的。"

"是吗？"康克清说。

朱德略有所思地说："是呀！前年 9 月底，起义军向揭阳、汤坑地区的敌人发动进攻。当时我们满怀信心，只要战斗顺利进行，就能把广东境内的国民党部队打垮。可是 9 月 30 日凌晨炮声突然由远而近，愈响愈激烈，撤下来的人说，我们的部队在汤坑附近受挫，伤亡很大。这天上午，敌第八路军副总指挥黄绍竑亲率三个师，沿韩江西岸扑来。接着，敌人重兵围攻，我们遭到了覆灭性的失败。"

"你当时在哪里？"康克清睁大吃惊的眼睛问。

朱德顿了一下，接着说："我当时在三河坝，指挥部队与敌人激战了三天三夜，给进攻的钱大钧部两个师以很大杀伤，当知道汕头方面的消息不好时，便主动撤到了饶平。"

康克清像听书一样听朱德讲述两年前的事情，见朱德停了下来，便又问：

"那后来呢？"

"后来，"朱德痛心地说，"我与周恩来等同志领导的起义军总部失去了联系。我想，起义主力虽然失败了，但起义这面旗帜不能丢，武装斗争的路一定要走下去，便和陈毅同志一起，在饶平整顿了剩下的部队，经平和、永定、象洞转移出去，脱离了险境。"

从朱德的讲述里，康克清仿佛看到了朱德、陈毅率领部队在长满灌木的悬崖陡壁上攀登的情景，又增加了对丈夫的了解，从心里敬佩他，也为他捏一把汗。然而朱德却说得那么平和，好像在讲一些微不足道的事情。

"好了，你去睡觉吧！"朱德催促道。

康克清看看窗外黝黑的夜空："你还不休息吗？"

"我还得看看文件和材料。"朱德说。

康克清心想，如果不是我和他说话，他也许早就看完了，要是我在这里，他还不能看完。这样想着，康克清回女子班去了。

看到康克清走了，警卫员小李才进屋来，他要睡在这外屋里。朱德看到警卫员，说：

"你也睡觉吧，有事情我叫醒你。"

"不，我不困。"警卫员说。

"小鬼，怎么会不困呢？你坐着也代替不了我嘛！"

朱德说着坐在桌前，昏黄的油灯光，把他的身影投射在墙壁上。他聚精会神地读起来。不一会，他就感到有点儿累，腰有些酸，腿有些痛。今天的事情不应该留到明天，他在心里对自己说。

读完文件，他掏出怀表看看，已过了 10 点钟。转身一看，警卫员已伏在桌上睡着了。这个小鬼，还说不困呢！当他的目光落到床前的草鞋上时，立即发现那双草鞋破了几处，心里不由得一动，多好的战士啊！10月的天气，还穿着单衣和草鞋，得想点办法啊！

他慢慢站起身来，轻轻走到床前，把草鞋拿在手里，掂一掂，又走到屋外，找来一些草，然后坐到桌前，将油灯挪得近一点，补起了草鞋。他的动作是那么轻，那么熟练。

尽管他的声音很小，动作很轻，小李还是被惊醒了，他一看，军长正在补自己的草鞋，猛地下了床，赤着脚走过来，说：

"军长，我对你有意见！"

朱德看到小李噘着嘴，不知怎么回事，问道："你有什么意见？"

"你看完了文件还不休息，我有意见！"小李说，"你补我的草鞋，我更有意见！"

朱德也笑了："这不，马上就补完了，补完就睡觉。"

"不行！"小李说，"请你现在就睡觉，这是我的责任。"

朱德看看小李，把草鞋递过去，说：

"好好好，我服从你的命令，现在就去睡觉，你也赶快去睡吧！"

小李点点头，朱德才进了里屋。

少见的雪花，纷纷扬扬地飘落下来，为古田镇的8个村子披上了一层洁净的银装素裹。望着这景象，人们都记起了瑞雪兆丰年的话。

在镇子中的一家小药铺里，住着康克清和她的女子班。此时，她坐在窗前，面对着漫天飞雪，思绪却连着溪背村的廖氏宗祠。那里，中共红四军第九次代表大会正在进行，会议开得怎么样了？朱德在做什么呢？

她还记得，从东江返回闽西以后，接着就攻克了长汀，很快，毛泽东就回来了。那天，毛泽东在陈毅的陪同下来到长汀，和朱德见面时非常高兴，亲切地交谈了很久。随后，红四军就开到连城、新泉一带。毛泽东、陈毅领导政治整训，他们找人开座谈会，听取各种意见；朱德则负责军事整训，举办基层干部培训班，组织军事训练，制定红军的条例条令。这个月的中旬才来到古田镇，准备召开红四军第九次党代表大会。

一天晚上，军政治部的战士燃起一堆火围坐取暖，一边抓虱子，一边谈形势。正在这时，朱德走了过来，坐在火边搓着手，环视周围的战士问："你们在讨论什么呀？"

"三句话不离本行，我们当兵的还是谈打仗的事。"有个战士说。

另一个战士把抓到的几个虱子丢进火里，顿时响起一阵噼啪声。这个战士瞅着火，愤愤地说：

"坏蛋，给你尝尝火烧的滋味。"

"消灭这些吃人血的剥削者！"人们七嘴八舌地说。

朱德很满意。几个月来，敌人调兵遣将进行"三省会剿"，红军经常行军打仗，难得有休整的机会，战士们又没有换洗的衣服，一套衣服不离身，谁没有长虱子呀！但战士们没有怨言，斗志高昂。想着，他摘下帽子挥动着说：

"我给你们讲个抓虱子的故事怎么样？"

"好，欢迎军长讲故事！"战士们知道军长会讲故事，热烈地鼓起掌来。

"东晋的时候，有个人叫王猛。"朱德绘声绘色地讲起来，"桓温入关，王猛穿一件又粗又破的衣服去见他，一边抓虱子，一边论天下大事，侃侃而谈，旁若无人。你们现在不就像当年的王猛吗？"

战士们参差不齐地说："军长夸奖了，我们算什么呀！"

朱德继续讲道："后来王猛辅助前秦苻坚，强盛一时。得了重病后，还劝苻坚不要攻打东晋。他死后，苻坚忘了他的劝告，对部下说：'我们投鞭，可以断流，怕什么？'于是率领百万军队攻打东晋。当时，东晋的谢玄只带领八千人，在淝水之战中打败了苻坚。你们说，谢玄的八千人为什么能打败苻坚的百万人呢？"

战士们都在静听思考。朱德也抓了个虱子，顺手扔进火中，拍拍身边的一个战士："你说呢？"

"因为苻坚太骄傲了，谢玄利用他的弱点取得了胜利。"身边的战士答。

"对呀！"朱德满意地点点头，"自古道，骄兵必败。为什么？因为骄傲就自满，打起仗来就不仔细估计敌情，战前也不好好做准备，打败仗是必然的。虽然胜负是兵家常事，但像苻坚这样的败仗还是要引以为戒的。"

战士们听得入了神，有人问：

"军长，你讲的故事叫什么名字？"

"扪虱谈兵。"朱德说。

有个战士说："朱军长今天也是扪虱谈兵。"

红四军第九次党代表大会正在古田召开。

古田处在高山地带，又逢漫天飞雪，气候严寒。尽管占领汀州后，朱德指示后勤部门于 5 天内赶制了 6000 套棉衣，但薄薄的棉衣仍然抵挡不住凛冽的冷风。现在女子班还没有出去宣传群众，有人就在身上披了条毡子。那个要生孩子的女战士躺在床上，其他人围在床前。

哇——哇——

婴儿的啼哭声清脆而嘹亮，打破了室内的静寂。听到哭声，康克清赶忙来到床前，见婴儿红嫩嫩的，眼睛还没睁开，非常可爱。

生孩子本来是一件喜事，但在这样的环境，这样的条件下，康克清却感到棘手。她是女子班的班长，弄什么给产妇吃啊？她摸摸口袋里，她和朱德的钱早花光了，其他人也没有。所有人的目光都看着她。她走来走去，心里着急呀！

突然，她停住脚，指着产妇对大家说：

"你们照顾好她，我出去一趟。"

说完，她一步跨出门，消失在风雪里。不大一会儿，康克清就出现在廖氏宗祠的会场里。

这时，朱德正在作军事报告，写好的讲稿摆在他面前。康克清看清了，这是他多日来经常深夜伏案书写的讲稿，怪不得有几次回去，他连话也顾不上说呢！有时匆忙说几句话，问问部队和女子班的情况，就又埋头继续写起来。

最先发现康克清的，并不是朱德，他正在作报告。毛泽东、陈毅和其他代表看到康克清浑身风雪地走来，都感到惊奇，那目光似乎在询问：有什么事情啊？

这时，毛泽东首先说话了，他问道："康克清同志，你有事情吗？"朱德听到声音抬起头来，看到自己的妻子站在门口，也觉得迷惑不解。

"有个女同志生了孩子。"康克清说。

毛泽东一愣。在这一刻，他也许想起了贺子珍在第二次打下龙岩时生的女孩子，他非常喜爱。由于形势所迫，不得不寄养在群众家里。他对贺子珍说："把孩子寄养出去，今天我们只能这样做。我们以后会回来的。等到革命胜利了，我们再把她接到身边。"现在女儿还不知道怎样了呢，但他马上笑了起来：

"好啊！我们这里开会，你们那里添了个小战士，你是来报喜的呀，欢迎，欢迎！"

听毛泽东这么一说，康克清反而有点不好意思了。不知是由于刚从风雪里走来，还是感到自己有点儿莽撞，脸上浮起一抹红晕。她扫一眼会场，说："那女同志和孩子都还没有什么吃的呢！"

"这倒是个需要解决的问题。"陈毅插话说。

毛泽东略沉思一下，站起身说：

"我提议给产妇5块银圆，以作为补养身子之用，代表们认为如何？"

代表们齐声说：

"同意！"

"好了，会议全体通过了我这个临时提案。"毛泽东风趣地说，"康克清同志，你去领钱吧，要照顾好产妇和孩子，代我们向她问候。"

康克清带着5块银圆回来，让女兵们买来鸡蛋和红糖，精心照顾好产妇和孩子。

古田会议刚结束，部队就接到出发的命令。在红四军召开第九次党代会期间，国民党反动派又对红四军和闽西革命根据地发动了第二次"三省会剿"。赣敌金汉鼎部占领长汀，进抵离古田100多里的河田；蒋介石专门从安徽调来参加"会剿"的刘和鼎之五十六师占领了龙岩，进犯到古田东南30多里的小池。为了粉碎敌人的第二次"会剿"，红四军前委决定：毛泽东率第二纵队暂留古田，阻击刘和鼎部，朱德率一、三、四纵队先行出发，向赣南敌后出击，牵制和调动金汉鼎部回援江西。

康克清接到出发的命令后，赶去看望朱德，见朱德正忙着下达命令，调动部队，连话也顾不上说。康克清看到他这样忙，赶忙帮助他整理好东西，准备回女子班。快出门时，才听到朱德说：

"把女子班带好，还有那个刚生孩子的女同志和孩子，要照顾好！"康克清停住脚，愣了一下，心里一阵难过。那个孩子终因条件太艰苦而没有活下来。她想告诉朱德，犹豫一会，还是把到口头的话咽了回去。

她怕他听了后难过。他是爱人民群众，爱孩子的。

黎明之前，朱德领着部队从古田镇出发。路上，雪融化的地方结上一层薄薄的冰，脚踩上去，发出咯吱咯吱的响声。康克清和女子班背着简单的背包，用担架抬着那个刚生过孩子的同志，迎着凛冽的冷风，踏上了征途。

在腊月的寒风中，部队取道庙前、莒溪，在连城、宁化突破了敌人的包围圈，然后西越武夷山，占领广昌城，转入宁都，向东韶前进。一路上，康克清的心情很舒畅。

从 7 月红四军第七次代表大会到这第九次党代会，共有四个月的时间，是朱德单独领导红四军活动的时期。康克清一直随着朱德行动，亲眼看到朱德在实践中苦苦地探索着革命和红军发展的道路。现在，朱德又和毛泽东在一起了！

她怎么也没有想到，几十年之后"文化大革命"中，林彪和江青等人却别有用心地歪曲这段历史，说朱德"是资产阶级军事路线的代表"，"是反对毛主席的"。一天，康克清在外边开过会回到家里，拿这个问题问朱德。朱德不慌不忙地说："这是党内的事情，我不能告诉你！"

康克清一听就着急了，大声说：

"人家说你是资产阶级军事路线的代表，到底是不是？我是你的老婆，不能糊涂。"

朱德看到康克清焦急的样子，笑了笑说：

"急啥子嘛！做什么事总都有个代表，是就是，不是，想代表也代表不了。当时不少部队刚从国民党部队起义过来，资产阶级军事思想是存在的，他们要找我代表，那就找嘛！"

他说得那么坦然，这是心中无愧的人才有的态度。康克清亲身经历过那段历史，她还能说什么呢？

这些都是后话。

第 7 章

分别时格外思念，
相聚时倍加甜蜜

对康克清来说，环境稍稍安静了一些，不像离开井冈山后那样，忽而赣南，忽而闽西，忽而闽中，几乎天天都行军打仗。可是，她的心里却不安静起来。

1 月下旬，朱德带领的一、三、四纵队和毛泽东率领的暂留古田的第二纵队在东韶会合，即占乐安，克永丰，打破敌人对闽西革命根据地的第二次"会剿"。随后，红四军到达吉安。在这里的东固地区陂头村，毛泽东和朱德召开了红四军前委、赣西特委以及红五军、红六军的联席会议，分析国内外政治形势，讨论和确定扩大苏维埃区域、深入开展土地革命、扩大工农武装等任务，统一了红军和地方党组织的领导。

会后，敌金汉鼎部唐云山独立第十五旅，分三路向东固地区进犯，妄图消灭在这里集结休整的红军。毛泽东、朱德指挥部队迎头痛击，经过两天激战，分别在水南、施家边、值夏一带重创唐云山旅，取得了古田会议以后的第一次重大胜利。此后，朱德就和毛泽东一起，率领红四军在赣南的广大地区实行大规模分兵游击，意在打通闽西、赣南两大红色区域。从那时候起，康克清和朱德久久没有见面，已经有几个月的时间了，她惦念部队，更惦念朱德。

本来，康克清是坚决要求跟随部队行动的。

"我年轻，身体又好，不怕吃苦，不怕爬山过河，为什么要把我留下？"

她嘴里这样说，其实心中还有个不好说出口的理由，那就是她想和朱德在一起。尽管朱德生活方面的事情用不着她过问，只要一起行动，总是可以抽时间照顾丈夫的。

"组织上确定女同志都留下，一是战斗和行军太频繁，太艰苦，二是现在有了一块比较安定的地方。你看，贺子珍同志在上杭了，曾志同志也在闽西地区。"朱德说。

"我要跟部队和你到前线去。"康克清继续陈述自己的心愿。

朱德看着妻子，温和地说：

"军人嘛，就得服从命令。决定要你留下，你就应该愉快地留下。在后方，宣传群众、扩大红军的任务也很重呢！至于我，你放心好了。我是铁打的，不怕子弹。你看，打了这么多年仗，我的身上不是一点伤也没有吗？"

她留下了，但不可能不想念。她的一颗心，时时都连着前线。

白天，她到新成立的妇女协会做组织妇女的工作，和姑娘媳妇们一起筹粮筹款，开办夜校，学习认字，动员青年男子参加红军，扛枪打仗。她有时上台演讲，讲解共产党的政策，讲解红军的宗旨，讲解穷苦人要自己起来解放自己的道理，有时又和那些女子们一块下田插秧，唱山歌。稻苗翠绿，新竹苗壮，杂树野花相映，鸟儿不住啼鸣，歌声随风传送。置身其中的康克清，感到心情愉快，浑身充满力量。

可是，一回到住处，一闲下来，她的思绪就像关不住的鸟儿，振翅飞向前线，飞到朱德的身边。他现在是胖了还是瘦了？仗打得怎么样？一名坚强的红军女战士，一位闻名的军长的妻子，战士情，妻子情，和谐地集中在她善良的心里，时时燃烧着炽烈的思念的火焰。

南方的盛夏，烈日炎炎，即使到了晚上，也是酷热难当。奔波宣传了一天的康克清，回到住处后心里就有些烦躁。

几个月来，从前线传来的消息，有的让她兴奋，有的令她担忧。此刻，又一齐出现在她心里。先是红军打下南康，攻克南雄，占领信丰，进住会昌；接着是逼近南昌，打开长沙。她还听说，红军进行了整编，成立红一方面军，下辖红一军团和红三军团，毛泽东任总政委，朱德任总司令……

康克清立在院子里，遥望夜空，只见蓝天如洗，星月相映，偶尔几朵白云飞过，似素洁的柔纱。她久久地望着，思绪被拉得很长很长，默默地在心里说，他一定很艰难。

前线的情况，比康克清知道的要艰难复杂得多。当时，党中央在李立三的主持下，推行的是一条"左"倾冒险主义路线，不顾敌强我弱的实际情况，提出在全国主要城市发动武装暴动，命令红军进攻中心城市。毛泽东和朱德也奉命率部攻打南昌。当到达南昌附近时，发现敌人的工事坚固，便召开会议，决定西渡赣江，经过高安到达离南昌约30里的万寿宫、石子凌、生米街一带地区，在南昌起义3周年的那一天，派一部分兵力进到南昌对岸的牛行车站打枪示威，随后转移到湖南省永和市。

这时，朱德赶到正在准备第二次进攻长沙的红三军团，随部队到达离长沙大约30里的大托铺时，又果断下达停止进军的命令，说服三军团的一部分干部，放弃攻打长沙，前往永和与一军团会师。接着，红三军团监视正面之敌，红一军团在侧面。朱德写了亲笔命令，送给特务营政治委员，命令说："敌有奇袭，我有奇攻。红军趁黄昏大举出击，给敌人以重创。"朱德又指挥红军回过头进攻吉安等地，才取得了一些胜利。

在频繁而紧张的战斗中，朱德也时时思念着康克清。她参加红军的时间并不长，政治上是不是成熟？工作做得怎么样？每当这个时候，朱德又总是对自己说，她能吃苦，又有坚定的信念，已经成为一个"在部队的教育下成长起来的姑娘——红军的标准产物"。什么时候才能和她见面呢？

是啊，妻子思念丈夫，丈夫思念妻子，这是人之常情。即使在艰苦的战争年月里，即使在伟大人物的身上，也是如此。

当他们长久的思念变成相逢的欢乐时，康克清看到，朱德更消瘦了，脸色黝黑，颧骨突出，头发和胡子连在一起，灰布军衣上打着补丁。但他的精神很好，乐呵呵的。

朱德见康克清看着自己，沉默不语，便讲了一些打仗的事情。一说到这些，他的脸上马上变得严肃起来，语调也很沉重。他说，有些仗没有打好，甚至闹出笑话。有一次，部队从农民手里买了50头水牛，把它们向敌人的电网一字排开后，在牛尾巴上系上鞭炮，本想鞭炮噼啪一响，水牛一齐向前冲，挑开敌人电网。可是水牛却四散奔逃。这种从古代小说上学来的战术，没有成功，反而死了许多战士。

说着，朱德的脸上又出现了痛惜的神色。

见此情景，康克清以为朱德太累了，就让警卫员端来热水，请他洗脸洗脚，早点休息。

从警卫员的嘴里，康克清听说朱德在行军和战斗中，同战士一样，吃红米饭，喝南瓜汤。战士们看到他很忙，经常晚上不睡觉，工作到天亮，心里过意不去，就主动将稍好一点的东西留给他吃，他就让战士们把东西送给伤病员……对此，康克清一点也不感到奇怪，在赣南，在闽西，特别是在向闽中出击的千里道路上，她自己多少次亲眼看到过这样的情景啊！她的丈夫，就是这样的人：没有个人政治野心，平易近人，热爱战士。

不论是作为妻子对丈夫，还是作为战士对领导，康克清都希望朱德能够好好休息，恢复一下身体和精神。红军不能没有他这位总司令，她自己也不能没有这位良师和伴侣。

她对朱德的爱，越来越深了。

听到熟悉的脚步声，朱德连头也没抬，问道：

"是康克清吗？"

"是我。"康克清回答。

朱德放下手中的书，转过脸说："今天是中秋节，你怎么不和战士们在一起过节，却回来了呢？"

"来和你一起过节呀！"康克清眨眨眼睛，机敏地说。

朱德信以为真，脸色马上严肃了。他看着站在面前的妻子。她头戴军帽，短发全罩在帽子里，身上的灰布军装十分合体，腰间系一根牛皮带，小腿裹着人字形绑腿，脚上的多耳草鞋打得漂亮精致，不愧是一位年轻英武的军官。

确实，康克清现在已经是红军总部特务团三连的指导员了。

"你是连队的指导员，应该多和战士们在一起。"朱德的话讲得很慢，但却很认真，"今晚是中秋节，是团圆的日子，有的战士可能会想家，特别是那些参军不久的新战士，你要做好他们的思想工作。"

康克清心里在窃窃发笑，她知道朱德会这样说的。面前这位从云南讲武堂毕业后就带兵的人，是热爱和关心战士的，喜欢和战士们在一起说笑、聊天、讲故事，把士兵紧紧地团结在他的周围。正因为如此，战士们尊敬他，爱戴他，愿意在他的率领和指挥下，奋勇杀敌，不怕牺牲。

朱德见康克清仍然站在面前，没有讲话，便催促说："快回连队去吧。我想利用这个时间读一点书，前段太紧张，连书也顾不上看，现在部队整训，我的头脑也得补充整训啊！"

康克清扑哧一下笑出了声："告诉你吧，总司令，我不是回来和你一起过节的，是来请你去和战士们一起过节的。"

"是吗？"朱德问。

"是呀！"康克清答，"连队今晚要开士兵大会，一是庆祝攻克吉安的胜利，二是欢度中秋佳节，大家让我来请你去参加。"

朱德眼睛亮了："你这个康克清呀，怎么不早说？"

"我要是早说了，你说不定就不愿去了。"康克清说。

"哪能不去呢？官兵同乐嘛！咱们红军和旧军队根本的区别，就是官兵一致，长官爱护士兵，士兵爱护长官。古田会议的决议中写了，要清除军阀作风的残余。"

康克清听得很认真，不时点点头。是啊，每一次和朱德交谈，哪怕三言两语，都能使她从中受到深刻的启发，刚才的几句话也是这样。

"走吧！"朱德说着站起身，把桌上的书放好。

"走。"康克清一脚跨出了房门。

他们来到室外，肩并肩地走着。

晴空万里，广袤的天幕上，如同涂抹着一层湛蓝的颜色，巨大的月轮从东方升起，把皎洁的银辉，均匀地洒落人间。闪烁的星星，眨动兴奋的眼睛，偶尔有一朵白云飘过，月亮、星星仿佛在急速地穿越着云朵。轻风吹过，携着微微的凉意。两旁的草丛中，传来唧唧的虫鸣声，此起彼伏，如同合奏一支中秋之曲。

朱德抬头看看月亮，突然想到"举头望明月，低头思故乡"的诗句。这首少年时学过的李白《夜思》中的诗句，他一直牢记不忘，常常会触景生情地引发心中的思绪。如果不是康克清走在身边，他可能会大声背诵出来。可是他没有，怕撩拨妻子对家乡的情思。可是，涌动在胸中的那股激情，怎么也平静不下来，这时他想起苏轼的《水调歌头》，情不自禁地念出：

　　明月几时有？

　　把酒问青天。

　　不知天上宫阙，

　　今夕是何年。

　　我欲乘风归去，

　　又恐琼楼玉宇，

　　高处不胜寒。

　　……

　　"你说的什么呀？"康克清没有听懂，迷惑地问。

　　"唔！这是一首词，写中秋的。"朱德被康克清的问话惊醒，发觉自己的忘情，嘿嘿地笑着说。他也不明白，怎么会在这样的情境中想到苏轼的词。

　　康克清虽然还不明白，但还是注意倾听，她那清澈的目光，在月光下显得更加明亮。

　　"好了，不说这些，快走吧！"

　　朱德说着加快了脚步，康克清的双脚也迈得快了起来，不大一会儿就来到了连队。

　　士兵大会的场地就在月光下的空地上。战士们看到朱德和康克清一起走来，高兴地起身鼓掌欢迎。朱德一边鼓掌，一边让战士们坐下，他自己也被战士们簇拥着席地而坐。

　　朱德坐下后，看到战士们面前摆着芝麻糖、冬瓜条、花生和月饼等东西，朗声说："嗬，这么多好吃的！"

　　"打下了吉安，又赶上中秋节，大家高兴。"士兵委员会主席说。朱德打量着这位士兵委员会主席，多年轻的战士啊！他知道，连队的经济开支，连长、指导员不太管，主要由士兵委员会掌握，不定期地向全连人员公布账目。打了胜仗，缴获比较多的时候，便开士兵大会，用余下的伙食尾子买些吃的东西，大家边吃边谈，讨论形势，唱山歌，讲故事，热闹一番。今晚想必也是这样的了。

　　正在朱德这样想着的时候，士兵委员会主席说话了：

　　"现在请朱总司令给我们讲话！"

一片掌声响起来，一张张笑脸转向朱德。

朱德指着士兵委员会主席说："你这个小鬼，在向我发动突然袭击呀！"

一阵笑声飞出人群，在月光下旋转飘动。

"好呀，我听你的。"朱德的目光由那位士兵委员会主席转向其他人，高兴地说，"在这中秋佳节里，我先说几句话，一是祝贺同志们节日好，二是希望同志们以后多打胜仗，如果不是打下了吉安，我们能在这里过节吗？"

这极其简单的两句话，立即把战士们的心牵到了攻打吉安的战斗中去了。那天拂晓，红一军团的主力对吉安之敌发起攻击，一度突入城内。由于兵力不集中，遭到敌人的反击，不得不又撤了出来。当晚，敌人乘船逃向南昌，红军进占吉安，缴获了大批武器弹药。可是，没有捉住国民党新编第十三师师长邓英，大家都感到很遗憾。

朱德似乎看到了战士们的这种心情，略略提高声音说：

"这次打下吉安，没有抓到军阀邓英，不要紧，下一次我们要打到南昌去，活捉鲁涤平！"

"好啊！"大家欢呼鼓掌起来。

朱德讲过话后，接着大家唱山歌，讲故事，直到很晚才不得不结束。

红军刚来到新余县的罗坊，连队的事情很多。怎样宣传和发动群众，怎样搞好政治和军队训练，怎样做好新战士的思想工作，身为指导员的康克清，什么事情都需要过问，格外紧张忙碌。

处理完连里的事情，她感到累得很，真想坐下来好好歇上一会儿。可是不能呀！她向连长打个招呼，就匆匆忙忙踏上了去总司令部的路。

这几天，朱德病了，觉得浑身疲乏无力，饭也不想吃。医生来看过，查不清是什么病。当时红军的医务人员技术水平不高，药物、设备都很差，傅连暲和他的医院又远在汀州。有人劝朱德到那里去看一看，他没有同意，说头痛脑热的，休息两天就没事了。其实，他是放心不下。这时，蒋、冯、阎战争已经结束，蒋介石组织兵力，准备向江西中央革命根据地进行"围剿"。红一方面军总前委和江西省行动委员会在罗坊召开联席会议，决定红一方面军东渡赣江，退到根据地内作战，粉碎敌人的"围剿"。

"这个时候我怎么能离开部队呢？"每当有人来劝说时，朱德都这样说。

人们说服不了他，也就只好同意他在军部休息了。

这时已经进入冬天，赣西南的天气是很冷的，凉风吹来，寒意浓重。由于走得快，心中着急，康克清的额头上沁出了汗珠，在西斜的阳光照射下，亮闪闪，金灿灿，如串串明珠。本来，她是可以留在朱德身边的，可是朱德不赞成，她也不愿特殊，所以仍然是吃在连队，住在连队，工作在连队。但她的心里并不踏实，因而不管事情多么忙，总要抽时间去看望朱德。

连队离总司令部半里多地，康克清没用多长时间，就到了朱德住的地方。站在门前的哨兵陈有才看到康克清，立正敬了个礼，说：

"康指导员回来了！"

康克清还了个礼，说："我回来看看。总司令怎么样了？"

"他今天好多了。"陈有才答道。

听到说话声，警卫员李少青从屋里走出来，笑着说：

"指导员来得好极了，总司令刚好一点就不愿在床上躺着了，你快去劝劝他吧！"

康克清笑着说："你都劝不了，我能劝得了吗？"

"你当然能。你是指导员嘛！"李少青说。

康克清边往屋里走边说："你这个调皮鬼！"

屋里，朱德正坐在桌前看地图，目光在标着的符号间来回扫瞄，不时用手指比画着。看到这种情景，康克清嗔怪地说：

"你怎么不休息了？怪不得我没进门小李就告你的状呢！"

"是吗？"朱德把目光从地图上收回来，抬起头笑笑，"只要不向毛总政委告状就行，不然他又该来劝说了，我可讲不过他呀！"

康克清说："你要是再不好好休息，我可要向毛总政委告状去了。"

"不要这个样子嘛！"朱德说着卷起地图，"好，不看了，你坐下，咱们说说话吧！"

康克清在床边坐下，看看朱德的脸色好多了，心想：他就是累的，要么行军，要么打仗，要么开会，何曾有过一会儿空闲时间！这不，休息几天就好多了。

朱德也看着康克清。我有病，也把她累苦了，连队里那么多事情，还得抽时间回来照顾我，即使男人也够受的，何况女人，看她的脸，比过去消瘦多了。

"你太辛苦了！"朱德感激地看着妻子。

"怎么这样说呢！"康克清歉疚地望着丈夫。

这是一对革命的夫妻，他们总是互敬互爱，互相关心，互相体贴。警卫员李少青听到朱德和康克清的对话，心里这样想。那些亲眼所见的场面，又浮现在面前。

休息的时候，朱德喜欢练毛笔字，康克清就坐在旁边看书，如《共产主义 ABC》《列宁主义基础教程》及《妇女生活》杂志等，有了不认识的字或不懂的地方，就向朱德请教。这时，朱德就放下手中的笔，认真细致地讲解，直到康克清完全明白为止。

吃饭的时候，朱德只要看到桌子上摆了好吃的东西，如猪肉炒冬笋或包子、饺子，就会说："去把康克清找来，和咱们一起打歼灭战。"康克清来到后，朱德就让康克清多吃一点，算是改善伙食，常常自己少吃一点，也让给康克清吃。

体育活动的时候，朱德爱打篮球，和战士们一起满场奔跑抢夺；康克清和战士们一块比赛跳高跳远，热热闹闹。在他们的带动和影响下，直属队的体育运动开展得十分活跃。

他还记得从吉安来罗坊时，是一次转战宁都、黄陂等地的长途行军，每天走 60~80 里地。康克清一直自己背着军毯、雨伞及干粮袋，和战士一样行军。有时站在路旁，观看本连是否有拉大距离、掉队的。看到有人走得慢了，就会关切地问："肚子没吃饱吗？还是生病了？"往往不等回答就接过枪支、粮袋，背到自己身上。

人们看到她背的东西太多了，劝她让骡马驮或让长夫挑。她就说：

"骡马不会说话，如果累死了，公家还得出钱去买。长夫规定只挑公物 40 斤，再要加重，是一种剥削行为。公私应当分明。"

朱德看到康克清很要强，就说：

"骑上我的马走一程吧！你不是每月有几天特殊情况吗？"

康克清却说："指挥官不骑行吗？你快骑上走吧！我不累，保证不落伍就是了。"

李少青正这样想着，听到康克清说：

"你还是要好好休息，我回连队去了，明天再来看你。"

"好吧。"朱德说，"要把战士们带好，天冷了，要注意伙食和棉衣。"

"指导员，今晚就别回去了，住在这里吧！"李少青走进来说。

这里比连队的条件好多了。在连队，她睡的是临时搭起的门板，盖一条单毯子，夜里冷得很。可是，她想到她不仅是一个妻子，而且是一个指导员，领导交给她一个连队，她要把这个连队带好。因而，她对李少青说：

"我要回连队去。"

李少青还想说什么，朱德说："让她回去吧，我的病差不多好了，有你们帮助我就行了嘛。"

来到门外，康克清又向李少青和陈有才嘱咐了几句，才大步向连队走去。

天色已经黑了，密密的星星眨着明亮的眼睛，俯视着人间大地。

第 8 章

高兴的时候，
苦闷的时候和不愉快的时候

接到通知，康克清和她的连队前往参加总司令部召开的庆祝反"围剿"胜利大会。走在高低不平的山路上，她的心情异常激动。

怎么能不激动呢？国民党反动派气势汹汹的"围剿"被粉碎了，胜利的喜悦充盈在每个人的心头。对于亲身参加了这次反"围剿"战斗的康克清来说，更是兴奋。那凛冽的严寒，那刺脸的冷风，都变得温暖柔和起来。

胜利，是多么激动人心啊！当国民党出动 10 万军队，分成 8 路向革命根据地"围剿"的时候，我们红军只有 4 万人左右。毛泽东、朱德等人研究后，决定退到根据地内部作战，随后，部队一方面向根据地中心撤退，一方面加紧筹粮筹款，组织广大人民群众封锁消息，掩护和支援红军，并建立地方独立团配合红军作战。

康克清还记得小布（今小浦）的动员会。那是到达黄陂不久的一天，在小布村外一片叫睿石下的河滩上，集中了红一方面军总部和所属的部队。和别处不同，这次大会的主席台不是在高处，而是在低洼处的一片梨树林旁，参加动员大会的部队和群众坐在高坡上。她和她所在连队的干部战士们，就坐在其中，把整个会场看得清清楚楚。特别是主席台两侧两条很长的标语，更是醒目：一边是"敌进我退，敌驻我扰，敌疲我打，敌退我追，游击战里操胜算"，另一边是"大步进退，诱敌深入，集中兵力，各个击破，运动战中歼敌人"。当时，标语上的字她还认不全，是过后问了朱德才认识的，并且知道这标语是毛泽东亲自拟定亲笔书写的。虽然时值隆冬时节，但为即将开始的战斗所激励，军民们的心头都被激情燃烧起了熊熊的火焰。

会上，只有毛泽东一人讲了话。他精辟地分析了国民党反动派"围剿"根据地的反革命目的，红军反"围剿"的有利条件，还详尽地阐述了运用"诱敌深入"作战方针的必要和好处。那通俗易懂的语言，形象生动的比喻，深入浅出的道理，不时激起一阵阵笑声和掌声。最后，他还带领人们呼口号……那热烈的场面，那振奋人心的情景，仿佛就在眼前。可那一切，如今都变成了胜利的事实。

康克清想着，不由得加快了脚步。

会议地点，在总司令部的一间大屋子里。康克清到达的时候，里面已经坐了不少人，她和熟人打了招呼后，就找一个地方坐了下来。对这里，她很熟悉，两天前，她就在这间屋子里参加过毛泽东、朱德召集的总司令部各个部门负责人的会议。那次会总结了反"围剿"胜利的经验，并且决定把红一军团和红三军团分散到宜黄、乐安、南丰、广昌、宁都、零都一带，一面休整，一面协助地方党政机关发动群众，打土豪，分田地，筹集资财，加强赤卫队建设，巩固和扩大革命根据地。今天的会议，又将讲些什么呢？

康克清正想着，朱德走进屋内，笑嘻嘻地向人们点头打招呼，然后在大家面前停了下来。他穿着灰棉布面军衣，洗白的地方沾了一点油污；肩膀部位破了一块，隐隐露出变黑了的棉花。前天，康克清就发现了，可她急着回连队，没有来得及补，临离开时还嘱咐警卫员要抓紧补上，不然会越破越大的。是警卫员忘记了，还是朱德忙得不愿脱下来？康克清心想，男人们对自己的穿戴总是又粗心又马虎。他对别人却是想得很细，谁病了，他就督促吃药，谁的衣服破了，催着补好，可一到自己身上，就完全是另一码事了。真没办法！

"同志们，国民党反动派对革命根据地的第一次反革命'围剿'被粉碎了！"朱德以这样的话开了头，"现在，我们的会就是庆祝这个伟大胜利的！"

朱德的话缓慢而轻松，每个字都十分清晰，像是随随便便脱口而出，又像早有准备和深思熟虑的，送进了在场每个人的耳朵中和心坎里。

人们听着朱德的话，看着他黝黑的面孔，炯炯有神的双目，眼前仿佛又涌现出那些难忘的战斗情景。他们都是战斗的亲历者，对于自己奋勇出入的枪林弹雨、硝烟烽火，怎么会忘记呢？

山区的深夜，冷风刺骨，他们埋伏在小布周围的山区里，等待敌人的到来。规定是严格的，不准高声讲话，不准有一点火光，连白天也不许煮饭，前线指挥员不能骑马，绝对隐蔽和肃静。可是，连着两夜，敌人都没有来。战士们仍是忍耐着，等待着。原来，敌谭道源部已集合好队伍，准备向小布前进，而且其先头部队已经出发；但因有个反革命分子从红区内部逃出去告密，敌人知道小布埋伏了红军，便停止前进，把先头部队也撤了回去。这使红军没能在小布打着敌人。

当然，敌人并没有逃出失败的命运。红军从小布转移到黄陂西面君埠及其以北地带，隐蔽集结。这时，敌人的前敌总指挥、第十八师师长张辉瓒的部队从东固出发了，红军便准备在龙冈歼灭这股敌人。

特务团三连指导员康克清，一直和连队在一起，跟随总司令部行动。总司令部指挥所设在黄竹岭后面的小山上，毛泽东和朱德就在那里指挥战斗。拂晓时，满山是雾，将群峰笼罩起来，当曙光初照时，枫叶如丹。毛泽东在山坡上，看旭日东升，雾气散去，居高临下地俯视前线部队和敌军来路。他在思谋着即将开始的战斗，也构思了他"雾满龙冈千嶂暗"的诗句。

战斗从上午10点钟左右开始，直到中午，敌人才展开两个团的兵力，向红军猛攻。战斗十分激烈，前方告急。这时，总司令部附近只有一个连的警卫兵力，并且还分散担任警戒和掩护任务。朱德沉思良久，说：

"凡是部下请求增援，就必须派兵去，多少总要派，没有兵就派将。"于是，他派参谋处长到了第一线的师指挥所。

傍晚来临，夕阳斜照，红军打败敌人，活捉了张辉瓒。这个敌人的前敌总指挥，穿着一身士兵的棉军衣，被捆绑着带到毛泽东面前，又是鞠躬，又是敬礼，连连说："润之先生，我们过去见过面。"

毛泽东和他席地而坐，向他讲了革命道理和革命形势，问了一些敌军内部的情况。张辉瓒点头称是，一一回答，并且表示，情愿捐款、捐药、捐枪、捐弹，只请求免他一死……

所有这些，都是人们在霎时间想到的，谁也没有说出来。室内很静，只有朱德的声音回响在人们的耳畔。他从反"围剿"的准备，诱敌深入的方针，一直讲到胜利的经验。他最后提高声音说：

"这仅仅是第一次胜利，今后还有更多的仗要打。我们绝不能骄傲松劲，更不能恃勇轻敌，而是要万倍注意，随时准备粉碎敌人的再次来犯。"

康克清想起来了，早在刚刚胜利的时候，朱德就对她说过："敌人不会甘心失败的，还会对我们实行第二次、第三次以至更多次的'围剿'，我们要有准备。"

他的话是在提醒干部战士啊！康克清心里想。

被第一次反"围剿"胜利鼓舞着的红军指战员，正在黄陂、小布一带休整。

说是休整，其实是进行军政训练。他们总结反"围剿"的经验，深刻理解"诱敌深入"的方针，抓紧练习军事技术，同时广泛地宣传群众，动员青壮年参军，扩大红军的队伍，还筹粮筹款，为反击敌人新的"围剿"做政治、军事和物质上的准备。

特务团三连的官兵们，集合在操场上练习射击和投弹。指导员康克清的短发罩在军帽里，打着绑腿，腰系皮带，一会儿和战士们练投弹，一会儿又到另一个地方练射击，额头上沁出晶亮的汗珠，脸庞红扑扑的。在她的带动和影响下，训练场上热火朝天。

"指导员，保卫局的人找你。"通信员来到康克清身边说。

康克清一愣，保卫局来人找我干什么呢？心里想着，嘴里说：

"我在训练呀！"

通信员道："说有急事，请你马上到连部去。"

"好吧。"

康克清没有多想，从练习射击的地上起来，拍拍手上的土，又弹弹胸前衣服上的草屑，随通信员回到了连部。

来人是保卫局的两名干部，见康克清走进屋，连忙起身，恭敬地说：

"康指导员回来了！"

"坐吧。"康克清边走边说，"找我有什么事情吗？"

保卫局的一个人说："是这样的，你们连的战士×××是 AB 团分子，我们奉命来抓他。"

AB 团？康克清心里一惊。这些天来，不知怎么刮起了一股打 AB 团的风，说是"赣西南党、团和各级苏维埃政府里充满着富农分子"，所以

"必须严厉地镇压 AB 团，处决 AB 团的一切活动分子"。这股风也刮进了军队，说 AB 团分子已打进了红军里搞破坏活动，于是抓了一些人，严刑拷打。有些人受不了皮肉之苦，就瞎编乱咬，把自己的老乡、朋友都说成是 AB 团，而那些不承认是 AB 团的人，则被当作"死硬的反革命"枪决。这个战士怎么也成了 AB 团呢？

想到这里，康克清问：

"你们说的 AB 团到底是怎么回事？"

"他们是一些死心塌地的反革命！"一个人说。

"说这个战士是 AB 团，有什么根据吗？"康克清平静地问。

另一个人答道："是他的同伙供出来的。"

康克清说："请你们讲具体点。"

"关于 AB 团的事，连队无权过问。"先前那人说，语气很强硬。

康克清心里很气愤地望着保卫局的人，但还是平静地说：

"我可以让你们把他带走，不过，没有问题就赶快放他回来。"

保卫局的人没说话，就把那个战士带走了。

可是第二天，保卫局的两个人又来到连队，逮捕了另外两个战士。

康克清听到消息后，立即赶到现场。两个战士看到康克清，大声哭喊叫冤：

"我们连什么叫 AB 团都不知道，怎么会是 AB 团？指导员，你帮我们说说话吧！"

这凄厉的声音，刺痛了康克清的心。多么年轻可爱的战士！在战斗中，他们不怕流血牺牲；在平时，他们不怕吃苦受累，这都是我亲眼见到的。有这样搞破坏的吗？她走到跟前，对保卫局的人说：

"他们的表现很好，不会是 AB 团，请你们不要把他们带走。"

没想到保卫局的人连客气话也没有了，把眼睛一瞪，说："你少管闲事！"

康克清真的生气了，嘴唇在发抖。这些人怎么这样对自己讲话呢？且不要说现在是红军的指导员，即使在家当童养媳时，也没有人这样讲话啊！

还没等她反应过来，那些人已经蛮横地把两名战士带走了。更使她气愤的是，接着几天，又逮走了几个战士。

康克清的内心斗争很激烈。把自己的同志、战友当成反革命抓起来，甚至杀掉，不是敌我不分吗？如此搞下去，将会是怎样的结果呢？她本想去找朱德，但又一想，他能有什么办法呢？只会使他更加生气。就在不久前，部队在行军途中找一个农民做向导，农民说前面没有敌人，可到那里后敌人却来了，有人就说这位农民是 AB 团，把他给杀了。别人都不敢讲，她去告诉了朱德，朱德摇了摇头说：

"这怎么能行呢？敌情是变化的嘛！"

但一说到 AB 团，朱德也沉默不语了。

更使康克清不能忍受的是，保卫局在枪杀她的战士时叫她去看。她知道，这是保卫局搞的又一个花招。他们处决 AB 团分子时，要让本单位的领导干部到场，以检验其对 AB 团的态度，谁若说了不赞成的话，就会被打成同情 AB 团的反革命。康克清不愿去，她想，我是指导员，不能保护住我这个连的战士已经够无能为力的了，还要眼睁睁地看着战士被他们杀死，我做不到。于是，她说工作离不开而没有去。

这样推辞几次后，保卫局可能察觉了康克清是不愿意去，才借口说工作忙离不开，便通知她非去不行。她实在没有办法，便硬着头皮去了。

远远地，她就看到几个战士被捆着，端着枪的人，气势汹汹地站在他们面前。

战士们也看到了康克清，大声哭喊：

"指导员救命！我们冤枉啊！"

这凄楚的喊声，顿时撕痛了康克清的心。她加快脚步奔过去，想说服保卫局的人。可是，还没等她走到跟前，雪亮的刺刀就捅进了战士的心窝，鲜红的热血淌在地上，染红了一大片泥土。活泼可爱的战士，在喊着冤枉的声音中死去了。

康克清蹲下身，抚摸一会儿战士的尸体，又站起身来，大声向保卫局的人质问道：

"你们叫我来，为什么不让我同他们说一句话，你们就动手？！"

"怎么，你要打抱不平？"其中一个人狞笑着说。

"你们的刺刀是用来捅红军战士的吗？"康克清又问。

另外一个人说："这样可以节约子弹。"

康克清愤怒了，她真想打那人一巴掌，但还是忍住了。她没有再说什么，同这些人是无法讲清道理的。她愤愤地离开了。

她没有回连队，而是去了总司令部。恰好朱德在屋里，她走过去向他讲了部队发生的事情和刚才见到的场面，说：

"战士被当作 AB 团抓去杀了，团长、政委也被抓去杀了，得想个办法呀！"

"这样的事，我暂时也无法可想。"朱德的语气是沉重的，显出了他心情的沉重。

"难道这是革命队伍里不可避免的吗？"康克清问。

朱德道："当然不是不可避免的。"

"如何才能避免呢？"康克清又问。她着急呀，想从丈夫这里聆听到避免眼前发生事情的办法，因为他是总司令呀！

朱德的脸上浮现出一抹痛苦的表情。

看着朱德的脸色，康克清明白了，他也在思索而没有找到答案，便不再问了。

这时的朱德和康克清都没有想到，抓 AB 团竟然抓到了朱德的身边。一天，保卫局的几个人跑到总司令部，说朱德的警卫员李少青是 AB 团，要把他带走。

恰好康克清在场。她明白带走意味着什么，那几个被杀战士的尸体又出现在她的眼前。她看到吓得脸色惨白的李少青向她投去求救的可怜巴巴的目光。这个十五六岁的战士，来自农村，质朴勤劳，绝不会是坏人。她便对保卫局的人说：

"如果日后发现他有问题，你们找我好了。"

她以为自己的担保会起作用的，哪想保卫局的人根本不以为然，口气很硬地说：

"我们只执行李秘书长和保卫局的命令，你的话跟他们说去吧！"

李秘书长是总政治部的秘书长李韶九，他负责打 AB 团的工作。康克清听说过，他是用欺骗和拷打两种办法使人招供。思想幼稚的人错误地认为，既然相信党，服从党，叫我怎么说我就怎么说吧，所以 AB 团就像滚雪球一样，越来越大。康克清当然不怕他，但想到把人带走就不好办了，便回到屋里去搬朱德。

朱德听到来抓他的警卫员，立即走出屋子，指着李少青，气愤地对那几个人说：

"他跟了我这么久，还是个小孩子，腿又有点残疾，怎么可能是 AB 团？如果你们要从我这里抓走他，必须拿出证据，没有证据不能随便抓人。"

那几个人一时语塞。

朱德进一步追问："你们的证据呢？"

一个人说："有人说他是 AB 团。"

"不行！我要的是事实证据，不是这种不负责任的口供。"朱德强硬地说，"没有证据，谁也不准把他带走！"

不知是总司令的职务，还是命令式的口气，那几个人无语可对。过了一会儿，才悻悻地走了。

李少青的眼里流出了泪水。

康克清长长地出了一口气。

朱德却略有所思地望着远处灰蒙蒙的山峰。

回到朱德的住处，康克清还是闷闷不乐，一个人坐着，话也不想说。

可是，她的心里却不能平静。今天，一位领导人找她谈了话，要她到总政治部去当青年干事，她对此不理解。在打 AB 团中，不少干部和战士被杀害了，人员减少很多，她当指导员的三连和二连合并，并把她调到交通大队去当政治委员，才去了没几天，怎么又不让她当了呢？

"你是女同志，在机关工作好一些。"领导人这样说，"部队太苦、太累了。"

乍一听，康克清信以为真，可又一想，不对呀！当指导员不是也苦也累吗？我还不是干下来了，甚至得到不少人的好评。再说，既然这样，为什么当初让我去交通大队呢？她疑惑地问道："真是这样吗？"

领导人没有马上回答她是或不是，好像有什么不便说出的原因。这一点，康克清看出来了。她说：

"我想知道的，是真正的原因，请你能如实告诉我。"

领导人犹豫了一会儿，说：

"那好，我如实告诉你。上面有规定，政治委员必须是共产党员才能担任，而你现在还不是党员。"

原来是这样！康克清明白了，也更加痛苦了。自己 1926 年参加共青团，已经 5 年的时间了，先是在村里工作，不怕流血牺牲，她还没想过自己不是党员的问题呢！直到此刻，她才知道不是共产党员的人不能当政治委员，哪怕是交通大队这样的单位。

"希望你能服从组织的分配，虽然你还不是党员。"领导人见康克清在思考，又进一步说，"因为你的行动，也关系到朱总司令。"

这句话的本意是好心，但此刻的康克清却不满意：

"我服从组织的分配，马上就到总政治部去。但是，我做得不好的地方，与总司令没有关系。我是他的妻子，也是他的学生，我想向他学习，只是还学得不够；他要求于我的，我也没有能够完全做好。"

"是的，是的。"领导人连声说。

出了房间，康克清走在路上，心里有一种依依不舍的情感。她喜欢部队，喜欢干部战士，喜欢火热的连队生活。她不愿离开他们，可又不得不离开。正是在这种心情支配下，她径直来见朱德。看到朱德正伏案看文件，便一个人坐着出神。

朱德知道康克清回来了，是从脚步声中听出来的，因为正看一个文件，没有顾得上说话，连问候一声也没有。他想等看完文件，再向妻子问一问部队的情况。很快又要打仗了，干部战士的思想情绪怎么样呢？特别是打了 AB 团以后。

他看完文件，摘下花镜，一转脸就看到康克清的神色不好，往日的笑容被一种阴沉代替了。

"你怎么啦？"朱德关切地问，"是不是病了？"

康克清使劲摇摇头，没有说话。

朱德感到莫名其妙："那你为什么这样呢？"

"他们让我到总政去当青年干事。"康克清说。

朱德感到很突然："为什么？"

"因为我不是共产党员，不是党员的人不能当政委。"康克清的话里带着一股气。

"噢？"

朱德的口气也很惊奇，但马上又镇静下来。他曾听从中央来的同志讲过这样的话，但并没有在意，以为不过是说说而已，没想到真的这样做了，而自己的妻子是首当其冲的一个。但在康克清面前，他又不好讲什么？便问："你不愿意去总政吗？"

"我很喜欢连队，真不愿离开他们。"对着丈夫，康克清说出了自己的想法。

"你的这种感情我很理解。"朱德看着康克清说，"不过，干革命嘛，做什么工作都是一样的。"

朱德的这些话，早在康克清的预料之中，他就是这样一个人，两年多共同生活，她看到自己的丈夫是个以革命利益为第一位的人，从不计较个人的私利，对什么名誉、地位、待遇，从来不去考虑。她今天所以向朱德说出心中的不快，完全是妻子向丈夫的倾诉，以求得理解和安慰，并没有想通过他的权力去改变组织上已经作出的决定。

看到康克清没有吭声，朱德以为妻子还在生气，就亲热地问：

"思想还没想通吗？"

"不！"康克清摇摇头，"你放心，我很快就到总政去上班。"

朱德的脸上立即浮现出欣慰的笑容，满意地连声说：

"这样好！这样好！"

康克清沉思一会儿说："我要申请参加共产党。"

"好呀！我支持你。"朱德笑着说，"你的要求可以向党组织提出来，能不能入党，那要由组织上决定，不能由我个人说了算，你要经受得住党组织的考验咯！"

康克清点点头。

"到了总政后，要积极工作，努力学习，处处用共产党员的标准要求自己，争取早日成为共产党员。"朱德的话语重心长，饱含着丈夫对妻子的殷切期望与真诚关心。

"当青年干事要教人学文化，我的文化水平太低，怎么教呀？"康克清说。

朱德温和地说："不会可以学，边学边教嘛！我们的战士文化都不高。有了困难，我可以帮助你。"

"我一定努力干好！"

康克清是这样说的，也是这样做的。她很快去总政治部报到，当起了青年干事。

第 9 章

康克清加入中国共产党，
朱德荣获红星奖章

康克清心里格外舒畅，精神特别兴奋。

走在回家的路上，她脚步轻盈，嘴里哼着一支自己即兴编的无名小曲。自从到总政治部当青年干事后，她一直和朱德住在一起。工作上顺利，领导很满意，她的入党申请也被批准了，心中激荡着无比的喜悦。

她走着，抬头看看天，湛蓝湛蓝的，几缕白云悠然飘动，明亮的阳光辐射下来，温柔而美丽。路旁的树木开始萌发新绿，经冬的松柏依然青葱苍翠。树枝间的小鸟飞来飞去，叫得嘹亮动听，仿佛在向她祝贺，祝贺她成了一名中国共产党的党员。啊！今年的春天，来得多么早！

此刻，康克清的思绪还停留在刚刚结束的会议上。那鲜红的党旗，悬挂在泥土墙壁上，增加了屋内的严肃气氛。所有到会的人神情庄重。她一走进门，心中就油然升起一种庄严与神圣的感觉。

在此之前，当她向党组织提出入党的要求后，刘维严、杨立三两人就找她谈话。她详细讲了自己的家庭情况，以及加入共青团，参加万安暴动，上井冈山，当红军等个人经历。

她讲完后，刘维严说："你过去的情况，组织上知道了，几年来，你表现得很好，不论在井冈山、在赣南、在闽西的转战途中，还是在反对敌人的'围剿'时，你不但勇敢，还有指挥部队的才能。不过，入了党之后，平时要吃苦在前，打仗时要冲锋在前，当个党员可要起带头作用呀！"

杨立三说："克清同志，因为把你从交通大队政委调任为青年干事，你可能心里不太满意，可你也要认识到，加入共产党不应是为了个人的什么目的，是为了实现共产主义而奋斗呀！"

康克清的脸上泛起微微的红晕，说：

"开始时是有点不满意，经总司令一说，我就明白了。我入党不是为了别的，是为实现共产主义而奋斗。"

"对！我们都要向朱总司令学习。"杨立三说。

随后，她就填写了一张表，因为自己的字写得不好，想请朱德帮她填写，但朱德没答应，说她自己填写更有意义、更郑重。于是，她在朱德指导下亲笔填写了表格……

人们到齐后，康克清被领到前面，站在党旗下宣誓，誓词是刘维严读一句，她跟着读一句：

"牺牲个人，服从组织，严守秘密，永不叛党……"

从现在开始，我就是中国共产党的正式党员了！康克清边走边在心里对自己这样说。

回到住处时，正好朱德也在。他看到妻子满脸喜色，就问道：

"康克清呀，你今天这样高兴，有啥子喜事？"

"你猜猜！"康克清故意不说。

朱德摇了摇头。

"告诉你吧，我入党了！"

"真的吗！值得祝贺！"

朱德说完之后，在桌旁坐下来，看着康克清高兴的样子，心头漾起隐隐的羡慕之情。心想：比起我来，她要幸运得多。为了参加中国共产党，我经过多少曲折和艰险啊！

的确是这样。

1917 年，十月革命胜利的消息传入中国，朱德对"不劳者不得食"的口号非常赞同，十分反感官僚军阀互相勾结，鱼肉百姓，便聘请具有进步思想的好友孙炳文到他的旅部当咨议。五四运动之后，他同孙炳文根据初步接受的马克思主义思想，研究了列宁领导十月革命成功的因素，总结前一段参加孙中山领导的民主革命的经验，认为必须学习十月革命的理论和方法，探索新的革命道路，从头开始革命。因此，他在寻找共产党，寻找救国救民的真理。

他还记得上海那幢坐落在法租界的寓所。他和孙炳文同去拜望孙中山。56 岁的孙中山行动敏捷有力，对未来充满着乐观的精神。他谦虚诚恳地接待了两位远道而来的客人。看着朱德这位滇军的名将，又想到了借助滇军夺回广州，重新建立共和政权的计划，他要求朱德重回滇军，对部队进行整编，并表示可以先付 10 万元军饷。但是朱德婉言拒绝了。

孙中山感到很惊奇。他哪里知道，在这之前，朱德已经拒绝了军阀杨森的高官厚禄。此时，朱德向孙中山说，他对于国民党同这个或那个军阀搞同盟的战术已经丧失了信心。最后他们告诉孙中山：

"我们决定到外国去留学，在重新回到中国的政治生活之前，要先会见共产党人，研究共产主义。"

孙中山对此并不反对，不过他又问道：

"既然要留学，为什么不到美国去？美国没有封建背景，又有很多进步制度。"

"我们两个都没有可以在美国念书、在美国久住的款项。我们所以愿意到欧洲去，是因为听说社会主义运动在欧洲最强大。"

朱德说完之后，孙中山点头表示同意……

他还记得在上海靠近公共租界闸北区的一间简朴小屋里，见到中国共产党中央执行委员会委员长陈独秀时的情景。他们是怀着极大的希望，经过多方打听才找到这位新文化运动领导人、共产党的创始人之一的。可是面色黝黑、脸上有些麻子的陈独秀却并不那么热情。他很谨慎，说话不多，只是注意听着朱德和孙炳文的话。

朱德原来以为，只要他一提出加入中国共产党的申请，就可以被接受，因为国民党就是这样的，共产党的手续应该也不过如此。加入共产党，就可以踏上新的革命道路了。

陈独秀冷淡地看着面前的两位客人，特别是时时打量这位滇军的将领，那目光里充满了疑问：他为什么要加入共产党呢？

朱德似乎也看到了陈独秀目光中的疑问，但他没想到陈独秀的回答如此冷漠：

"要参加共产党的话，必须以工人的事业为自己的事业，并且准备为它献出生命。对于像你们这样的人来说，就需要长时间的学习和真诚地申请。"

陈独秀的这些话，使朱德失望了……

最使他难以忘记的是在柏林。

他的加入中国共产党的要求在上海被陈独秀拒绝后，就和孙炳文一起乘船到达柏林。他们两人多方打听，小心翼翼地敲开周恩来的房门。举止文雅、待人体贴的周恩来热情地请他们进到屋里，招呼他们坐下，询问他们有何见教。

朱德很感动，端端正正地站在比他小 10 多岁的青年人面前，讲述自己如何逃出云南，如何会见孙中山，如何被陈独秀拒绝，如何来到欧洲，最后说：

"我要求参加中国共产党在柏林的党组织。 我一定努力学习和工作。只要不再回到旧的生活里去，派我做什么工作都行。"

他的态度是那么的坚决，话语是那么的诚恳。

周恩来一直站在朱德的面前。他听着四川口音的娓娓谈话，习惯地侧着头，提了一些问题，最后微笑着说：

"我可以帮助你们找到住的地方，替你们办理加入中国共产党在柏林支部的手续，在入党申请书寄往国内而尚未批准之前，暂作候补党员。"

过了几个月，国内回信。从此，朱德就成了中国共产党的党员。不过，他的党籍对外是保密的……

朱德在寻找共产党的路上所走过的途径，当时的康克清并不清楚，但她看到丈夫沉思的面孔，猜测他一定想到了什么事情，先是静静地看着，过了好长时间，才问道：

"你在想些什么呢？"

这句话使朱德猛醒过来，摇摇头，答道：

"哦！没想什么。"

"我入党后应该怎么样做呢？"

朱德伸出粗大的手，摸了摸剪得很短的头发，说：

"一句话，凡是对党有利的，就要不怕牺牲自己。做任何事情，都不能使党受损失。"

康克清听着这简短而又沉甸甸的话，看着面前这位朴实的人，心想，他自己不就是这样做的吗？

康克清看到桌子上放着最新出版的《战斗》第3期，便轻轻拿了起来。

是朱德影响的潜移默化，是耳濡目染的结果，无形之中，她也养成了习惯，一闲下来，总要读书或看报。小时候没有上过学，参加红军后又是行军打仗，没有时间坐下来学习，而自己所做的工作，又需要各方面的知识，她就像朱德说的一样，边学边干，不浪费任何一点时间。

她的目光一落在那密密麻麻的铅字上，就发现了《怎样创造铁的红军》的题目，赫然署着朱德的名字。是他写的！康克清心头一动：他还写文章，我可是第一次读到呀！这位妻子这时还不知道，她的丈夫在滇军驻守泸州时，家里置了一个精致的小书屋。10多平方米的房间，几个漂亮的书柜靠墙壁放着，摆有《诗经》《水浒传》《红楼梦》《三国演义》《唐诗三百首》《李太白集》《孙子兵法》等大量书籍，他和当时的妻子陈玉珍一起贪婪地读着这些书和订阅的《新青年》《新潮》等杂志，热烈地讨论，不时写点诗和文章，或在清晨，或在傍晚弹琴吹箫拉二胡，奏出《牧羊曲》《小夜曲》等欢快悠扬的曲调。只是后来没有时间去弄这些了。他的精力，他的心思，都用在了打仗上，用枪炮和硝烟写着战争的壮丽诗篇。

遗憾的是，文章在前一期上就开始发表了，这第3期上登载的是后一部分。康克清不满足，在桌子上寻找。他这里会有的，我要从头好好读一读。还好，没费多大劲就找到了《战斗》的第2期。

她从头到尾地读起来。文章开头就写道：

"创建铁的红军是目前党的最迫切、最重要的任务之一。铁的红军必须具备以下6个基本条件。"

康克清看了6个条件：1.确定红军的阶级性；2.无条件地在共产党领导之下；3.政治训练的重要；4.军事技术的提高；5.自觉地遵守铁的纪律；6.要有集中的指挥和统一的训练。

看过几个条件后，她又挨着往下读：

"红军是工农的军队，也可以说是一切劳苦群众的军队。红军的历史任务是夺取政权，建立和巩固工农自己的苏维埃政权，使无产阶级及一切劳苦群众在政治上经济上完全得到解放。为要达到这一历史任务，红军的组织成分必须有充分的阶级性，就是工农劳苦群众才有资格来当红军。"

她一口气读完了全文，在最后的一段上念出了声：

"最后我要说的是，铁的红军的创造，要在斗争过程中进行。我们现在比任何时期更加需要来搜集并整理过去红军斗争的经验，切实依照上述的条件，创造并扩大铁的红军，来完成红军的伟大历史任务。"尽管文中的道理康克清还不能完全理解，甚至有个别的字也不认识，但她读懂了这篇文章。她是从自己的亲身经历和体会中来理解红军是工农的队伍，是劳苦群众的队伍以及党的领导、训练、纪律和集中指挥等道理的。从字里行间，她看到了井冈山的斗争，赣南的战斗，闽西、闽中的枪声和第一、第二两次反"围剿"的胜利。

康克清又想起了第二次反"围剿"的战斗。国民党出动 20 万军队进攻红军，红军靠着 3 万人，在 15 天里走了 700 里地，打了 5 仗，就把敌人的"围剿"粉碎了。而这其中，富田战斗给她的印象特别深刻。那天深夜，毛泽东还不放心，思考更好的歼敌方法，半夜里赶到三军团部去，和黄公略一起找向导调查路线，在东固通往中洞大路的南侧，选择了一条小路。拂晓前，朱德率总部人员由敖上出发，来到中洞时，看到了毛泽东留在途中小镇上的一张纸，通知朱德率总部人员上白云山。朱德按照毛泽东纸条上说的，命令总部改变行军路线。不一会，走在总部前面的特务连就遇上敌人，战斗打响了。正在这时，毛泽东从山上下来，带领总部人员上白云山。毛泽东一边走一边对朱德说：

"我一早登上白云山，山头还是一片白云哩！"

近午时分，山上白云已经消散，右前方的观音崖、九寸岭方向响起了激烈枪声，并逐渐由东向西移去。从中洞出来的公秉藩二十八师先头部队被我总部特务连阻止，无法前进，电台上传出敌人求救的呼声，接着王金钰四十七师师部的电台也在呼救。下午 3 时，战斗就结束了。红军歼灭敌二十八师大部和四十七师一部，缴获各种枪 5000 余支，火炮 30 门，以及电台和无线电人员……

这篇文章是过去的总结，也是以后反"围剿"的指针吧？康克清心里这样想。

正在这时，朱德回来了，看到康克清在聚精会神地看《战斗》，轻轻走到她身边，站了一会，说：

"你在看什么呀？"

康克清没发觉朱德进屋，听到问话，猛地一惊，见是朱德，红着脸说：

"你是什么时候回来的？吓了我一跳。"

"我看你读得认真，就没有惊动你。"朱德说。

"我在读你写的文章呢！"康克清举起《战斗》杂志说。

"写得怎么样？"朱德问。

康克清未加思索地说："写得好，要是按这样做，红军一定能建设得更好。"

朱德微笑着问："是吗？"

"你是怎么想到要写这篇文章的呢？"

朱德陷入了沉思，好半天才说：

"我们已经打破了反动派两次大规模的'围剿'，马上又要开始第三次，靠的就是铁的红军，所以要把红军建设好。"

"这第二次反'围剿'打得太痛快了！"康克清颇有感慨地说。

"是呀！毛主席还写了一首词呢。"朱德说。

对于词，康克清似乎很生疏，但听到朱德极力夸奖，就问：

"是什么词呀？"

"词是这样写的。"朱德说着就立即背诵《渔家傲·反第二次大"围剿"》：

白云山头云欲立，

白云山下呼声急，

枯木朽株齐努力。

枪林逼，

飞将军自重霄入。

七百里驱十五日，

赣水苍茫闽山碧，

横扫千军如卷席。

有人泣，

为营步步嗟何及！

朱德背得抑扬顿挫，津津有味，康克清还是摸不到要领，弄不清好在何处。几十年以后，当她重读这一名篇时，确知这首词写出了反第二次大"围剿"胜利的神韵，但在当时，她确实没有弄懂，眼睁睁地看着朱德，目光中有着难以说出的困惑和不解。

看着妻子这副样子，朱德急忙换了个话题：

"你这个青年干事当得怎么样呀？"

"还可以，"康克清说，"就是感到水平太低，要是能去学习学习就好了。"

朱德说："是呀！那就得看有没有机会了。现在的首要任务是做好工作，学习的事情再说吧！"

多么亲切的交谈

窑洞里的征程

"嗯。"康克清理解丈夫的心情，点了点头。

1931年11月，江西中央革命根据地的军民们一片欢腾。他们刚刚庆祝过粉碎国民党反动派的第三次"围剿"，又迎来了中国共产党苏区第一次代表大会和中华苏维埃第一次全国工农兵代表大会。

朱德是带着胜利的喜悦参加这次会议的。国民党第三次反革命"围剿"又被粉碎了。那是多么激烈的战斗啊！不论毛泽东还是他，早在打破敌第二次"围剿"后，就估计国民党还会发动第三次"围剿"，可没有料到新的进攻来得这么快，以至敌人进攻时，红军各部还处于分散状态，况且红军只有 3 万余人，以 3 万对 30 万，那可是以一敌十呀！但红军稍经整顿，迅速完成了回师集中的战略任务，经过莲塘、良村、黄陂、老营盘、高兴圩、方面岭等战斗，就打败了敌人，歼敌 17 个团、3 万余人。所以，才能有时间召开这样的会议。

会议是在叶坪村召开的。村中的谢氏祠堂，是一座砖木结构的建筑，前后三进院。院后有个竹木搭起的台子，台下有宽大的草坪，原先是进行宗族祭祀等活动用的，现在做了会场。在当时，要算是很阔绰的地方了。

举行这样的会议，在根据地是空前的。从时间上说，是很长的，共开 14 天，有 600 多名代表参加。会议通过了《宪法大纲》《劳动法》《土地法》《婚姻法》等法律及专案。更使人们振奋的是，它宣告了中央工农民主政府的成立，毛泽东、朱德、周恩来等 63 人为中华苏维埃共和国中央执行委员会委员，毛泽东为主席，朱德为红军总司令。

康克清虽然不是正式代表，但她参加了这次会议，而且，她与曾志、彭儒、钱希均等人都参与了这次会议的筹备工作。她坐在草坪上的人群中。大会的每一项议程，都使大家欢欣鼓舞，激动不已。这是多么重大的事件啊！工农有自己的政府和为自己掌握印把子的政权了！

这一天，晴空万里，阳光普照，带着寒意的风也变得暖和了。康克清坐在台下，炯炯的目光注视着台上，等待一项新议程的开始。

她看到，朱德迈着有力的脚步走上台。他穿着整齐干净的灰布军装，戴着灰布军帽，打着灰布绑腿，脚上的草鞋也新修理过。虽然还是平时的打扮，但在妻子的眼中，他显得格外英武，格外精神。仔细一看，原来他的胡子新刮过。女人的心和眼睛，总是那么细，尤其对自己的丈夫。

朱德的双手向下按一按，那哗哗的掌声才慢慢停息下来。他和蔼而又敏锐的目光扫视过全场，使劲咳嗽一声，便开始了他的讲话。

他讲话的题目是《红军问题报告》，浓重的四川口音，不时流露出来。他首先说，中国红军是在中国共产党领导下，在土地革命中产生和发展起来的。中国红军必须接受中国共产党的领导，才能日益发展和壮大，否则就要失败。中国红军的任务是打倒帝国主义，推翻封建阶级，建立全国苏维埃政权。

会场上很肃静，人们的脸向着台上，向着朱德，那些凝神而又喜悦的目光，全部集中到了朱德的身上。他讲得多么好啊，党的领导，肩负的任务，全都讲到了，而且讲得通俗易懂，明白透彻。

康克清一边看着朱德的手势，一边听他讲话，心里突然想到了读过的那篇《建设铁的红军》的文章，那上面也讲到："只有在共产党领导之下，才能正确地配合全国的革命力量，了解全世界革命运动进展的程度与中国革命的关系，定出完全有利于革命的策略，坚决地去执行和完成。"今天，他又讲这个问题，可见是十分重要的，也说明这是他的一贯思想。

"为了完成这一伟大的历史使命，"朱德继续说，"中国红军必须努力扩大数量，提高质量，加强无产阶级领导，加强政治军事教育……"

朱德的讲话，不时受到人们鼓掌欢迎。当他讲完向全场敬礼时，全场更是长久热烈鼓掌，响了很长时间。

康克清也很高兴和激动，既是为了自己的丈夫，又不单单是。

更使康克清心潮澎湃的是大会闭幕之前举行了授旗授章典礼。当宣布授予毛泽东、朱德、彭德怀等 8 人奖章时，全场响起了暴风雨般的掌声，场外的号手们吹奏起雄壮的军号。

在这军号声中，康克清似乎听到了廖仁美的号声，她是红军的第一个女号手啊！

那是第一次打开龙岩城的时候，朱德刚在中山公园里把从军阀陈国辉部队中缴获的 100 多支枪授给龙岩地方游击队后回到司令部，大嗓门的参谋长朱云卿就在门口喊起来：

"朱军长，看我带来个什么人！"

朱德停下脚，看到一个矮胖的黄毛小丫头。他迷惑不解地看着。

"她叫廖仁美，龙岩小池人，今年 16 岁。"朱云卿介

中华苏维埃共和国临时中央政府授予朱德的一级红星奖章

绍说，"小池暴动时，她背着一把老掉牙的铜号，跟着暴动的队伍前进。在攻城的节骨眼上，她吹响冲锋号，鼓动战士们攻下了城。我就把她给带来了。"

"好啊！"朱德走上前握住那双小手，"你能不能吹给我听听？"

廖仁美没有说话，摘下身上背的军号，运足气吹了一段冲锋号。

"吹得不错！"朱德看着眼前这个矮胖女孩子，"你怎么会吹号呢？"

廖仁美不好意思地说："家里穷，从小就给人家当'等郎妹'。打柴下山时，为减轻背上的重量，就用青树叶吹山歌。夜校乐队里有个号手，我跟着学的。"

也许是小时候有着同样的命运吧，站在一旁的康克清格外同情面前的妹子，希望她能参加红军，成为一名女战士，女号手。

听了廖仁美的介绍，朱德对朱云卿说：

"好样的！让她到三纵队去当司号员吧，你看怎么样？"

"好啊！"朱云卿说。

朱德到隔壁司号班墙上摘下一把锃亮的军号，递到廖仁美的手上，说：

"你是红军第一个女号手，好好干吧！"

廖仁美激动得说不出话来，她怎么能想到，会用朱德授予的军号，在朱德和毛泽东、彭德怀等红军的领导人获得奖章时为他们吹奏呢？！

这些，是在康克清脑海中一闪而过的回忆。她的目光，始终没有离开台上。她看到，毛泽东、朱德、彭德怀等人，接过闪闪的奖章，脸上也闪耀着兴奋的光彩。这是人民的奖励，党的奖励啊！

晚上，康克清久久地抚摸着那枚奖章，没有说话。

"这是对我的激励和鞭策。功劳应该是广大官兵的。"朱德说。

康克清明白丈夫的心思，默默地点了点头。

第 10 章

从当队长到当学员，
她都是好样的

就要离开前线到后方去了，夫妻分别，相对而坐。朱德和康克清都知道，处在战争年代，不管前方还是后方，哪里也不是安全之地。在这样的情境下，最担心的还是妻子。康克清又想到去年的那段分别，她担了多少心啊！出现在她梦中的，常常是血与火的战场，是枪炮声的轰鸣，醒来后泪湿枕被。而今又要分别了，时间多久，难以预料。女性的柔情，使她有很多话想交代，可又不知从哪说起。

朱德又何尝不是这样。频繁的行军转移，一场接一场的战役战斗，虽然他们不能像一般夫妻那样终日厮守，但总可以经常见面的，战斗胜利之后或闲暇时，对坐交谈，该是多么甜美。她又要走了，根据组织的需要，去担任 180 多人的女子义勇队的队长，那也是个不轻的担子啊！碰到难题要自己去解答，有了委屈要自己去冰释。该向她嘱咐一点什么呢？

他们心里都有很多话要说，但都相视无语，真是"此时无声胜有声"啊！

最后，还是朱德先说了话：

"你倒很像我，喜欢带兵。"

"我怎么能和你相比呢？"康克清说。

朱德看着妻子真诚的面孔，微笑着说：

"不管怎么说，这回总算满意了吧？"

"是的。"康克清心里是喜欢那项工作的，但也不无遗憾，"就是要离开前线，不能和你在一起了！"

朱德知道康克清是挂念自己，就说：

"你放心去好了，我自己会照顾自己，去年几个月你没在身边，我不是很好吗？再说还有警卫员帮助我嘛！"

"还说呢，那一次你瘦多了，后来在罗坊病了一次，也是长期劳累的。"康克清说。

朱德笑了："革命就是累，你在身边我也是照样累。从参加共产党起，随时准备牺牲生命，累点算什么！"

康克清说："那你也得注意身体啊！"

朱德感激地点头："我要注意，你自己也多注意！带好女子义勇队，也不轻松咯。"

"那你认为我该怎么做呢？"康克清问。

朱德的目光扫视一下窗外，仿佛看到了正在勇猛战斗的部队。他颇有感慨地说："烈火炼真金，严将带精兵，治军必须从严。你要严格要求，才能带出一支真正的女子义勇队。"

灯光照着两个面孔，把他们的身影投射在墙壁上。

康克清晶亮的目光中，闪烁异样的光辉。她默默地点着头，把朱德的话记在心里，充满了信心。

然而，当她来到雩都，见到了女子义勇队，不由得心里一愣。

这是怎样的一支队伍啊！全队180多名队员，大部分是农村姑娘。一部分是攻打赣州时出来做支前工作的女子，赣州没打下来，她们便留在部队；另一部分是苏区日益扩大中跑来要求参加红军的；还有一些是红军家属。她们的年龄，多在十八九岁左右。中央军事委员会和江西省协商成立女子义勇队时，就提出了要求，把这些妇女集中起来培养，要使她们成为既懂军事又会做地方工作的妇女干部，然后分配到各地赤卫队、少青队中去做军事工作。一看到这样参差不齐的队员们，康克清更感到肩头担子的沉重。

"你可来了，我的康队长！"从身后传来一个声音。

康克清转过身，见是吴仲廉，赶忙说：

"听说你也来当指导员了，比我到得还早呀！"

说着，两个人拥抱在一起，像一对亲姐妹久别重逢。

吴仲廉比康克清大3岁。她出生在湖南宜章县一个城市贫民家庭，少年时在县城女子学校念书，后与伍若兰、曾志、彭儒等人毕业于衡阳女三师。吴仲廉生得清秀美丽，学习优秀，多才多艺，很有名气。1927年时参加了中国共产党，开始学习马列主义。马日事变后，她和张际春一起，带领20多名进步学生回到宜章县碃石彭家，秘密建立党支部、团支部。1928年1月，宜章农民暴动，碃石彭家农民参加起义，成立独立营。后来，这个营编入红二十九团，在朱德、陈毅领导下上了井冈山，吴仲廉就是其中的一员。

康克清是在红四军离开井冈山向赣南、闽西进军途中认识吴仲廉的。当时，吴仲廉担任红四军前委组织干事，负责誊写通知、命令。她的字写得好，工作很紧张，往往在军委会议后一个小时就把会议决定抄写多份发到部队，古田会议决议最初也是经她的手抄写出来的。康克清很尊敬和羡慕吴仲廉，认为她是个女秀才。所以，一听说吴仲廉要来当女子义勇队的指导员就非常高兴，没想到吴仲廉在她之前先到了。

"太好了，能够和你在一起工作。"吴仲廉说。

康克清放开吴仲廉说："我也很高兴，这回可以跟你学习了。"

"总司令怎么样？"吴仲廉不忘把她领上井冈山的人。

"他的身体很好！"康克清说，"就是太忙了。"

吴仲廉感慨地说："也难怪，国民党出动那么多部队'围剿'我们的根据地，他和毛委员一样，要指挥部队打仗，要想着根据地的建设，事情确实太多了，你可要好好照顾他呀！"

"在一起用不着我照顾，现在不在一起，更照顾不上了。"康克清说着笑了，"他生活上的事，都是警卫员管的。"

"也是啊！"吴仲廉说，"总司令在前线，我们在这后方零都，怎么能照顾得上。"

康克清似乎不愿过多谈论这方面的事情，说：

"还是讲讲咱们的女子义勇队吧！"

"党组织交给的任务，咱们两个就要完成好，把她们都训练成好样的军事骨干。"吴仲廉说。

"那当然。"康克清说，"不过困难可是不少啊！"

吴仲廉说："这些同志的素质还是好的。她们都是自愿来的，就是打赣州时支前的那些人，也是不愿走而要求参加红军的。我找几个人谈过了，她们有决心和信心学好。"

"你这个指导员抓得真紧啊！"康克清高兴地说，"我还没来到，你就已经开始工作了。"

"我也在等你嘛，等你带来总司令的指示。快说说，总司令有什么交代。"吴仲廉说这话是真诚的，使用的却是开玩笑的口气，说完目不转睛地看着康克清。

康克清被看得有点不好意思，脸上掠过一抹红晕，郑重地说：

"总司令讲，只有严格要求，才能带出一支真正的女子义勇队。"

"讲得好！"吴仲廉大声说，"我们就按总司令说的，严格要求，把女子义勇队训练好。"

康克清挥了一下拳头，说：

"对，我们就这样做！"

她们确实这样训练女子义勇队。当时设置的课程有政治、军事、队列操练和文化课。吴仲廉负责政治课、文化课，军事课由一个从日本留学回来的人教，康克清兼管军事课和队列教练，课后还给学员作辅导。女子义勇队随红军学校搬到瑞金后，又增加了战地救护、普通卫生、医药知识和伤病员护理等课程，政治课也增加了如何做妇女工作的内容。

每天清晨，康克清带领学员们出操。那些队员们身穿灰色列宁装，腰间扎着一样的皮带，膝盖以下打着整齐划一的绑腿，脚蹬白布条或麻绳打起的草鞋，齐耳短发塞进缀着红星的灰色军帽里。她们按照队长康克清的口令，时而迈着整齐的步伐行进，挺胸昂首，英俊潇洒；时而急速奔跑，甩动有力的双臂；时而又缓步而行，唱着嘹亮雄壮的歌曲。经过一段时间后，女子义勇队的政治、军事、队列、内务卫生、夜间查铺等，都得到了学校领导的表扬。

一天，女子义勇队从野外回来了。

康克清走在前面，胸脯挺得高高的，脸上洋溢着喜悦的笑容。早上出去的时候，她就向队员们动员说：

"这第一次实弹射击，对我们是一个重要的检验，我们要互相帮助，细心耐心，打出好的成绩！"

这次训练虽然只得了个总评良好，对于这些大多刚从农村出来的年轻女子们来说，已经很不错了，学校又一次表扬了女子义勇队。

随着康克清的脚步，队员们的双脚迈得十分有力，噔噔的脚步声，整齐雄壮。大街两边的群众，竖起大拇指，不停地称赞说：

"看这些妹子，个个都是好样的。"

走进学校后，男学员也都投来羡慕的眼光。康克清很得意，学员们更是得意。

回到学校后，康克清布置学员们擦拭武器任务后，就回到了队部，和吴仲廉一起谈论今天实弹射击的事。外面，传来一阵阵欢乐的歌声和笑声。

正在这时，有人急急忙忙跑过来，惊慌地说：

"队长，指导员，有人把枪搞坏了！"

康克清忽地站起来：

"怎么搞坏的？"

"她擦拭武器时，把枪机上的撞针弄断了。"那人说。

康克清着急了。枪，是多么宝贵啊！女子义勇队每4个人才有一支枪，而且还是不好用的。为了搞好今天的射击，这些好枪是临时从部队借来的。把撞针搞折了，整支枪就废了，连烧火棍也不如。这怎么了得？想到这里，她厉声说：

"去！让那个班长把那个战士领来！"

"你要冷静一些。"吴仲廉提醒说，"我到队里去看看是怎么回事。"

吴仲廉走后，康克清不但没有冷静，心头的火烧得更旺了。这怎么向部队还枪？这不是让女子义勇队在全校丢脸吗？她简直有点按捺不住自己了，非得好好批评一顿不可！

不大一会儿，班长把那个战士领来了。一个十八九岁的女孩子，眼里泪汪汪的，腮上挂满了泪珠，显然已经哭过一会儿了，两眼有些红肿。见到康克清，那女战士双手捧着断了撞针的枪支，哽咽地说："队长，你处分我吧！"

康克清顿时冷静了下来，心头的怒火也熄灭了不少。她感觉到，女战士的话，如同一根皮鞭，重重抽在她的心上。战士向我请求处分，是她

第10章
她都是好样的
从当队长到当学员，

知道了弄坏撞针是错误的，那么，我是她的队长，我难道就没有责任吗？如果在擦拭武器之前，我就向大家讲清楚，事故不就可以避免了吗？

"带她回去认真检查，然后在班会上检讨。"康克清对那位班长说，"要知道，枪是我们红军战士的生命！"

班长和战士走后，康克清立即到了学校，首先向领导汇报了这件事情的经过，然后说：

"出现事故的全部责任在我，因为我事先没有向学员们讲清楚。我请求学校给我处分。"

下午，校长刘伯承找康克清谈话，严厉地说：

"康克清同志，这个事故是严重的，你知道，我们红军的枪来得多么不易啊！"

康克清看着刘伯承，不住地点头，那意思是说，你批评得对。

刘伯承的口气变得恳切了："是的，只有先严以律己，才能严于对人。一个好的红军指挥员，不论在任何情况下，都不能有半点自满和松懈情绪。为能帮助你接受这次教训，我赞成你请求处分的意见。"

"我愿意接受任何处分。"康克清流泪了。

刘伯承温和地说：

"我们准备给你以全校通报的处分，有意见吗？"

"没意见。"康克清说。

当朱德得知这件事以后，亲切地说：

"你康克清这件事做得对嘛！还是那句话，严将才能带精兵，只有对自己严格的人，才能对部下严格，才有威信呀！"

上干队的学员们走出红军学校，前去进行野外演习，24岁的康克清走在这个队列里。女子义勇队结业后，康克清就留在红军学校的上干队学习了。这个队的队长兼政委是董必武，学员都是来自红军各单位的营团干部。

对于留在红军学校学习，康克清是很满意的。她曾多次向朱德说过，小时候家里很穷，农民运动兴起之后，才认识了为数不多的字，能学习一段时间就好了。朱德每次都表示支持，可总也没有机会。女子义勇队结业后，正逢上干队开学，她又一次提出学习的要求，朱德同意了。

也许正因为这是自己的要求，而且是参加红军后第一次进学校，所以康克清特别看重这次学习，她想通过这次难得的机会，提高文化水平和理论知识。因此，上课时她认真听讲，讨论时积极发言，操作时一丝不苟，学习成绩总是班里的前几名。

可是，对李德的课，她却觉得很难理解。这个共产国际派来的军事顾问，今天讲的是阵地战的战役部署、进攻及防御。说实话，李德在军事上并不是一个门外汉。这个出生在慕尼黑郊区的30多岁的德国人，18岁时就应征服役，上了奥地利—意大利前线，后来还参加过保卫巴伐利亚苏维埃共和国的"街垒战"。第一次世界大战中，他参加德国军队与沙皇俄国作战，被俘流放到西伯利亚。十月革命以后，他参加了苏联红军，当过骑兵师的参谋长。被选送到莫斯科陆军大学进修后，是学校的高才生，在军事理论上是有一套的。课堂上，他每讲一句话，便由担任翻译的王智涛译成汉语。有时，他又夹杂一句谁也听不懂的"汉语"，连王智涛也翻译不出来，这就大大影响了他讲课的效果。

康克清对李德讲的理论没有听明白，心里还在琢磨。行进间，她转脸看看走在队列后边的李德。他的头上罩一块白头巾，把脸也盖住了大部分，另外还戴一顶斗笠，据说是为了防止被敌特发现。她听朱德说过，李德这个人不了解中国的实际，按照外国的一套来指挥红军打仗，话语中流露出来的，是一种显而易见的不以为然。

到达作业场地后，李德坐在树荫下，叽哩呱啦地讲了一通。原来，他是要每个学员代表一个班或者一个排，演习营团方队的冲锋。李德的口令，是通过翻译王智涛的口喊出来的：

"进攻开始！"

王智涛骑在马上，学员们跟在马屁股后面奔跑起来。这些学员都是红军中的营团干部，有打仗的实践。他们在冲锋时都弯下腰，寻找有利地形，隐蔽前进。

李德看到这种情况，又哇啦哇啦叫起来。王智涛马上喊道：

"停止前进！"

"这样的进攻速度太慢，不应该弯腰蛇形前进。"

李德的话被译成汉语送进学员们耳朵里，大家的眼中流露出茫然的目光，似乎在说，向着敌人冲锋，怎么能不隐蔽自己呢？

李德似乎也发觉了人们目光中的疑问，通过翻译说："敌人已大部被我炮火消灭，剩下的残敌在我勇猛进攻下吓破了胆，你们应该有布尔什维克的无畏精神，大踏步前进。"

无论李德怎样解释，学员们还是难以接受。他有些生气了，不悦地说：

"第一次世界大战中，有的部队就以正步行进，从精神上压倒敌人，不放一枪夺取了阵地。你们难道连军阀的部队也不如！"

这最后一句话刺伤了学员们的自尊心。他们心想，我们不就是用我们的办法打了许多胜仗，粉碎了反革命的三次"围剿"吗？但直觉又告诉他们，面前的这个高个头、大鼻子外国人，是共产国际派来的代表，怎么能不听他的呢？所以，他们还是按照李德的命令，三番五次地奔跑，累得气喘吁吁。

康克清也在奔跑。尽管她的身体好，毕竟是个女同志，不一会儿浑身淌满了汗水，湿了内衣，额前的短发全被汗水浸湿了。她的心头也掠过一个又一个疑问。朱德、周恩来、刘伯承、叶剑英都来讲过课，他们有的讲马克思主义，有的讲战略技术，都不像李德这样呀！他们采取的多是讨论式的教导法。特别讲军事课时，让学员们自己谈以往的战斗体会，进行讨论；或者让学员们担任某次战斗的指挥员，制定方案，再组织大家讨论，最后由教员总结。那样既好懂又好记，大家学到的也是实实在在的指挥本领。不过，她没有说出来，因为朱德告诉过她，在学习上，要虚心，要注意学人家的长处，不要自满自足。那样，就什么知识也别想学到。

李德的课，最后也有个讨论会。会上，学员们先是有些拘束，不敢发表意见。当有人开了头，大家就议论纷纷，说这样不切合红军的实际。

康克清问身旁的一个人："王耀南，你对李德的课有什么看法？"

王耀南从心里觉得李德这么搞不行，他也佩服康克清是个信得过的人，但又感到自己讲不出什么道理，就说：

"累点，我不怕。人只会饿死，不会累死。年轻人再累，睡个安稳觉就没事了。我就怕学不到本事。"

康克清看着王耀南，猜到他心里有顾虑，就直截了当地说：

"我不赞成李德的做法。"

学员们讨论的意见不一致，谁也说不服谁。

这些情况报告到了学校，学校领导在一次会上说：

"打仗还是要从我们的实际情况和条件出发，扬我军之长，打敌军之短。现在还是要敌进我退，敌驻我扰，敌疲我打，敌退我追。从南昌起义、秋收起义至今已7年多，我们战胜敌人的许多好经验，应当继承和发扬。将来我们有了飞机、大炮、坦克，也不能老是按一套格式打仗。"

在瑞金通往兴国的山路上，走着两男一女。女的是康克清，男的是王耀南和龙德明。他们的肩上挎着个简单的包，迈开大步，走得很快。

这次任务是红军学校校长刘伯承亲自交代的。他说：

"你们三人为一个小组，以总部的名义到兴国去调查，任务就是检查那个地区防御工事的构筑情况，由王耀南担任组长。"

他们3个人异口同声地保证完成任务。一则他们都是军人，军人以服从命令为天职；二则他们知道当前的形势，敌人正沿着盱江向广昌推进，对革命根据地发动了第五次"围剿"，许多学员提前结业奔赴前线，也有的同学被派到各地去检查。他们接受任务后立即就上了路。

4月的阳光，暖洋洋地洒落下来，早开的油菜花一片金黄，水田嫩绿的秧苗青翠可爱。几只蝴蝶飞来飞去，鸟儿鸣唱着从头上掠过。这是赣南晴朗的春天。

王耀南看看天色，对康克清说：

"大姐，累了吧？要不要歇歇？"

康克清抹抹额头的汗水，哈哈笑起来：

"你承认我这个大姐了？"

原来，那是王耀南刚来到红军学校时，康克清打趣地说：

"你应该叫我大姐。"

王耀南看看康克清，不服气地说：

"你该叫我同志哥才对咯。你多大了？"

"你多大了？"康克清没说自己的年龄，反问道。

"我实是22岁，该23岁了。"王耀南立即答道。

康克清说："怎么样，比你大吧。我今年24岁，已经过了生日。"

王耀南觉得先报岁数吃了亏，赶忙道：

"我说23岁，你说24岁；我要说25岁，你该说26岁了。你后报的岁数不算，不能叫你大姐。"

"你不信，可以去打听嘛。"康克清说。

后来，王耀南真的向别人打听过，知道康克清确实比他大1岁。所以这时他说：

"你本来就是我的大姐嘛！"

龙德明开始不知道怎么回事，弄清缘由后，也跟着笑起来。

"说真的，大姐，要不要歇歇。"王耀南又问了一遍。

康克清笑着说："还是先问问你自己吧，要说走路，大姐我可不怕哟！"

"不是这个意思。"王耀南郑重地说，"前面是敌特活动较多的地区，我们要快速通过。"

"既然是敌特活动较多的地区，我们还是避开的好。"康克清说得很随便。

"避开？"王耀南有些犹豫，口气里有点不以为然。

见此情景，康克清诚恳地说：

"我们的任务是去兴国检查工作，自己受损失事小，完不成任务可不得了呀！"

龙德明也插话说："康克清同志说得对，我们不是怕，是要想着领导上交给我们的任务，不然回去后怎样向领导报告。"

王耀南一想，是呀！我们不是来拼命的，怎么能这样逞英雄呢？于是，他和康克清、龙德明商量后，改变了前进路线，绕开特务活动频繁的地区，顺利地到达了兴国。

真不愧是中央苏区的模范县！他们一到兴国，就感到气氛与别处不同，生产一片兴旺，群众斗志高昂。青壮年都上了前线，种田和拉脚的都是妇女、老人、孩子。田野里绿油油的秧苗青翠茁壮，黄灿灿的油菜花芬芳扑鼻。

王耀南、康克清、龙德明三人到达兴国后，军团长彭德怀、政委杨尚昆亲切地接见了他们，讲了作战意图，并希望他们认真检查，发现问题，就地解决。随后，在县、乡政府主席和驻军首长的陪同下，检查了主要的防御工事及指挥所。

来到一个山头上，察看几处工事后，康克清的眉头皱了起来。怎么能够这样呢？山上山下相连的交通壕，甚至和敌人进攻的方向平行，而防御工事间的交通壕，则挖得笔直，敌人用直射火器完全可以杀伤在交通壕内运动的人员。她指着前面一条交通壕说：

"如果敌人在这里开枪，你往哪里躲？这一枪会打死多少人呀！"

大家顺着康克清手指的方向看去，把壕内看得一清二楚，里面的人没处躲没处藏。

康克清的口气变得温和了一点，又接着说：

"敌人有飞机、大炮，就算他占不了工事，用炮弹、手榴弹打进来，也得死好多人呀！"

王耀南也说："还有防御堡垒，本来就暴露了，还刷上白灰标语，就更暴露无遗了。"

"等于告诉敌人，这里就是我们死守的阵地。"龙德明补充说。

县政府主席听了康克清等人的话，也感到了问题的严重性，但又为难地说：

"我们的地方部队、赤卫队和少先队确实没有构筑工事的经验，就是我们，也不会啊！"

"这可怎么办呀！"乡政府主席说。

康克清皱了一下眉头，说："看来是大家没有修工事的经验。我提个建议，是否找一些骨干来开个座谈会，由我们的组长王耀南同志讲一讲修筑工事的常识。"

"这样太好了！"一位地方部队的领导满口赞成。

没用多长时间，各处的骨干们都来了，王耀南详细地对他们讲解了防御阵地的组成和工事的地点选择及挖法。由于联系实际，现场操作，人们不但认识到过去工事的毛病，还学会了正确的挖工事方法。

最后，有人提出："已经挖好的工事怎么办？"

"重来？"有人说。

另外一个人说："全部重来，时间不允许呀！"

县、乡政府主席都很着急，但也不知怎么办才好。

"办法总能想出来，一个人不是生下来什么都会做。"

王耀南说着，拿起一小块石头，先在地上画出原来的交通壕，又在上面画一个"T"字，"T"字一横的两边各画一个圆圈，然后解释说：

"这是两个步枪工事。用这样的办法简单改造一下，就成了一道锯齿形交通壕，在工事里可以防止敌人直射火器的杀伤。"

康克清说："交通壕比较暴露的地段，可以加上个盖，成为盖沟。"

"碉堡的周围堆些土，既可以隐蔽，又能增加防弹能力。"龙德明也补充道。

县政府主席高兴地说："这下就好了，改造了旧的工事，学会了挖新的工事，太感谢你们来到这里进行具体帮助了！"

兴国县的人连夜行动起来，挥镐舞锹，紧张地改造着原来的工事。

望着人声沸腾、斗志昂扬的人群，康克清的脸上浮出由衷的笑容。她又想起了朱德，他现在正在前线指挥打仗呀！

"大姐，这次能圆满完成任务，真多亏了你呀！"王耀南说。

康克清不好意思地说："怎么能这样讲呢，咱们是三个臭皮匠。"

三个人都笑了。笑声，在长空里回荡。

第 11 章

捡田螺，
他俩与战士一起欢度端阳节

大雪纷纷扬扬飘落着，不慌不忙地覆盖了山峰、山坡。原先下的是雨，已经结了冰，再落一层雪，乍看一片洁白，很干净，但走在上面却滑得厉害，稍不留神就会摔倒，有的人裤子和上衣沾满了泥和水。这是红军总司令部十几名干部组成的宣传队，赶往前线慰劳部队。

康克清是这个队的领队。她迈动有力的双脚，小心谨慎地走在山路上，心里想着怎样圆满地完成这次突然而又紧急的任务。

早上天亮后，总政治部来人找到她，说：

"康指导员，王主任请你到他那里去。"

王主任是总政治部主任王稼祥。

康克清问："有什么事吗？"

来人说："不知道，反正是让你去一趟。"

康克清转脸看看朱德，那目光是在问：

"让我去干什么，你知道吗？"

"让你去你就去吧。"

朱德的声音很平静，既没有满怀热情地支持，也没有反对的表示。说完又沉思起来。

康克清知道，从毛泽东离开红军到中央政府主持工作以后，朱德常常在沉思默想。她曾问过朱德，毛委员为什么离开了红军呢？朱德心情沉重地说：

"这是党内的事情，你不要问，我也不能告诉你。"

她很理解丈夫的心情。自井冈山会师以来，朱德和毛泽东一直并肩战斗在一起，进赣南，到闽西，这中间虽然有过短暂的分别，有过意见不一致的时候，但他们之间的友谊却是真挚的，而现在毛泽东却不和他一起指挥红军了，尤其是在大敌当前，即将开始第四次反对敌人"围剿"的时候，他的心里怎么能好受呢？

康克清踏雪到了王稼祥的住处。王稼祥虽然面带笑容，非常热情，但却没有寒暄，而是开门见山地说：

"克清同志，我们想请你去完成一个任务。"

王稼祥是布置任务的口气，毫无征求意见的意思。康克清当然没有计较，虽然她是总司令的妻子，但她更知道自己是红军的指导员，而王稼祥是总部的领导，完全有资格向她下达命令，因而她问：

"是什么任务？"

王稼祥说："这两次战斗很重要，规模比较大，部队已有不少伤亡。你马上带总政治部的一部分干部到浒湾附近慰劳从战场上下来的伤员。遇到问题，能解决的就地解决，不好解决的，迅速上报。"

王稼祥所说的"这两次战斗"，是指金溪和浒湾战斗。两个月前，红军在取守势的情况下，选择敌人兵力薄弱的方向，以较小的代价占领了建宁、黎川、泰宁广大地区，并且占领了金溪和资溪。但不久就撤了出来。这一次，红一方面军第三军团和第二十二军乘敌调整部署之际，消灭了驻守黄狮渡的守敌，又一次占领了金溪。敌人迅速增调三个主力师进至浒湾，并以两个师向金溪进攻，一个师向黄狮渡进攻，企图围歼红军主力于浒湾，红一方面军分左右两个纵队，分别迎击敌人。

这些，康克清是知道的，但她还是想，怎么会让我去干这个呢？是没有人还是别的什么原因？她的脑海中闪电般地划过这些念头，立即回答：

"我保证完成任务！"

"好！"王稼祥推推鼻梁上的眼镜，"你快召集那些人准备一下，马上就出发！"

走出王稼祥的住处，康克清把总政治部的十多个人召集起来，研究了慰劳的具体内容，拟定几个口号，还指定两名干事编几段宣传鼓动的快板，早饭后就出发了……

正走之间，迎面来了一队担架。伤员们的身上盖着薄薄的毯子或棉被，上面落了一层雪。而抬担架的人，气喘吁吁，脸上的汗水、泥水、雪水混在一起。

"前面打响了吗？"康克清走过去问道。

一个抬担架的人说："没有。"

"没有打响怎么会有伤员下来？"慰问队的人问。

"他们是前两天战斗负伤的。"抬担架的人指着伤员说。

康克清忙问："前两天负的伤，怎么现在才送下来？"

抬担架的人答："他们伤了不下火线，可伤势越来越重，不能随部队行动才后送的。"

康克清走到担架前，掀开毯子，看看伤员因失血过多而苍白的脸，心里阵阵疼痛，多么好的战士们啊！随后，她又将毯子盖好，把被子披紧，对抬担架的人说：

"快送到后面去，路上要小心！"

担架队走远了，雪花还在飘落，天地间一片迷迷蒙蒙。康克清目送担架队消失在迷蒙的风雪之中，伸手摸摸挎包里的干粮。这是早上出发时带作路上吃的，是草袋装着的饭团，已经冻得梆梆硬。她犹豫了一下，对宣传队的同志说：

"现在休息一会，把带的干粮吃了再走。"

人们就地坐下来，连泥和雪也不顾了。大家掏出各自带的饭团，使劲咬起来。没有菜，没有水，但仍然吃得很香，嘴角上挂满了冰碴子。有人吃过饭团后，随便抓一把雪放进嘴里，当作水解渴。

不知谁说了一句："我们这饭可是世界上少有的哩！"

另一个人答话说："城里的大饭馆保险没有。"

这些话把大家逗笑了，笑声随着风雪向远处飞去。

乒乒乒——乒乒乒——密集的枪声从山下传来。

听到枪声，大家立即站起身来，向山头奔去。从这里，可以看到远处抚河边的浒湾镇。那里，升腾着团团烟雾，朝着四处扩散，连绵不断的枪炮声，就是从那里传来的。

"攻击浒湾的战斗开始了！"有个队员说。

另一个队员说："我们也应去参加战斗！"

"指导员，让我去吧！"

"让我去吧，指导员！"

顿时，要求去参加战斗的声音响成一片，有的人甚至做好了随时冲下去的准备。

康克清既高兴又不满意。高兴的是，同志们都这么勇敢不怕死，渴望参加战斗，不满意的是他们忘记了自己担负的任务。她看看等着她表态的队员们，心想，这样下去，宣传队不是要解体了吗？领导交给的任务怎么完成？于是她下了山头，站在一处山坡上，说：

"听到枪声就想战斗，这是红军历来的好传统。可是我们今天的任务是慰劳前方下来的伤员，如果都去参加战斗，谁来执行任务呀！"

这一句有力的问话，霎时平息了人们的要求声。大家都不说话了，默默地注视着面前的女领队。

雪还在下，风还在吹。康克清掠掠额前落下的短发，接着说：

"我们是革命军人，应当坚决执行命令。现在谁也不准离开宣传队，我们要赶快查明前方伤员后运的路线，确定我们在哪里做慰劳工作最合适。"

"对，我们坚决完成慰劳任务！"

"服从命令，听指导员的指挥！"

这有力的声音，在风雪弥漫的山坡上回荡。

宣传队的情绪稳定下来了。

山坡的一处，稍为平缓些，几条窄窄的小路通过这里。康克清带领的宣传队来到这个山坡。刚才，她说服队员们以后，就到不远处的一个部队包扎所去，问明了情况，决定把慰问地点选在了这个后运伤员路线的交叉点上。

雪下得小一些了，天空还是阴沉沉的，风卷扬起的雪尘，扑打在人的脸上和身上。从浒湾方向传来的枪声，仍然很激烈。不一会儿，就有伤员被抬下来，两个人抬着担架，一步一滑，气喘吁吁地走过来。

宣传队的人立即迎上去，有的扶着担架，给伤员披被子，有的向伤员说着慰问的话，赞扬他们不怕流血牺牲的话，劝说他们安心养伤，早日重返前线杀敌立功。站在路旁高坡上的两个队员，打着竹板唱道：

红军战士真勇敢，

不怕流血不怕难。

打得敌人叫爹娘，

我军乘胜冲上前。

同志哥哟同志哥，

为革命受伤很光荣，

前方不用你惦念，

安心到后方去养伤，

养好伤早日回前线。

……

一副副担架，一个个伤员，在慰劳声和快板声中通过，向包扎所和后方走去。

忽然，从一副担架上传来吵闹声：

"我的伤不重，已经包扎好了，为什么不让我参加战斗，反而往后方抬？"

不知发生了什么事情，康克清急忙跑过去，见一个伤员正在担架上挣扎着要下来，盖在身上的被子，一个角搭了下来。康克清先把被角撩起来掖好，然后又察看了伤口，见伤势很重。也难怪，红军战士历来是轻伤不下火线的，凡是抬下来的人，伤势都很重。这个战士也是这样。

康克清温和地说："你的伤不轻呀！只作了简单的包扎，还不能走路，怎么能去打仗呢？"

"我的伤不重，我要回前线去！"伤员大声喊道。

"你要听话！"康克清轻轻拍着伤员的手说，"到野战医院把伤治好，早早回来，就能多杀白匪军。"

伤员猛地蹬掉被子："我不去医院！我不去医院！"

康克清想生气，可马上控制住了自己，赶忙帮他掖好弄乱的被子，哄小孩似的说：

"天这么冷，你要是感冒了，可就麻烦啦！"

这时，又有不少担架抬过来，有个宣传队员指着康克清对伤员们说：

"她就是红军总司令部的康指导员。"

一个伤员伸出手敬礼道："总部首长这样关心我们，等伤一好，我马上就会回前线。"

原先那个吵闹的战士，也安静了。

康克清忙说："是呀，总部的首长非常关心你们，让我们代表他们来慰问伤员同志，希望你们好好养伤，早日伤愈。"

在转脸的瞬间，康克清看到一个战士在流泪，便走上前，帮助他擦干眼泪，看了看抬担架的人，目光的意思是在问：

"他为什么在流泪呀？"

担架员理解了康克清的意思，说："这位红军同志很勇敢，一条腿被炸断了。"

康克清的心里一动，这样年轻就失去了一条腿，将落下终身残废，他怎么能不难过呢？看着他苍白脸上的莹莹泪光，怎不让人心痛？康克清伸出冻僵的手，轻轻抚摸战士被炸断的腿，感觉得到微微的颤抖。

"你为革命打白匪军负伤，全苏区人民和红军都感谢你。你的伤到医院一定能治好，将来若不能打仗，还是有许多工作能做的。"

这亲切安慰的话语，好像寒冬腊月吹来了熏风，吹干了伤员脸上的泪珠。他望着站在面前的康克清，微微点了点头，脸上绽开了一缕笑意。

康克清还想说点什么，突然有一个队员从前面跑回来，到了身边报告说：

"前面的担架不走，后面的队越排越长，已有半里多路了。"

"怎么回事？"康克清问。

队员答："不知道是什么缘故。"

康克清真想批评几句：为什么不去前面查清了原因再来报告？但她没有说出口，嘴里却说：

"我去看看。"

她小跑着到了前面，大声问道：

"怎么不走了？"

"上不去呀！"有人指指前面的高坡说。

这是一个20多米的高坡，原先下的雨结了冰，再盖上一层雪，又陡又滑。她往上走了几步，总是站不住脚，心想，抬担架就更困难了。有两副担架跟在她的后面，没走两步就滑了下来，差一点把伤员摔了出去。

她赶忙过去，连扶带推，总算上去了。上面有石头的地方，坡度稍为平缓些，较为好一点。

康克清站在这里看了看，想找一条别的路，可是没有，就这一条路，就这一段难走。下面，排着一溜长长的担架队，伤员们有的在喊叫，有的瑟瑟发抖。这么多重伤员不能在冰天雪地里久停呀，何况浒湾那边的战斗正在激烈地进行，还会有伤员下来，意外的情况也得预防。

必须很快解决这个问题！康克清皱了一下眉头，在心里默默地对自己说：在山坡上开一条台阶式的通路。于是，她连滑带跌地从山坡上滑下来，溅起的雪水泥浆落满了全身。她顾不上拍拍衣服，就大声喊道：

"宣传队的同志，快到这边集合！"

一声令下，宣传队员们呼啦啦站到了康克清的周围。人数不多，队伍不庞大，站得也不整齐，但一双双眼睛盯着女指导员——他们临时的领队，看她怎样处理面临的难题，那表情，是非常严肃的。

康克清的目光扫视着她的宣传队员们，说："现在，这么多担架堵在这里，伤员们怎么能受得了？我们必须很快开出一条路，迅速把伤员送到包扎所去！"

人群寂静，群山寂静。冷风吹动，雪花飘荡。

"我们每人去找一件工具，马上开路！"

康克清这最后一句话十分有力，立刻变成了人们的行动。她自己则很快找来一把小铁锹，带头挖起来。

雨水和着雪水，把泥土冻得硬邦邦的，一锹下去，溅起泥块冰凌。接着是石头，锹劈在上面，迸射点点火星，不一会虎口就被震麻木了。康克清心里着急，顾不得腰酸臂痛，不停地挖着，偶尔抬头抹抹额头的汗水，看到人们虽然忙碌紧张，但进度很慢，心里更是火燎一样。队员们见女指导员这样，也是手脚不停，恨不得立即开出路来，把伤员送走。

"他们是总司令部来的人。"担架队的一个人说。

另一个人指着康克清说："那个领头的女的，听说是朱总司令的妻子，了不起！"

"他们干得太慢了，咱们也抽些人去干吧。"

这个提议得到了响应，每副担架留一个人看伤员，另一个人去开路。

"欢迎你们帮忙！"宣传队员们热情鼓掌。

"这可是雪中送炭啊!"康克清说过之后,自己暗自笑了。这个比较文雅的"雪中送炭",她是从朱德那里学到的。

为了在人多的情况下也不乱,康克清进行了一番分工。她抽出6个身强力壮的人,轮流在前边开土,其余的4人一组,跟在后面平整台阶。由于组织得好,效率大大提高。用了不长的时间,就把20多米的上山台阶路修了出来。康克清从上到下察看一遍,把不牢固的地方加了工,才指挥担架队通过。

这时,浒湾的战斗还在激烈进行,不断有伤员抬下来。康克清带领宣传队员们分散在路两边,时而扶住担架,告诉他们脚要踏稳,手要抓牢;时而安慰伤员,劝他们安心养伤。饥饿、寒冷和疲劳,统统忘在了脑后。

远处,有两副担架抬过来,看旁边跟着警卫员,康克清猜到是领导干部,就走了过去。到跟前一看,是十师师长李锡凡和十一师师长陈光。这两个人都认识康克清,康克清也认识他们。

李锡凡是头部受伤不能说话,便用目光表示感谢。

陈光点点头低声说:"谢谢你和总司令,请转告总司令放心,浒湾一定能打下来。"

康克清点点头。她想问问前边的战斗情况,但话到嘴边又转而说:

"请你放心去养伤,争取早日回来。"

说完,她挥挥手,让担架快点走。这时,跟在担架后边的陈光的警卫员说:

"康指导员好!"

康克清叫住警卫员,小声问道:

"仗打得怎么样?"

"打得很激烈,黄狮渡已拿了下来,正在攻浒湾。"警卫员说。

"还有哪些领导负伤了?"康克清问。

警卫员语气里充满沉痛地说:"我听说赵博生军长牺牲了,其他还有什么人,我不知道。"

赵博生牺牲了?康克清很悲痛。这位宁都起义的核心组织者,原为国民党第二十六路军的参谋长,是调到江西"围剿"红军的,他在宁都起义之后加入了中国共产党。朱德曾找赵博生谈过话,就是在那时,康克清见到过赵博生。后来,第二十六路军编为红军第五军团,赵博生任参谋长兼第十四军军长，生活朴素廉洁，处事多谋善断，没想到他竟牺牲了。

由赵博生，康克清又想到了季振同。她记得，宁都起义后不久，朱德也找季振同谈过话，还讲述了自己从旧军队走上革命道路的体会，激励这位冯玉祥的手枪旅旅长革命到底。朱德还和周恩来一起，介绍季振同参加了中国共产党。后来，季振同要求到苏联去学习，离开部队时留下了心爱的青鬃马，萧劲光把这匹马送给了朱德。可是，不知为什么，他却被说成谋反而被逮捕。历史常常是很复杂的，有时候，从那个年代里走过来的人，也未必都很清楚。

康克清还想问点什么，看担架已经走远，忙对警卫员说：

"快去吧，好好照顾你们师长。"

警卫员答应着跑去了，康克清又继续慰劳其他伤员。

雪虽然不下了，浓云仍遮蔽着天空，所以天黑得特别早。前边的枪声停了下来，来人传话说，红军已经占领浒湾，伤员暂时停止后送。

康克清长长舒了一口气，疲倦的脸上绽开一丝笑容。她抹抹额头的汗水，对宣传队的人说：

"走，我们跟随部队到浒湾去！"

三天后，康克清完成任务，奉命回到总司令部，进门就向朱德叙说几天中的见闻，说战士们如何负伤不下火线。可是，朱德疲倦的脸上没有露出平常惯有的笑容，而是沉重地说：

"是啊，我们的战士是勇敢的，可这一仗并没有打好！"

康克清有点儿奇怪，但又不便深问，默默地看着朱德。

"这样打下去，怎么得了啊！"朱德自言自语地说。

屋里很静，谁也没有再说话。

"康克清，走咯！"

朱德在门外喊道，声音虽然不高，但亲切洪亮。

康克清答应着走出房门，看到朱德站在院里，曙色洒满军衣，映着他黝黑喜悦的脸膛，手里拎着个竹篓子。

"干什么呀？"康克清一下没有反应过来。

朱德说："抓田螺去呀！"

康克清想起来了，今天是端阳节。

昨天傍晚，通信排的战士们正在打草鞋，互相聊着天，朱德走到他们中间，坐下来边打草鞋边问：

"明天是端阳节，大家不想法子开开斋吗？"

开斋就是打牙祭，就是搞点荤的吃，谁不想呀！可他们都知道，反动派对根据地实行了严密的封锁，平时连青菜、豆腐都很难吃上，哪里还敢有更多的奢想。大家看着总司令，以为他是在开玩笑，一时不知说什么好。正在旁边的炊事班长老胡说："总司令，我也在为这事发愁呢。"

朱德哈哈一笑，说："吃不上鸡鸭鱼肉没关系，我们可以就地取材，弄点荤腥来过节嘛！"

这么一提醒，战士们顿时活跃起来，有的建议去打野鸡，有的提出打野猪。有人立即摇头说：

"这都不现实，野鸡野猪很难碰上，再说也没有那么多子弹，我们的子弹还得留着打白狗子呢。"

那怎么办呀？战士们你看看我，我看看你，都没了主意。朱德看看战士，对通信员徐达桂伸出三个指头，做了个抓的动作。徐达桂马上领会了朱德的意思，大声喊道：

"对呀，捡田螺！"

"好啊！"战士们一齐响应……

他还记着捡田螺的事呀！康克清心里想着，嘴里说：

"好的，这就走。"

红艳艳的太阳出来了，橘红色的光焰，均匀地洒落在翠绿色的稻田里，微风吹来，稻叶上的水珠儿闪烁摇动。朱德和康克清一起走在田埂上，远远就看到战士们赤着脚捡田螺。

战士们也看到了朱德和康克清，一齐打着招呼。

这个说："总司令，到我这里来，这边田螺最多，密密麻麻的，到处都是！"

那个喊："指导员，我这里田螺大，一个有半斤哩！"

朱德和康克清边答应，边脱下草鞋，下到了水里，和战士们一起拣起田螺来。

朱德捡起一个田螺放进竹篓里，问身边的一个战士：

"你知道端阳节是怎么来的吗？"

那个战士摇摇头。

朱德又问另一个战士："你知道吗？"

"不知道。"另一个战士脸有点红了。

旁边的一个战士说："是呀，我们年年都过端阳节，还真不知道它有什么讲究呢。总司令，端阳节到底是怎么回事呀？"

"是这样的。"朱德将一个田螺捡起来，甩掉上面的泥水，说：

"古时的楚国有个大诗人和政治家叫屈原，他十分热爱他的国家。由于统治者的腐败，楚国灭亡了。屈原在悲愤的情况下投汨罗江死了，这天就是农历五月初五。楚国人民非常痛心屈原的死，每年这一天都纪念他，便朝江里扔粽子。"

战士们听得很认真。

原来是这样的啊！康克清在心里想。她又想到在家里时，每逢过端阳节都比平时忙，早早地淘好糯米，选好红豆，用苇叶包好粽子在锅里煮，今年家里仍是这样的吧。可惜现在没有糯米，没有红豆，也没有时间，不然她也会亲自带领战士包粽子的。

朱德接着说："当然啰，我们现在没有条件包粽子，就用这田螺来过节吧！等将来革命胜利了，我们掌握了政权，再包粽子，过端阳。"

"对！将来我们一定好好地过端阳。"战士们异口同声地说。

徐达桂举起一个田螺，向着朱德说：

"总司令你看，我这个田螺有三斤重！"

朱德抬头看看，故意逗趣地说：

"嗬，小徐拣了个田螺精，带回去当老婆吧！"

徐达桂的脸红了，其他人哈哈大笑起来，康克清也笑了，笑出了眼泪。欢快的笑声，在田野里飘荡。

这天中午，炊事班做了三个别具风味的菜，一个韭菜辣椒炒螺丝，一个咸水醋焖整田螺，一个清炖螺蛳汤。平时，朱德虽然和战士们吃一样的饭菜，都是打回去吃的。今天，他拉着康克清，专门来和战士们一起吃饭。看到桌上摆的菜，他大声夸奖说：

"咱们老胡的手艺真高啊，用田螺做了三个菜。"

"这是总司令的启发呀！"老胡说。

朱德端起碗说："来，我们以汤当酒，庆祝端阳节！"

"干杯！"战士们的碗和朱德、康克清的碗碰在一起，发出清脆的响声。

战士们一人喝一口汤，又吃起菜。朱德却没有喝，他端着碗，眼前却出现了一个人的形象。

有一个人们都叫辣椒嫂的中年妇女，曾风风火火地闯进总部，泪水潸潸地往下掉，大声说："总司令，我们冤枉啊，求求你给做个主吧！"

朱德忙说："不要哭，你有什么事坐下慢慢说。"

从她哽哽咽咽的叙说中，朱德明白了，她的丈夫罗敲仔是个泥瓦匠，带着一个徒弟长年累月串村做手艺，家庭成分本应定为手工业者，但由于辣椒嫂平日里心直口快，得罪了农会的干部，便被划成了地主，她是特意找朱德告状的。

朱德没有马上表态，让辣椒嫂先回去，然后抽空亲自到村中作了调查，证明辣椒嫂说的全是事实。便找到了农会的干部，以罗家为例，语重心长地说：

"要正确执行党的政策，凡是成分划错了的，要纠正过来。"

几天后，朱德又找来农会主席老王，开门见山地问："罗敲仔的成分改了没有？"

农会主席没想到朱德还记着这个事，支支吾吾地回答："改……改了，改成了富农。"

朱德不高兴了，严厉地说：

"有错不愿改，改又改得不彻底，这不行啊！我们共产党讲实事求是，是什么就是什么嘛！"

农会主席脸红红的，一句话也说不出来。

朱德缓和了口气，说："你回去和其他干部商量一下，看看罗敲仔家到底应该定什么成分。"……

这是十多天前的事了，此刻朱德还记在心里。康克清了解这件事情，更理解丈夫的心。为了不影响战士们的情绪，她催促说：

"快尝尝田螺的味道吧！"

朱德没有吃，沉思了一会，对徐达桂说：

"你去请农会主席老王到这里来一下。"

徐达桂飞跑而去，时间不长，就和农会主席一起来了。老王见到朱

第四次反"围剿"后，朱德在机枪手训练班讲话

德就说：

"总司令，我们已经把罗敲仔家的成分改了，改成手工业者，并且退还了没收他家的全部财物。"

"好啊，这才叫实事求是！"朱德的脸上绽出了笑容，举起汤碗说，"来，我请你喝酒。"

老王还以为真是酒呢，端起碗喝了一口，咂咂嘴，说：

"这是……"

朱德笑了："人说以茶代酒，咱这是以汤代酒嘛！"

"好！好！"老王说着笑起来。

朱德夹起韭菜辣椒炒螺蛳肉放进嘴里嚼着："味道不错哩！"

康克清对老王说："你也尝尝。"

6月的赣南，火辣辣的太阳照射下来，酷热难当。朱德住的屋子，也处在这样的酷热包围之中。

此时，他上身穿一件衬衣，有几处打了补丁，但洗得很干净，脊背上被汗水溻湿了一片。他似乎没注意这些，伏在白木桌上，右手捏住笔，急促地写着，笔尖划在纸上，发出嚓嚓嚓的响声。过一会，他停下手中的笔，抬起头来，两眼看着面前的窗子，一片蓝天映过来，一缕阳光射进来。他坐着，一动不动，默默地凝思着什么，两道浓黑的眉毛打着结。

康克清从外边走进来，看到丈夫这副样子，知道他在思考，就放轻脚步，没有出声。他在想什么呢？

是的，朱德在思考。国民党反动派的第四次"围剿"虽然被打破了，可仗打得多么艰难啊！作为红军的总司令，朱德最清楚不过了。那是冒着极大的风险才取得胜利的。当时，蒋介石调动50万大军、2000架飞机进攻中央苏区，并且自任总司令，直接指挥。可是远在上海的临时中央却不顾客观实际，一再电令周恩来和朱德，要红军先发制人，攻占国民党重兵把守的南城和南丰。周恩来和朱德都认为在当时条件下这一命令是错误的，提出了集中兵力在运动中各个歼灭敌人的方针。可惜这个方针没有被接受。于是，他们先按中央的命令包围强攻南丰，经过一整夜激战，歼敌不足一营，自己伤亡却超过300人。他们根据敌人死守待援和援敌三路分进的实际情况，决定将强袭南丰变为佯攻南丰，毅然命令部队主力从南丰撤围，向南丰、里塔一线以西地区秘密转移，然后再移到东韶、洛口地区，采取了调动敌人于山地运动战中予以歼灭的方针，先后在黄陂、东陂两次战役中消灭"进剿"军3个主力师，俘敌万余名，缴枪万余支，粉碎了敌人的第四次"围剿。"

当时，部队带着大批战利品转移，朱德是最后一批撤离的。路过一个祠堂时，发现乱草堆里扔着几十条枪。有个参谋捡起几支，拉了拉枪栓说："都是些破枪。"

朱德却说："那就这样还给敌人了？这样的破枪，地方赤卫队还当作宝贝哩！修一修，总比烧火棍强嘛！得之不易，弃之可惜呀！"

他让警卫员砍来竹子，做成扁担，和随行人员一起把枪挑走了。战后，朱德专门写了一篇文章，名为《黄陂东陂两次战役伟大胜利的经过与教训》，总结了第四次反"围剿"的经验和教训。但他自己觉得，那教训还说得不深刻，就想再写一篇文章，详细谈谈红军应有的战略和战术问题。

所有这些，康克清是不知道的，因为她没有和朱德在一起。战斗的过程中，她听到了从前线传来的消息，失利让她担心，胜利让她振奋。当她看到朱德从前线回来后不像前三次反"围剿"胜利后那么高兴时，心里就似乎感到了情况的严重。她不清楚朱德在想什么。她走到桌边，问道：

"你在写什么呀？"

"哦，是你回来了。"朱德转过脸，把写好的纸推了过去。

康克清拿起稿纸，首先看到一个醒目的标题："谈谈几个基本战术原则"。文章提出的第一个战术原则就是："红军人人要以唯物的辩证法来研究和运用战术。首先要知道事物是变动的，情况是迁移的，决不容有一成不变的老章法来指挥军队。我们的作战决心必须根据任务、敌情和地形来定下。任务、敌情和地形既然是时常变换，因而我们决心就不同，而运用战术的原则也就更不同了。"

对这些道理，康克清觉得懂得一些，但又不十分明白。便说：

"敌人的'围剿'不是已经被打破了吗？还写这个干什么？"

朱德抬头看看，康克清的目光是纯洁的，真诚的语气里有着几分幼稚和天真。心中不由得说，多单纯的青年人啊！他真想把这次反"围剿"中在如何打和怎样打的问题上的分歧，以及他在实践中的体会，还有即将到来的新的反"围剿"告诉她。但都没有讲出口，而是微笑着说：

"这是个很深的道理，也是我的体会，你以后总会明白的。去做你的事吧，不要管我。"

说完，朱德又伏在桌上写了起来。

康克清并没有走开，而是在桌旁坐了下来，目不转睛地看着朱德手中的笔在纸上划动，那么缓慢，那么凝重，仿佛有千斤重量似的。她曾经多次这样看着她尊敬的丈夫伏案书写，可从来没有像这一次这样。

看着看着，她眼前出现了警卫员向她描绘的生动画面。

一天凌晨，战斗打得正激烈。朱德对总部警卫连的指导员说：

"走，到前面去看一下蒋介石的兵力部署，了解一下敌情。"

这位连指导员想到前边炮火连天，枪林弹雨，对总司令的安全不放心，有些犹疑不决。朱德则爽朗地笑着说：

"知己知彼才能百战百胜。"

一路上朱德问连队的情况，当知道这个连的连长受伤住进了医院，就要这位连指导员勇敢地负起责来，语重心长地说：

"你现在既要做政治工作，又要带队伍打仗，困难不小呀！"

接着，还具体讲解了在敌强我弱的情况下，如何扰乱敌人，牵制敌人的行动，消耗敌人的战斗力……

看来，仗打得好了，文章才好写；仗打得不好，文章也难写。康克清这样想。

对朱德来说，完全可以写出更多的文章，他既有丰富的带兵打仗的实践，又能够写得出来。早在1919年，他就同滇军第二军军长赵又新等人参加"怡园诗社"，并组织"东华诗社"，"振华诗社"，常常聚会赋诗言志，在《江阳唱和集》中，就有他的18首诗篇，"誓将铁血铸中华"，"倾心为国志无违"，"岁寒劲节矜松柏，正直撑天永不移"的诗句，既表现了他的豪迈气概，又显示了他的文采。可是，后来他把全部时间和全部精力，都投入到伟大的军事斗争之中，无暇顾及写文章的事，甚至连体会最深的东西也没有去写。

看到朱德连头也不抬，伏在案上疾速地书写，康克清怕扰乱丈夫的思绪，就轻步走出了房间，顺手把门掩上。她的心里，也沉甸甸的。

第 12 章
从康克清的忙碌奔走中，
人们看到了朱德的影子

康克清和王龙凤两人肩并着肩，缓缓走在村外的小路上。她们谁也没说话，只是沉默地走着，走着。

康克清抬眼看看远处，太阳将落，如同一个燃烧的火球，挂在西山尖上，橘黄色的霞光，为远山、近树和村庄涂上一层灿灿的金色。此时的康克清正想着怎样和身边的这位姑娘说说，可是说些什么呢？

当她把目光从远处收回来，注视着王龙凤时，心里猛地一惊。还是一个小姑娘啊！十五六岁年纪，长得这样单薄。不过，她也看到，这妹子中等个头，圆圆脸庞，眼睛明亮清澈。从红军学校毕业回来任总司令部指导员已有一段时间了，她不止一次地见到过这个妹子，总是把她当成个孩子，没有认真看过，现在才发现这姑娘长得确实很漂亮。

王龙凤是医务所的女护士。有人反映，她和二局报务员萧青峰接触较多，有暧昧的关系，不正常的谈笑。有个人找到康克清说：

"康指导员，大家对王龙凤和萧青峰有反映，你得管一管呀！"为了弄清情况，康克清首先想和王龙凤谈一谈。

少女的心，如平静的池水，对任何一缕风，都有着说不出的敏感。王龙凤似乎已经猜测到了指导员为什么找她，可能要谈什么问题，所以一直低着头，两眼看着自己一双交替前行的脚尖。她的嘴唇紧紧闭着，倔强地准备着迎接即将来临的一切，仿佛无声地说：参加了红军，连死都不怕，还怕什么！

　　康克清发现了女护士的神情，心里有点不悦，怎么能这样呢？在这一瞬间，她又想到了朱德和战士们一起交谈的情景，平等亲切，好像战友促膝谈心，很难看出总司令和士兵的区别。只有会爱兵的人，才会带兵。这是朱德常说的话。很短的时间里，康克清的气消了，她不是以指导员的身份，而是以女战士对女战士的姐妹之情，温和地说：

　　"小王同志，听说你和萧青峰同志之间的关系有些不正常，是吗？"

　　王龙凤没有说话，抬起头看了康克清一眼，又低下了头。

　　康克清又问："你很喜欢萧青峰，是吗？"

　　"我不知道，只是愿意和他多说些话。"王龙凤说。

　　"他也喜欢你吗？"康克清问。

　　王龙凤低声说："他常来。"

　　康克清说："听说你们在一起时，说了些超过一般同志关系的话，有没有呀？"

　　王龙凤点点头，没有说话，脸上红了。是不好意思？还是霞光的照射？

　　她已经承认了。康克清想，事实大概就是这样。对于一个女孩子，不能再多问了。她转而说："红军战士，不论男的还是女的，都是阶级兄弟姐妹，应该团结友爱，你说对不对？"

　　"嗯。"王龙凤还没有说话。

　　"你现在年龄还小，"康克清进一步说，"不应该过早地去想个人的婚姻问题。再说，咱们军队中也有规定，在目前的条件下，也不适宜去考虑这个问题呀！"

　　王龙凤抬头看了康克清一眼，很快又低下头，踢了一脚路边的一块石头。

　　康克清知道王龙凤的心里还没有想通，接着说：

　　"旧社会，咱们穷人家的女孩子是受欺负受压迫的，除了当童养媳，还能有别的什么路呢？共产党和红军解放了我们，咱们要自尊自重，要革命到底。过早地结婚，会带来很多麻烦的。"

　　这些话，语重心长，说到了王龙凤的心里。她走了几步，犹豫一下问道：

　　"指导员，他总来找，我该怎么办呢？"

　　是呀，怎样处理这样的事呢？康克清在心里重复着女护士的问话。她也没有遇到过这样的事情，也没有处理这种事情的经验，她想了想，说：

"你自己想清楚了，想通了，萧青峰那里，我还要找他谈的。"

太阳落山了，暮霭升起来，周围变得越来越暗。她们一起往住处走，轻盈的脚步声，轻叩着路面，偶尔传出亲切的笑声。

第二天，康克清又找萧青峰谈话。在指导员面前，萧青峰把真实的情况全讲了出来，和王龙凤讲的一样。红军战士，对任何问题都是诚实的。

"你是干部，又是党员，"康克清说，"不应该和这么小的女孩子谈那样的问题，如果王龙凤是你的妹妹，你会赞成她这样做吗？"

萧青峰的脸红了，说：

"这件事是我主动的，不关她的事，要处分就处分我好了。"

"关键不在于处分，而在于认识不认识这样做的不对。"康克清说。

经过谈话，查明了事实，为了教育本人，也为了教育大家，分别给了王龙凤和萧青峰两人以批评教育和口头警告的处分。

康克清很满意，她觉得，对这件事的处理是对的，是按照实际办事的。朱德听说后，也称赞妻子做得好，他说：

"是什么问题就是什么问题，只有按实际办事，才能使人口服心服。"

可是没有想到，就在一切都处理完了以后，总支部书记、三局局长翁瑛却提出一个问题，他说：

"应该给钱壮飞以警告处分。"

这是小题大做，康克清心里想着，嘴里却问：

"为什么？"

"因为钱壮飞是二局局长，"翁瑛回答，"萧青峰是二局的人，又是党员，他犯了错误是钱壮飞平时对下面管教不严的结果，是失职行为。"

对钱壮飞，康克清是了解的。他原在上海中央特科工作，后打入敌人内部，顾顺章叛变后，是他及时搞到敌人电报，才使得上海党中央首脑机关及负责人没有被一网打尽。来到苏区后，他从缴获的电台搞起，想出用白格填空子的办法，破译了敌人的电报。她还看过钱壮飞和李克农、胡底3人演的《红色间谍》，滑稽而生动，再现了他们在上海的斗争生活。她还看过钱壮飞画的漫画。一个战士一只脚踩着狗的腰间，双手揪住狗的尾巴，另一个战士两手持棍，奋力打击狗头，用以说明红军的守备队和攻击部队担负的任务同样重要。还有一幅画叫"只见小鸡笑，哪见大鸡哭"，画的是一只小鸡和一只母鸡，母鸡没有粮吃在哭，小鸡吃得饱在笑，善意地批评了用米喂鸡的不对。这都说明钱壮飞是很注意做思想工作的。更主要的是他自己以身作则，不计名利。前方二局和军委二局合并时，他由局长改任副局长，毫不计较，尽心尽力做好局里的工作。虽然他领导下的人犯了错误，怎么能处分他呢？

康克清看着翁瑛，说："事情已经处理过了，怎么能再去处分钱壮飞呢？还是不要这样做为好。"

这些话的口气是温和的，并且带着明显的商量的口吻，但翁瑛仍然坚持自己的意见：

"我还是决定给钱壮飞以警告处分！"

康克清说："你这样做是错误的，你个人决定无效！没有经过我同意，又未经过支委讨论，这不符合组织原则。我是上级委派的指导员，有权处理此事；我的处理没有什么不对，而且当事人双方都没有什么意见。"

"我们要对革命负责，要提高到原则高度来看待。"翁瑛也不让步。

"你硬要提高到原则高度来看待，是没有说服力的。"康克清提高了声音，语调也变得严厉了，"钱壮飞是军委领导下的党员，照这样推理，你也可以追究军委的责任吗？"

翁瑛不好再说什么了。

康克清的心里却想得更多。我们有些人，为什么非要借着别人的错误做文章呢？难道处分了别人就说明自己好吗？她想到在红军学校学习时，有个女学员因缺乏军事工作的经验，犯了一些错误，然而她否认几个被罚的同志是反革命却是对的。有的人不听她的意见，反而在毕业前把她开除了。这样做就对吗？……

又是一个平静而又不平静的晚上。

康克清从屋里走出来，对朱德说：

"我出去一下。"

朱德刚从外面回来，黑红的脸膛上有着明显的汗渍。晚饭后，他和机关的人一起打了篮球。这是他最喜爱的体育项目，从青年时进成都师范学体育时，就开始了打篮球，后来不管是戎马倥偬，还是留学国外，都没有间断过，只要有空，就要打上一场。现在的场地不好，球也不好，但他还是常打。在球场上，他总是说：

"小伙子们，在球场上没有总司令，你们得拼命抢啊！"

可是，那些年轻的干部战士，知道他的年龄大了，又是总司令，谁好意思真的和他抢呢。他虽然也看出来了，但为了活跃部队，为了锻炼身体，就不管那么多了。出上一身汗，真痛快呀！

听到康克清告诉他要出去，便顺口问道："干啥子去嘛？"

"三局有个小组要开会，我去参加一下。"康克清回答。

正在这时，警卫员端来了水：

"总司令，洗洗脸吧。"

"好的。"朱德说。

警卫员放下水盆站到一边。

朱德捞出泡在水里的毛巾，双手使劲拧干，边擦脸边向康克清说：

"人家小组里开会，你这个指导员怎么也去参加？"

康克清说："今晚的小组会是有个同志要调走，大家对他进行帮助，我能不去吗？"

"要得，要得！"朱德把擦过脸的毛巾放进盆里，哈哈笑了起来，很快又收住笑，说，"你们的批评帮助是要得的，可不能给人家扣帽子哟！"

"这我知道。"康克清边说边往屋外走。

朱德目送康克清消失在暮色里，微笑地点了点头。实践的锻炼，又经过红军学校的学习，她的水平确实提高了。怪不得刘伯承说："康克清有能力当一名团政委。"

这些，康克清当时并不知道。她急急忙忙地向三局走去，心里想着即将开始的小组会。

昨天，三局的刘生雄找她，要求说：

"指导员，给我调换个工作岗位吧。"

康克清看着面前的这位战士，说：

"三局是通信联络的，工作很重要呀，你为什么要调走呢？"

"我在这里搞不好人事关系。"刘生雄说。

"为什么搞不好呢？"康克清嘴里这样问，心里却想道，我们一些从农民入伍的年轻战士，在没有经过长期艰苦锻炼之前，总是难以克服思想上的狭隘等毛病，刘生雄是不是也这样呢？

刘生雄低下了头，没有说话。

康克清见刘生雄的样子，又接着说："搞不好关系，也可能有别人的责任，但你首先应该想想你自己有什么责任。如果思想上没解决问题，调走了也不行，到了新的单位还会搞不好呀！到那时怎么办？再要求调走？"

"在这里，我是搞不好了。到新的单位我一定搞好，你就同意了吧！"刘生雄又是保证又是哀求地说。

"到哪里去呢？"康克清既是对刘生雄说，又像是在问自己。刘生雄可怜巴巴的腔调引起了她的同情。是啊，同在一个单位工作，关系却搞不好，是够别扭的了。

刘生雄对康克清的话似乎产生了误解，以为离开三局，便没法安排了，便赌气似的说：

"指导员，让我到前方去当战士我也愿意。"

"好吧，我同意你走。"康克清说得果断干脆。

刘生雄高兴了，忙问："什么时候走？"

略为迟疑了一会，康克清说：

"明天动身也可以，但先要开个会。"

康克清边走边想，来到三局的一间屋里。

屋子很小，泥土的墙壁和房顶，原先是一家老表的房子，现在为三局所用。室内中央的一张木桌上，摆着一盏昏黄的小油灯。几个人围在灯前，借着灯光，可以看到他们的表情很严肃。刘生雄也坐在其中，心头有一种说不明道不出的滋味。

看到康克清走进来，人们都立起身，参差不齐地说：

"指导员来了？"

"你们来得早呀！"康克清笑着说，迅速扫了一遍灯光下的人，在刘生雄的身上停留的时间长一些，接着就迅速地移开了。

"你坐这儿，指导员！"有人说着递过来一个小竹凳。

康克清推开了竹凳，和其他人一起坐在地上：

"这儿好！"

小组长是个年轻的干部。他看着康克清坐下，又看看别的人，说：

"指导员，开会吧？"

"好吧。"康克清点点头。

小组长简单说明了开会的内容和目的，要求大家积极发言。

刘生雄坐在那里，心跳得很快。对这样的会，他的心中没有底，不知道人们会说些什么，所以一双目光里流露出惶恐，一会看看灯光，一会看看康克清的脸色。

康克清虽然没有对着刘生雄，但刘生雄的眼神，她都看到了。她的心里也很复杂，但努力不让脸色表现出来，而是注意听着大家的发言。

大家的发言是很热烈、很直率的，一个接着一个。有人一针见血地指出刘生雄的问题；有人也结合自己的实际，做了自我批评和检讨，说明搞好关系人人有责任；有人则从人事关系造成的不愉快，讲了团结的重要性……

刘生雄一边听着同志们的发言，一边观察康克清。他看到，指导员虽然比平时严肃一些，但是很平静。他放心了。指导员是个严格要求的领导，也是个关心爱护部属的干部。他自己就有着切身的体会。今年春天，刘生雄接到家中的来信，说他的哥哥在战斗中牺牲了，他感到非常难过。哥哥是和他一起参加红军的，还曾经给过他不少帮助。读着信，他的眼前不时闪现哥哥的形象。更使他难受的是，那个只有半岁的小侄儿没有奶吃。那些天，他吃不好，睡不好，总是想着这件事情。

康克清听说后找到他，问道：

"刘生雄，听说你家里遇到了困难？"

刘生雄从口袋里掏出信，递给康克清，说：

"我能有什么办法呀！"

康克清很快读完了信，手拿着信纸，望着远处的山峰，思索了一会儿，说："你哥哥为革命牺牲了，大家的心里都会难过的。他为革命献出了生命，我们要像他一样，为革命的胜利而继续战斗。"

"这个道理我懂得。"刘生雄说，"可是他的儿子……"

康克清赶忙打断他的话说："你哥哥的儿子，是革命的后代，我们怎么能不管呢？"

怎么管呀？刘生雄心里这样问，嘴里却没说出来。

康克清掏出笔，在信上写了一行字，递给刘生雄说：

"先这样办吧，你到医务所去领点东西寄回去。你知道，咱们红军现在也很困难，没有更多的东西来养他。"

刘生雄拿着康克清批了字的信，跑到医务所，领了大、小7瓶牛乳罐头，捎回家中，孩子得救了，家里人非常高兴。

从这件事上，刘生雄看到了康克清对人的关心。所以，昨天他才找到她要求调换工作的。

等人们都讲完后，康克清才说话。她首先讲了红军是中国共产党领导下的工农劳苦大众的队伍，每个参加红军的人，都是自愿为穷苦人打仗的，应该团结得像一个人一样，不应该搞不好关系。接着，她提高声音，批评了刘生雄：

"你很固执，思想又狭隘，怎么能处理好人事关系呢？现在遇到了问题，你不想法去解决，却无组织无纪律，想当自由兵，这不是一个红军战士的态度！不丢掉这些毛病，到哪里也搞不好。"

康克清的话很严厉，但在刘生雄听来，却如锤敲心。指导员的话，使他想到了在家时母亲、姐姐又气又爱的话，是恨铁不成钢呀！想着想着，他哭了，泪水一滴滴从两腮滚落下来，湿了一片军衣。

室内很静，人们的目光一齐集中到康克清的身上。只见她的双眼映着油灯，闪闪发光，炯炯有神。她眨动一下眼睛，语重心长地说：

"同志们，我们整天战斗在一起，生活在一起，比兄弟姐妹还要亲啊！"

夜深了，康克清才回到住处。

正在灯光下对着地图出神的朱德，转过脸来问：

"会开得咋样了？"

康克清将会上的情况说了一遍。

朱德笑着点点头："不错，应该这样做。康克清呀，你的水平真提高了。"

"还不是你教的！"康克清脸上微微泛起红晕。

明亮的灯光，照着朱德和康克清，把他们的身影投射在墙壁上。

匆匆吃过早饭，康克清戴上军帽，扎紧皮带，潇洒而又英武。她的着装向来严整。"在我们总司令部，张经武和康克清的军风纪最好。"担任总参谋长兼五局局长的刘伯承，不止一次这样说。

她急急走出房门，脚步迈得很大很快。

康克清是很紧张的。她要召开支部大会、军人大会，她要做宣传工作，她要找人谈话，鼓励人们用革命精神去战胜困难……忙忙碌碌的身影，没有闲着的时候。如果不是年轻身体好，真会被累垮哩。

也难怪，她的担子实在太重了。从红军学校毕业回到总司令部任指导员后，要管的事情自然很多。当时的总司令部有两个部6个局，作战部有内外收发、机要参谋和各局工作人员，还有警卫班、通信排、医务所、饲养班、炊事班，共计100多人，她的思想工作要保证领导干部的身体健康和安全，要保证警卫员有高度的警惕，通信员及时传递的工作效率……思想政治工作的艰巨，是可想而知的。

就在这时候，朱德又对她说：

"康克清，你要抓一抓伙食呀！"

乍听这句话，康克清还有点儿不理解："我是指导员，是做政治工作的，怎么要我去抓伙食呢？"

"伙食重要啊！"朱德说，"咱们这个总司令部，有领导和干部，也有战士，他们只有吃好，身体健康，才能干好工作嘛！"

作为指导员，这是总司令的指示；作为妻子，这是丈夫的提醒。

康克清一想，是呀，我的政治工作，不就是保证干部战士有很高的觉悟，圆满完成所担负的各项任务吗？抓好伙食，也是分内之事呀！

不过做起来可就难了。红军所处的环境极差，短油缺盐，缺衣少食，要抓好伙食，谈何容易！

"并不是要求你给大家弄什么好的吃，这个你是办不到的，就是我这个总司令也没有办法。"朱德说，"但是你要让炊事员想办法调换一下品种，注意讲究卫生，等等。"

这样一来，康克清就更忙了。

东方的太阳越升越高，灿烂的阳光辐射过来，照亮了高山、水田和房屋。等到人们开始一天的工作时，康克清已经巡查过了医务室和通信排，正走在通向伙房的路上。从那天朱德说过要抓好伙食以后，伙房成了康克清时时关注的地方。

远远地，炊事班的人围在一起说着什么。她走过去，问："有什么高兴的事啊？"

"是指导员呀，你看看。"炊事班的人边说边用手指指地上。

地上，放着一担新鲜蔬菜，鲜嫩嫩水灵灵的，看样子是新挑来的。

康克清高兴了："嗬！从哪里买来的？"

"是管理员去买的。"一个炊事员说，"为了买菜，管理员天不亮就走了，现在才回来。"

管理员名叫李桃，是专管伙食的。他站在一旁嘿嘿笑着，额头的汗水还没干，在阳光下一闪一闪的。

康克清赞扬地说："你太辛苦了！"

"不辛苦。"李桃说，"首长们白天黑夜操心，那才叫辛苦呢！"

康克清蹲下身，抚摸着新鲜的蔬菜，又问：

"这菜贵吗？"

李桃答："我按指导员说的，多走了一些路，所以很便宜。"

她是这样说过。当时军委的正副主席和战士们吃的是一样的饭菜，谁也不特殊。康克清知道，领导同志的事情更多，常常到深夜还不能睡觉。为了保证他们的身体，她就对李桃说：

"你要搞点新鲜蔬菜，多换换品种，调剂口味。"

这个李桃果然这样做了，多好的管理员啊！

"好啊！"康克清站起身，拍拍双手上的水，大声赞扬道。

李桃的脸红了，一个劲地搓着手。

康克清鼓励他说："要继续这样做下去，不过也要注意身体，早上起得太早了，白天也可以睡上一会儿。"

"没事。"李桃说。

离开李桃和几个炊事员，康克清向不远处的大缸走过去。忽然，她看到一个战士的鼻孔里冒出一缕烟。那战士也发现指导员看他，忙将手中的烟扔到了脚下，使劲踩灭。

康克清喊住了那个战士："你不是戒烟了吗，怎么又抽上了？"

那个战士不好意思地笑了，脸上红红的，说：

"太难受了，就抽一点。"

"要有决心嘛！"康克清和蔼地说，"你看，总司令都戒掉了，你年纪轻轻的还戒不掉呀！"

原来，康克清当指导员后，看到不少青年战士也抽烟、喝酒，就发动大家戒烟，戒酒，不吃辣椒，同时还经常检查，后来，连朱德也不抽烟了。

那个战士一听说朱总司令也戒了烟，就立正说：

"再也不抽了，你看着吧，指导员。要是再发现我抽烟，你就处罚我。"

康克清笑了："还是得靠自觉。咱们红军战士要自觉，光处罚有什么用呢？"

看着那个战士走后，康克清来到水缸前。这里，有一个很大的木桶，里面装的是木炭和砂石，有个战士正把刚挑来的水倒进木桶内。刚挑来的水是混浊的，经过木炭和砂石的过滤，再流出来就变得很清了。

挑水的战士看到康克清，说："指导员，你说的这个办法真好！"

康克清笑了："这哪是我的办法呀，是总司令想出来的。"

有一天，朱德对康克清说："咱们喝的水很不卫生，得想个办法。"

历来很尊重朱德的康克清，这一次却不以为然。有什么办法可想？这里祖辈都是喝河里的水，我们又不能不喝河里的水？

"我们是红军，不但要为穷苦人打天下，还要为穷苦人做出个榜样嘛！"朱德说。

康克清还是没说话，她还没有想出个办法来。

朱德看着妻子。是啊，她从农村来到部队，有很高的觉悟和很大的干劲，可见到的东西还是太少了。这怎么能怪她呢？对她来说，自己不仅仅是丈夫，也是总司令，不论从哪个方面说，都有责任提醒和帮助她。

朱德说："你可以和炊事班的同志商量一下，能不能把挑来的水过滤后再吃。"

朱德这么一说，康克清马上明白了。在她的家乡，都采用过滤的办法熬盐制硝。于是，她找到炊事班，搞了个大木桶，放进木炭、砂石，先将河水倒入桶里，过滤后再饮用，比起原先的干净多了。

挑水的战士听说是总司令想出来的办法，就说："咱总司令真行啊，不但能指挥打胜仗，对吃水这样的事也想得这么周到这么细致。"

康克清的心里很高兴，但嘴里却什么也没说。因为总司令是她的丈夫啊，她不愿让战士看到她心头的隐秘，便告别了战士，到了洗衣班。

洗衣班是总司令部的，专门负责给领导同志洗衣服。全班七个女战士，五人是福建龙岩的，还有两人是台湾的，都是20多岁的女青年。康克清和她们很熟悉，常来和她们聊天，讲革命道理。

看到康克清走来，洗衣班的女青年非常热情，争着说："指导员，我们都想你了！"

"是吗？"康克清边说边坐下来，拿起衣服就洗 。

"指导员，你洗衣服的动作真熟练！"有个女子说。

"我也是穷人家的女孩子嘛！"康克清说，"很小的时候我就下地干活，回到家里就做饭洗衣服。"

有个女子停住了手，注意听康克清讲话，然后说：

"我们还以为你是一位小姐呢，又会认字，又会讲话。"

康克清哈哈笑了起来："那是你们看错了，我在家不是小姐，现在也不是太太，和你们一样，是红军战士。我的这么点文化，也是来到红军后才学的。"

"指导员，你不是总司令的太太吗？"有个女子问。

康克清抬起湿漉漉的手，指指那个女子，说：

"鬼妹子！"

女子班长的年龄比其他人大一些，她看看康克清的衣服，说：

"指导员，你的衣服也脏了，脱下来洗一洗吧！"

康克清摇摇头："不用了。你们的任务是替首长洗衣服，他们太忙了，我可不是首长呀，怎么能让你们洗呢？还是我自己回去洗吧！"

"是呀，指导员从来就没有在我们这里洗过衣服。"一个女子说。

"这有什么可说的，我自己会洗嘛！"康克清说着，使劲搓起衣服来。

其他人也忙着洗衣服。

笑声，说话声，不时从洗衣班飞出，传得很远很远。

第 13 章
听说康克清是女司令，
朱德的脸上漾起笑容

滚滚奔流的赣江，在春天的阳光下向远处流去，细碎的浪花闪耀着五彩的波光，清风吹来花的芳香，偶尔有舟船破浪而行。

对这条江水，康克清非常熟悉，她的家乡罗塘湾就是江边上的渔村，生父是一个渔民。村前有座白塔，离村不远的地方有个惶恐滩，民族英雄文天祥曾在这里战斗过。但此刻的康克清顾不上想这些，她要到良口一带去，继续检查工事和碉堡的情况。

这里属武索区，江对面就是敌人的占领区。区里陪同的人说：

"那里经常有敌人过江来骚扰，你们人少，最好不要去了。"

怎么能不去呢？这是中央军委副主席周恩来交代的任务啊！康克清的耳边又响起了周恩来的话："我们想让你带两个同志到赣州东北部去检查工事，你看行不行？"

执行这样的任务，已经是第三次了。第一次是在红军学校时，受刘伯承校长派遣到兴国一带检查工作；第二次是在总政治部时，奉王稼祥之命到前线去慰问伤员。她也知道，第五次反"围剿"的形势越来越严峻，中央苏区日益缩小，原来是后方的地方成了前方，但她还弄不清楚此去的具体目的。

周恩来看着康克清，温和地说：

"据说那边工事碉堡里的枪眼，不是朝向敌人，而是朝着我们自己。你去看看，如果真是这样，就尽快查实纠正并追究原因。"

康克清对周恩来是十分尊敬的。她不止一次听朱德说过周恩来的才干和为人，以及在周恩来领导下参加南昌起义的情景。起义的头一天晚上，身为军官教育团团长兼南昌公安局局长的朱德，根据周恩来为首的前委的决定，部署好军官教育团的战斗任务后，以请客为名，将敌人第三军二十三团团长卢泽明、二十四团团长萧日文和一个姓蒋的副团长邀请到伪市长李尚庸的住宅，饭后打麻将。深夜，朱德借故离开，埋伏的起义军一拥而入，扣押了这几个指挥官，为解除敌军这两个主力团创造了条件。

她还亲眼看到过，周恩来到达苏区后第一次见到朱德时的亲热情景。他们的两双手紧紧握在一起，久久不愿放开，叙说着三河坝失败后的经历，互相询问身体情况。朱德还把康克清介绍给周恩来，周恩来高兴地说：

"陈毅同志到上海汇报时说到过你们，我祝贺你们这对革命的伴侣。"

也许与此有关吧，所以当康克清第一次见到来苏区的邓颖超时，也特别亲热。她们互相拥抱，激动得流出了泪水。邓颖超大姐姐般地问到康克清家在什么地方，家中还有什么人。后来康克清在红军学校学习时，还听过邓颖超讲的课。

"请周副主席放心，我坚决完成任务！"康克清信心十足地说。

"好！"周恩来赞扬后又叮嘱道，"不过，要注意安全，注意身体！"

对于这次执行任务，朱德也很支持，谆谆地告诫她说：

"康克清呀，你上两次任务完成得不错，这次也要完成好哩！要到实地去看看，弄清了情况再做结论。"

按照周恩来和朱德说的，康克清领着两个人一路上检查了工事和碉堡，发现并非像所说的那样，不过是有些碉堡的枪眼开得过大，内外一样宽，不利于防御。至于造成的原因，多半是由于缺乏军事常识。当她指出这些问题后，很快就得到了纠正。

良口一带的情况怎样？如果不去那里，就很难知道，回去后怎么向周恩来和朱德交代呢？

"我们负有任务。只要那边有苏维埃政权，有赤卫队，就一定要去。"康克清果断地说。

康克清的口气这么坚决，区里的人不好再阻拦了，便说：

"那好吧，我们派一个人给你们带路。"

沿着赣江的岸边，康克清等三个人在向导的引领下，大步前行，傍晚时分到达了索梓。

索梓是个不大的集镇，在夕阳的照射下，显得有点儿萧条冷落。狭窄的街面上，有不多的行人，脸上都流露着不安的神色。这里的群众怎么会这样呢？康克清感到迷惑不解。她问向导，得到的也是摇头不知。这时，有几个红军战士从身边走过去。

乡政府设在镇内的一座小院里，房子很破旧，门前冷冷清清。康克清等人进到了院内，乡政府主席和武索区黄武游击队长游联煜迎出来，把他们领到一间屋内。游击队长送上茶水，乡政府主席说：

"你们一路上辛苦了。"

康克清打量一会儿坐在面前的两位领导人，自我介绍说：

"我们是红军总部派来的，我叫康克清，到你们这里来检查一下工事的情况。"

乡主席的心里咯噔一惊：她就是康克清呀！他听说过，红军总司令的妻子康克清原来是一位农村姑娘，几年来练得能文能武，成为有名的女将，没想到这么年轻呀！他目不转睛地看着总部派来的红军总司令的妻子，心头油然升起一股敬佩之情。

康克清虽然不知道乡主席心里想什么，但从那目光里也能猜出几分。在中央苏区，谁不知道朱德的名字呢？赫赫有名的总司令，而她的名字，又是和朱德连在一起的，不论到哪里，只要一说到她是朱德的妻子，人们就会格外敬重。这使她感到自豪，也有一种隐隐的不安。

"今天晚了，你们先住下来，明天再去检查吧？"乡主席以征询的口气说。

游击队长名叫游联煜，他的话有点儿吞吞吐吐：

"住在这里，万一有什么情况，怕是不安全吧？！"

听到他们两个人说的不一样，康克清立即想到在街上看到的人们惊慌的脸色，问道：

"这里是不是有什么情况？"

乡主席看看游击队长。游联煜犹豫一会，说：

"前天白军从那边过江来抢劫过，烧了两户红军家属的房子，临走时说还要来。"

原来这样！康克清顿时理解了主人的心情，忙问：

"什么时候？"

"他们说明天。"游联煜回答，想了想又补充说，"是不是来，也不敢肯定。"

康克清看到乡主席和游联煜说到这些时既不着急，也毫无办法，有点儿无动于衷。这种态度，引起了她的不满，问道：

"你们看着白匪烧杀抢劫，为害百姓，怎么不打？"

康克清话中质问的口气，游联煜听出来了，但他没有在意，反而为女红军的疾恶如仇而高兴，解释说：

"白匪有两支队伍100多人，我们只有50几条枪，从来没有打过仗，也不知道该怎么打。"

"那也不能眼看着白匪军糟蹋老百姓呀！"康克清说，"刚才我来时，在街上看到群众都心神不定，原来是害怕敌人来呀！"

游联煜脸上泛起一抹红晕，经康克清这么一说，感到很内疚，身为游击队长，却不能保护群众的安全，有愧呀！

"康同志，你是总部派来的，见过世面，打过大仗，请你指挥我们打一仗，可以吗？"

对于游联煜的这个提议，首先表示反对的是乡主席。他心想，你这不是让总司令的夫人下不来台吗？她批评你不打敌人，你就让她来指挥。乡主席想了想，和缓地说：

"康同志刚来到这里，对什么都不熟悉，怎么能指挥呢？"

同来的人也向游联煜投去不悦的目光。你这个游击队长怎么能这样说呢？如果打好了，大家都高兴；如果打不好，回去可怎么交代呀！

但康克清可不这样看。她认为游联煜提出让她指挥打一仗，是合情合理的。人家没打过仗，也不懂该怎么打，是想看看应当怎样打仗嘛。再说，红军也有帮助地方游击队的责任，便说：

"好吧，我来指挥，我们大家共同来打好这一仗！"

"好！"游联煜高兴地说，"康同志，你说怎么打吧，我们听你指挥。"

"不是我说怎么打，是咱们商量怎么打法。"康克清说，"我看，先弄清敌我双方的兵力，再去看地形，然后研究如何打法。"

乡主席也说："我们听康同志的。"

于是，他们开始商量怎样打好这一仗。

一切安排就绪，康克清被领进一间房内时，已经到了下半夜。

乡主席说："康同志，你太累了，就在这里休息吧！"

送走乡主席、游击队长和其他人，康克清坐到凳子上，才感到确实很累，疲劳向她袭来。可是她无法入睡，也根本没有睡意，在心里一遍又一遍地思考着敌我双方的情况。

常来骚扰的敌人有白军武索靖卫团长邵延龄的 90 多人，武索守望队长高占祥的 70 来人。他们虽然是一群惯于打家劫舍的土匪，战斗力不强，却没有吃过亏，所以狂妄自大，但比起我们的游击队来，还算是有战斗力的。而我们这边，总共只有 120 多人，赤卫队和少先队用的又全是梭镖，即使点火放枪的土铳子也不过 10 多支，幸好有军分区执行巡逻任务的一个排，帮了大忙。

那是在研究敌我双方兵力的时候，她忽然想到进村时看到的几个红军，就问乡主席：

"他们是哪里的？"

乡主席说："他们是军分区执行巡逻任务路过这里的，今晚就住在附近。"

"去个人把他们的排长请来。"康克清说。

有人跑步而去，不一会儿就和排长一起来了。

排长很年轻，看上去不过十八九岁，个头不高，但很机灵。他曾经到总部去过，一见面就认出了康克清，走上前立正敬礼，大声说：

"我就是排长，康克清同志有什么指示？"

康克清一愣：他怎么认识我？但她没顾得多想，直截了当地说：

"听说江那边的白匪军明天要到这边来抢劫，我们想打他们一下，你们排能不能参加？"

一听说要打仗，排长立刻来了情绪，爽快地说：

"我们排愿意接受您的统一指挥。"

随即，他们一起去看了地形，晚饭后又召开了班以上的干部会。接着，康克清作战斗动员，她分析了形势和打得赢的条件，强调说：

"同志们回去后要仔细检查武器，严密封锁消息，防止坏人走漏风声，要服从命令听指挥，严格遵守战场纪律。"

"还有一个最有利的条件，"那位排长说，"这次有总部派来的康克清同志的指挥，我们一定能打胜。"

这话引起了一阵热烈的掌声。

现在，康克清耳边仿佛又响起那哗哗的掌声。不过，她的心里仍是忐忑不安。她不害怕，也不怯阵，只是仍感到突然。她虽说经过不少大小战斗，也带人抓过逃散的零星白匪军，可是单独指挥百人以上的战斗，这毕竟是第一次啊！此刻，康克清才真正理解了朱德为什么在战斗之前总是对着地图出神，吃不好饭，睡不好觉，甚至连话也不愿说。

康克清走到窗前，看到东方已经发白，四周一片寂静，微风吹来，夹着湿润润的凉意。透过这黎明的曙色，她仿佛看到左中右三路部队已经进入了规定的埋伏位置，挎包里装着干粮，心里记着联络信号，焦急地等待着战斗的开始。

突然，远处传来了枪声，康克清立即警觉起来。这时，跟她的两个人和乡主席都走了进来，看到桌上的油灯还亮着，知道康克清一夜没有睡。

"快告诉部队，等查明情况再行动！"康克清对一个人说。

看到那人答应着走出屋，她又对另一个人说：

"派人去侦察一下。"

时间不长，派去侦察的人回来了，向康克清报告说，敌人趁夜间从良口偷渡过来，天一亮，就在那边进行抢劫了。

情况变了，康克清头脑中立即作出了反应，同时马上想到了朱德文章上的话："情况是迁移的，决不容有一成不变的老章法来指挥军队。我们的作战决心必须根据任务、敌情和地形来定下。任务、敌情和地形既然是时常变换，因而我们决心就不同，而动用战术的原则也就更不同了。"

康克清来回走了几步，让人把乡主席和游击队长找来，说：

"敌人来的目的，主要是抢掠财物，过去没有吃过亏，暂时也还不知道我们准备打他。对我们来说，现在是个好时机。我们把原来的部署改变一下，仍然分成左中右三路，向敌人发动进攻。"

人们都同意这样的分析和打法。

于是，康克清把军分区的一个排放在中路，由她亲自率领，勇猛向敌人扑去。左路和右路的游击队、少先队和赤卫队，看到红军这样，都受到鼓舞，一齐冲向敌人。顿时，枪声乒乓，梭镖闪闪，喊声阵阵，烟尘滚滚，交织在一起，连成了一片。

敌人以为还会像过去一样，因而毫不准备，猛然遭到这样的打击，乱作了一团。他们一边喊着"红军来啦！""快跑！"一边仓皇地逃到了炉子山东面的小山上，一路丢下了5具尸体和一些枪支。

康克清领着部队冲到山前，从三面围住炉子山东部。敌人在山上据险抵抗，红军和游击队、少先队、赤卫队在山下射击。由于敌人居高临下，康克清指挥的队伍的武器较差，多数人缺乏战斗经验，又处在暴露地段，攻击一时难以奏效。

"这样打下去，会增加无谓伤亡的。"康克清心里这样想着，便命令停止进攻。

康克清的头脑很冷静，这样的相持局面不能继续下去。她伏在一处，仔细地观察着敌人的动静。山上弥漫着硝烟，什么也看不清楚。

"这里太暴露，康同志，你要隐蔽一下。"旁边的同志劝道。

康克清没有动，心里想的却是她听说的和亲眼见到的朱德在战斗中的情景："为了战斗的胜利，他总身先士卒，毫不顾及自己的安危。我虽然不能和他相比，可我现在也是一个指挥员，置身在战场上，也应该像他一样。各级指挥员都应在自身任务范围内进行侦察。"她感到朱德好像就站在身边，谆谆地提醒她。

硝烟散去，炉子山东边静悄悄的。康克清看到，这是赣江边上的一座小山，没有挺拔的高峰，也没有茂密的树林。在这一瞬间，她的决心定下来了。

"游联煜同志，你带领游击队从左右两边包抄过去，把敌人的退路打断，防止他们逃跑。我和排长带人从正面攻上去。"康克清布置了任务。

游击队长领命而去，带着游击队、赤卫队、少先队迅速实行包抄。

康克清和那位排长商量一会，等待完成包围后就发起攻击。

正当他们等待的时候，游联煜派人来报告说：

"康同志，敌人已经逃跑了！"

"追！"康克清对身旁的排长说，急忙站起身来。

顿时，一排红军战士向江边跑去，嘴里大喊：

"追呀！别让白匪军跑了！"

康克清跑在战士们之中，她的喊杀声，和战士们的喊杀声汇聚在一起。

等他们追到江边，敌人的最后一条船已离开岸边10多米远，那仓皇逃跑的狼狈样子，还能看得清清楚楚。江边的地上，堆满了牲畜、财物，这是敌人抢了没有来得及带走而丢下的。

有个人看着江面，遗憾地说：

"让他们跑掉了。"

康克清的心里也感到惋惜，但也没有办法了。她说：

"打扫战场吧！"

"他们再也不敢来了！"游联煜说。

"也不能麻痹呀！"康克清温和地说，"他们主要是狂妄自大，没有准备，更不摸我们的底细。"

乡主席说："是的，他们怎么也不会想到是红军总部来人指挥的。"

"你是我们的女司令！"

这位排长的话，含义很明白，是对比朱德说的。丈夫是总司令，妻子是女司令。

其余的人也跟着叫嚷："对，是我们的女司令！"

康克清的心里一动。看看那位排长，没有说什么。她觉得不好说。

一个人匆匆跑过来，向康克清报告说：

"康同志，我们牺牲1人，轻伤5人，缴枪5支。"

这时他们还不知道，敌人死伤了20多人。

回到总部后，康克清将检查的情况向周恩来作了汇报，汇报中也说到了这次战斗，周恩来听完后向坐在旁边的朱德说：

"总司令，你看，克清同志也是一名女司令了。"

"你也这样说呀！"康克清讲了那位排长的话。

周恩来大笑着说："好嘛！英雄所见略同。"

朱德没有说什么，但他脸上喜悦的笑容，表现了心中的赞扬。

康克清都看到了。

高大的古樟树，如同一把巨大的绿伞，撑在乌石垅的村边，遮挡住炎炎的阳光，透出一片荫凉。树下的小路，一头连着瑞金县城，一头通向远处的山沟，那里有个叫大树下的地方，坐落着红军大学。也许是为了供行人歇脚，树下摆着一块石头。

朱德很喜欢这棵大樟树，常在树下的石头上坐着乘凉，或者和人交谈，或者一个人静静地思考问题，或者对着繁茂的树冠出神。

这是一个休息天，朱德在室内读了一会书，才走出房间，抬头看看天空。好晴朗哟！万里无云，阳光灿烂，早稻的芳香，一阵阵飘来。朱德转身回到屋内，拿来帽子和针线又走出来，几步到达樟树下，坐到了石头上。

他望望远处，凝思一会，才开始端详帽子。这帽子是有点太旧了，灰蓝的颜色，已变得有些发白，上面的两道口子，是昨天被荆棘划破的。嘿，补一补还可以戴嘛，为什么非要换新的呢？现在，我们的处境很困难，吃饭穿衣都成问题，哪里还能讲究？即使将来掌握了政权，也不能摆阔气啊，"成由勤俭败由奢"的古训，什么时候也不能忘记。

朱德戴上眼镜，穿针引线，补起帽子来。他的动作熟练，针脚十分整齐，只是眼睛不那么好使了，几针下来，就有些吃力，捏针的手汗漉漉的。

由于注意力都集中在了针线上，所以没有发觉康克清已站在身边。她是指导员，休息时间也放心不下，早早出去到各处看了一遍后才回来。远远地，她就看到朱德一个人坐在这里，走近才看清是在补帽子，就没吭声地站在身后看着。

见朱德缝得这么认真，康克清心里有一种说不出来的滋味。这本来该是我或者警卫员替他缝的呀！

是啊，她是在中国这块土地上生长起来的女性，参加红军后，也是在这泥土上活动，在她的身上，有着浓厚的传统文化心理，总觉得在丈夫面前，这些事情都应该由妻子来做的，何况她的丈夫又是红军的总司令，肩上的担子这么重呢！

想到这里，她轻轻地说："你怎么自己补呢？"

朱德停下手，抬头看到康克清站在面前。从妻子的话中，他听出的意思是警卫员怎么没有补呀？的确，这些事平时都是警卫员做的。"昨天刚刚撕坏，我没有告诉他们。"朱德解释说，"今天正好有时间，我就自己补了。"

康克清伸手："拿来吧，我给你补。"

朱德把身子挪了挪，意思是让康克清坐下，但却没有把针线和帽子递过去，而是说：

"你呀，还不一定有我补得好哩！"

"指挥打仗我不如你，"康克清说，"干这个呀，你就不如我了，我在村里的姑娘中，针线活可是做得最好的，做鞋、缝衣、绣花都干得不错。"

朱德想开个玩笑："是吗？那你怎么没有给我做衣服做鞋子呀？"

"没有时间嘛，再说，军衣都是被服厂做的，你要想穿，我就给你做双鞋。"康克清说得很郑重其事。

朱德哈哈笑了，摆摆手说："算咯算咯，还是我这草鞋穿着舒服，你就集中心思当好你的指导员吧，我的事不用你管。"

康克清伸手去拿针线："那就让我补这帽子，保险比你补得好。"

朱德忙躲开了。

"我自己补。你等着，我补好后咱们一起到连队去看看战士们，看他们都在干什么。"

康克清没有勉强，她坐在朱德身边，看丈夫聚精会神地补帽子。那一双大手，捏着针，扯着线，缝得认真而又仔细。心中想道：怪不得他总说自己是农民的儿子，从小干惯了活呢！

"总司令好！"

这清脆有力的声音传进耳内，康克清抬头，看到是两个年轻人，穿着整齐的新军装，戴着新帽子。

朱德将针线和帽子放在石头上，立起身，满脸笑容地说：

"你们好！"

"总司令好！"两个年轻人又说了一遍。

朱德和他们握手后，指着旁边的一块石头说：

"坐吧。"

年轻人推让着坐下后，朱德和蔼地问：

"你们是哪个单位的？干什么去呀？"

"我们是红军大学的学员。"一个回答。

另一个补充："我们还没有到过瑞金城，今天休息，想去玩一玩。"

"嘀，还是我的学友呢。"康克清说。

两个年轻人愣了，这总司令的夫人怎么会是我们的学友呢？

朱德笑了笑："她叫康克清，也在红军大学学习过，比你们早。"

"你就是康克清同志呀！"一个学员惊喜地说，"在部队时就听说你是一个女司令，到红大后也听到过你在那里学习的事，特别是你到兴国去检查的事。"

"看吧，你的名字还满响哩！"朱德看着康克清说。

康克清有点儿不好意思，红着脸说：

"那是人们乱说。"

另一个学员的目光始终盯着放在石头上的帽子和针线说：

"总司令，你的帽子太破了。"

朱德说："虽然破了，补一补还可以戴的。"

"该换一顶新的了。"那个学员说着，摘下自己的帽子，双手捧着，送到朱德的面前：

"你戴这一顶吧。"

朱德接过军帽，崭新的，轻轻抚摸着缀在上面的鲜红五星，沉思一会儿，又将帽子戴在那个学员头上，微笑着说：

"在条件许可的情况下，你们年轻人应该穿戴好一点。目前，我们还很困难啊！"

"将来我们会好的。"另一个学员说。

"说得好！将来我们会好的。"朱德说，但他的话锋一变，又转到另一个方面，"不过，将来我们好了，也不能有少爷派头，有一句古话很有道理，成由勤俭败由奢嘛，你们看看，历史上哪个朝代不是这样？我们共产党和红军千万不能学他们啊！"

听朱德这么一说，两个学员不住地点头。康克清原想借两个学员的话劝朱德换一顶新帽子，现在也不好开口了。他想得多深多远啊！

送走两个学员，康克清对朱德说："我把那两个戒指捐献了。"

戒指，朱德开始没有反应过来，但很快就明白过来了。他想逗一逗康克清，故意问：

"哪两个戒指呀！"

"你让我保管的，怎么忘了！"康克清不知朱德在逗她，吃惊地看着丈夫的脸。

朱德还是装得一本正经："我啥子时候给过你戒指呀？"

康克清着急了："就是结婚的那天晚上嘛！"

朱德笑了，笑得很开心："你不是扔到桌上了吗？"

康克清这才发觉丈夫在逗她，红着脸道：

"你还说呢！"

"好咯，不说了。"朱德说，"我支持你，当时我就说，以后会有用的，现在用上了吧？！"

"要不是这两个戒指，我们还真没有什么可捐献哩。"康克清说。

朱德眨眨眼睛，说："我倒是有一笔存款，可惜拿不出来。"

"你有一笔存款？"康克清吃惊了，"我怎么没听你说过。"

"你应该知道的嘛！"朱德慢悠悠地说。

康克清更糊涂了。朱德和战士们领一样多的零花钱和伙食尾子，从她和朱德结婚后，都是由她保管的，每月她到副官处结账，哪里有什么钱呀，怎么还说我应该知道。她迷惑地看着朱德，不知说什么了。

朱德笑了，说："你忘了，蒋介石每次来'围剿'的时候，都广贴布告，悬赏捉拿朱毛，要我们的脑袋，开始是5000块，后来加到5万块，再后来是25万块，那些钱都在他的银行里存着，怕有几十万了呢！"

康克清笑得喘不过气来，两眼流出了泪水，好半天才说：

"哎呀！总司令，你真能开玩笑，把我笑死了。"

这时，朱德才哈哈大笑起来。

远处，警卫员走过来，到了跟前说：

"总司令，周总政委请你到李德顾问那里去开会。"

朱德立即站起，把刚补好的帽子戴到头上，快步朝远处走去，脚步好像很沉重。

康克清迈步走进红军总司令部的作战室。本来可以让警卫员来请朱德的，但她还是亲自来了，因为今天来的是非同寻常的客人——江西省军区司令员陈毅。

这是一间很大的房子，宽大的白石灰墙壁上，钉满了作战地图，地图上画着密密麻麻的红蓝颜色的标记。朱德正站在地图前，对着那些标记出神，凝思。

"陈毅司令员来了。"康克清走到朱德身边，小声地说。

朱德猛然转过脸，急忙问：

"在哪里？"

"在咱们院里。"康克清说，那是朱德和她住的小院，就在旁边。"他是怎么来的？"朱德问。

康克清答："坐担架来的。"

他知道，陈毅在高兴圩的战斗中负了伤。他问话的目的，是想早点知道陈毅的伤情怎么样了，如果是骑马来的，说明伤已不重，如果是坐担架来的，就表示还未好。他希望是前者，事实却是后者。他一边往外走一边说：

"我去看看他。"

出了门，拐过几个弯，就来到自己住的小院里。朱德看到一副担架放在地上，躺在上面的是陈毅。他急步走到担架前，蹲下身子问：

"仲弘，你的伤好点了吗？"

陈毅欠了欠身子，朱德伸手按住他，但他还是吃力地坐了起来，那忧郁的目光里，似乎有很多话要说。

朱德挨着陈毅坐在担架的旁边，问：

"伤在什么地方？"

"腿上，连路也走不成了。"陈毅指指被子下的腿部。

"那你就该好好养伤，怎么又出来了？"朱德温和地说，语调里流溢出规劝。

"憋得慌哟！"陈毅焦急地说。

朱德看着陈毅苍白虚弱的面孔，心里一阵阵颤抖。他熟悉这位老战友，更理解他的心情。在南昌起义军南下的路上，他第一次见到陈毅。

这位中央军校的书记，带领一些学生从武汉赶到江西，追上了起义部队，在一个团里当党代表。潮汕失败后，余部转战于粤、赣、湘边界，敌军尾追，土匪袭扰，起义军思想混乱，处境艰难。严峻的时刻里，朱德集合人员高喊：

"愿革命的跟我来！"

陈毅第一个响应。从此，他协助朱德带领部队，发动湘南暴动，上井冈山，转战赣南、闽西，可是现在该怎样向这位战友说呢？

陈毅似乎没有想这么多，他急于想知道眼前怎么办，但当他看到朱德也是愁容满面时，便改变了语调：

"总司令，这样下去怎么办呢？"

朱德感慨地长叹了一口气。对于形势的严峻，他比陈毅更清楚。刚才，他还在作战地图上看到，中央苏区日益缩小，仅有瑞金、会昌、零都、兴国、宁都、石城、宁化、长汀等县狭小的地区。想到这里，他摇摇头：

"没有办法了。"

这沉重的口气，是沉重心情的映现。陈毅非常理解朱德，他们一起经过了多少险恶的处境啊，还从来没有听到朱德说过这样的话啊！不过，他又觉得朱德说的是事实，第五次反"围剿"持续了一年之久，尽管红军广大指战员英勇奋战，给敌人以重大杀伤，苏区人民积极参军参战，竭尽全力，但还是难以站住脚。一想到这些，他就非常气愤：

"都是他们搞的！"

警卫员端来一碗水，康克清接过来递给陈毅：

"你喝口水吧！"

陈毅接过碗，一扬脖子，咕嘟咕嘟都喝了下去，抹抹嘴唇，把碗递还给康克清。在这一霎时间，他又想到了自己的妻子。她是一个温柔的姑娘，名叫萧菊英，婚后对陈毅十分好，可惜在打 AB 团时死去了。她虽然不是直接被杀害，而是由于为陈毅担心而跳了井，实际上仍是这次运动的牺牲品。如果她活着该多好啊！

康克清是很尊敬陈毅的，这不仅仅因为陈毅率领部队把她和万安的 80 个游击队员带上了井冈山，更主要的是她从实际中看到了陈毅的正直磊落，有什么就说，毫不隐瞒。

对于陈毅所说的"他们"，朱德当然明白其所指，那是对李德、博古等人不满的发泄。彭德怀、刘伯承、聂荣臻等人都提出了这样的问题。刘伯承直接指责李德指挥不力，彭德怀则骂他"崽卖爷田不心痛"。他又何尝没有看法呢？从第五次反"围剿"一开始，他就提出避开敌人的锋芒，转到敌人侧后，选择有利时机作战，粉碎敌人"围剿"，后来又多次提出转移到外线作战。但博古和李德半点也听不进去，使他这个中央军委主席、红军总司令也无能为力。可是，即使对着陈毅这样熟悉的战友，他也不能把心里的苦衷全倒出来，特别是涉及上边的。这就是他为什么在和陈毅交谈时总是吞吞吐吐，欲言又止。

"我看红军要想不被消灭，只有突围转移。"陈毅的话毫不拐弯抹角。

朱德沉思一会，说："看来突围已势在必行，可是中央迟迟作不出决定，也不知博古和李德是怎么想的。"

"突围转移是必然的。"陈毅蛮有把握地说。他抚摸了一会儿自己受伤的腿，又说，"总司令，我请求和主力红军一块儿突围。"

朱德看着陈毅痛苦而忧虑的面色和目光，说：

"可是你的伤……"

"我的伤很快会好的，我还要继续指挥红军。请求转移时不要把我留下来！"陈毅的话近于哀求。

朱德的心头"咯噔"一下，心里猛然升起一种不祥的预兆，陈毅难道已经知道什么了吗？不然他为什么单单提出这个问题呢？我可真的没有听到什么呀！他对陈毅说：

"仲弘，你的请求我无法答应，我可以转告他们，并表示我个人赞同你的意见。你现在的任务是安心养伤，争取尽快恢复健康。"

陈毅点点头。

康克清的心里却感到很憋闷，一个堂堂正正的红军总司令，竟然无权决定问题，回答不了一个军区司令员的要求，多么不正常的现象啊！

送走陈毅的担架，朱德站在门口，望着远处连绵起伏的山峰，心情异常沉重。他甚至想找个没有人的地方大哭一场，但没有这个机会。

康克清默默站在他身边，一句话也不说。她知道，对于朱德这样的人，任何劝慰都是多余的，他知道应该怎样做，什么都压不倒他的。

第 14 章

她怀着沉重的心情离开苏区，
好长时间后才遇到自己的丈夫

就要转移离开中央苏区了，康克清的心里总不是滋味。要到哪里去？她说不清楚。什么时候能回来？她更不知道。

对此，她是早有预感的。第五次反"围剿"打了一年，打得那么艰苦。特别是入秋以来，一批批伤员从前方下来，带回的都不是令人高兴的消息，而是根据地在缩小，敌人正在进攻。每次和朱德谈起这些，她都要问：

"情况怎么样？"

朱德的脸色总是很忧郁。对妻子的问话，有时沉默不语，有时则摇摇头。

朱德有他自己的苦衷啊！作为红军的总司令，他要向部队发布命令，下达指示；而作为共产党员，他又必须服从中央的决定，按"御敌于国门之外"的错误方针指挥打仗。眼看着根据地一块一块丢失，部队伤亡一天比一天大，他的心如同刀绞一般。可是这些，又怎么能对自己的妻子说呢？

尽管他不说，康克清也猜到了一些。她看到部队从前方撤到了瑞金的周围，各部队的负责人都被召到瑞金城里开会。他们来的时候，是满身烟尘，劳累不堪；走的时候，脸色阴沉，脚步沉重。特别是毛泽东和贺子珍也回来了，这一切都是一种不好的征兆啊！

这天，康克清看到新出版的《新中华报》上登了一篇洛甫的文章，文章中说，为了保卫苏维埃，粉碎蒋介石的第五次"围剿"，"我们不得不放弃某些苏区县和城市。……在某些地方，由于敌人层层包围，碉堡林立，（我们必须）冲破封锁线，迁移苏区，保存红军主力的有生力量"。直到这时，朱德才对康克清说：

"部队将做大的战略转移，你要做好准备。"

"转移到哪里去？"康克清问。

朱德考虑了一会，还是没有说。

对于这个问题，人们已经议论纷纷。有人猜测将去湖南，有人猜测要去江西的另一个地区，有人认为可能去贵州，也有人认为可能去云南或四川，……人们以为康克清和总司令生活在一起，肯定会知道的，就拐弯抹角地向她打听，她只能苦笑着摇摇头。她确确实实是无可奉告啊！

此时，各机关已搬出瑞金城。康克清随着总部机关来到了城北的一座小山上。

秋风阵阵，秋雨绵绵，挟着凉意，吹得人身上和心里冷飕飕的。一片片黄叶纷纷飘落下来，使人倍感惆怅。已经做好了出发准备的康克清，站在花凋草黄的小山坡上，望着敌人的飞机在瑞金城上空低飞盘旋。不少群众和区、乡苏维埃政府的干部以及战士家属，纷纷前来打听消息，寻问战况，那些目光里充满着信任、担心和希望。

以往，这里很清静，由于总部和各机关都搬到这里，顿时热闹起来。康克清沿山间、山坡的路走着，随时都能听到议论的声音。

"出发的时间快到了吧？"

"你走吗？"

"我不知道。"

……

各种各样的语气、声调，溢出心中复杂的感情波澜。

前边一间屋子是用作招待所的。康克清知道，那里已经集中了一些女同志，邓颖超、蔡畅、贺子珍、李伯钊等人都在，还有刘群仙、钟月林、刘彩香等女战士，她们每天要接受军事训练，还要学习救护、包扎、打针、抬担架等，这是为了上前线，随时能为打仗做工作啊！她们是新成立的干部休养连。

康克清感到很幸运。自己的身体好，又没有别的女同志那样的拖累，所以没有被编到那个连队去。不是吗？邓颖超同志的身体有病，贺子珍同志正怀孕……她想去看看她所尊敬的大姐姐们，可又感到在这样揪心的离情别绪时，见了面也不好说什么，就打消了这个念头。

突然，康克清的目光明亮了，不远处走来一群人，马蹄扬起滚滚烟尘。到近处她才看清，走在前面的是朱德和周恩来，后面是毛泽东和其他一些领导人。他们穿着灰色的单军衣，头戴一顶斗笠，腰间的皮带上插着短枪。

来到跟前，他们小声说一会儿什么，就分散而去。毛泽东、周恩来向休养连的大房子走去，朱德朝康克清走过来。

康克清迎过去，朱德轻声问：

"都准备好了吗？"

"准备好了。"康克清说。

康克清说的是事实，她已经接到命令，有任务，要轻装，必须带的东西要装箱或捆扎好，不需要带的就地处理，或请老百姓帮助收藏或干脆送给老百姓，就连司令部作战室里的地图也装进了箱子。

朱德点点头。

康克清问："什么时候走？"

"夜里就出发。"朱德说。

他们并肩朝山坡上走去。潮湿的山路上，被打湿的树叶，恋恋不舍地贴在路面上。天气，已经很冷了。

傍晚时分，朱德和康克清正在屋里坐着，两个人都不愿说话，他们的心情都很沉重。

"报告！"门外传来一个声音。

康克清起身走到门口一看，是特务队的一位战士，由于刚才走得太急，还呼呼地喘着粗气。

"有什么事吗？"康克清让战士进到屋里，轻声问道。

这位战士抹了一把额头上的汗水，说："潘队长让我来向康指导员报告，杨队长找不到了。"

潘队长指的是潘开文，司令部特务队的队长，杨队长是指杨世坤，特务队原来的队长，不久前潘开文接替了他的工作，他正在等待分配。

康克清一听就着急了。特务队实际上是中央革命军事委员会的警卫队，负责首长的贴身警卫，杨世坤在特务队工作了一年多，现在这个时候却失踪了，将会产生难以设想的后果啊！她连忙问：

"多长时间了？"

"一天一夜了。"战士说。

这可是十分严重啊！康克清说：

"走，我去看看！"

坐在一旁的朱德虽然深知这件事的分量，可他又怕插手这件事会影响康克清的情绪和决心，他想让妻子单独去处理。看到康克清要出去，才平静地说：

"要冷静，先把情况弄清楚。"

康克清答应着往特务队走去，心里在想：

"必须找到他！"

到了特务队，潘开文就迎上前来，康克清劈头就问：

"怎么回事？"

"他是昨天晚上出去的，没有请假，只对一个战士说有事出去，直到现在未回来。"潘开文说。

"为什么不早报告？"康克清的话里带着质问的语气。

潘开文自责地回答说："光忙着做准备了，没发现，我有责任。"

康克清无意去追查潘开文的责任，又问：

"他的东西呢？"

康克清来到杨世坤的床前，细细检查了衣物，发现杨世坤随时换洗的衣物全不见了，还有两支驳壳枪和几个子弹梭子也已带走。

这显然是有计划的携枪逃跑。每梭子弹 20 发呀！康克清在心里说，更加感到了问题的严重性。

潘开文先跟着老总出发，另外有个特务队员和我一起留下。康克清向潘开文做了吩咐。

李克农听到报告赶来了。他是保卫局的部长，特务队直接属于他领导。他听了康克清的报告，马上召集人员进行研究，分析杨世坤有可能到哪里去。一些人提供线索，说出了自己的看法。

有个人说："杨世坤同一个富农的媳妇相好，我估计，如果不在那里，那媳妇也可能知道他的下落。"

这线索引起了大家的重视，认为完全有这个可能。李克农立即调来保卫队，亲自和康克清一起，连夜找到了那个富农媳妇。

那女人看到这么多红军黑夜里来找她，开始时神色惊慌，但很快就冷静下来。

李克农问："杨世坤到这里来了没有？"

"没有。"女人说。

"他什么时候到你这里来的？"

女人摇摇头："我不认识什么杨世坤朱世坤。"

康克清一直没说话，仔细观察面前的富农媳妇。这女人中等个头，瘦削身材，面庞白皙，椭圆形的脸上透出一抹红晕。哼，她长得是很漂亮啊，怪不得杨世坤会看上她。

"你和他来往多久了？"李克农问。

女人答："我没和他来往过。"

她推得倒干净！康克清想，这是做贼心虚，越这样越说明她心中有鬼。要让她讲出实话来。

康克清走到她跟前，语调严厉地说：

"你同杨世坤来往不止一天，现在好话不听，当面撒谎。你不老实，我们只好把你带走了，等你什么时候说实话，什么时候再放你回来。"

那女人身子猛地一抖。她知道，她是属于敌对阶级的，一些地主、富农就死在红军和赤卫队的刀枪之下，如果她不说，也可能落得那样的下场。再说，要是把她带走，也就失去了和杨世坤的联系。她发了慌，说："别，别，别这样……"

李克农大声说："那你就少啰唆，快讲实话，你把杨世坤藏在什么地方了？"

女人哭了，说："他躲在山上的亭子里。"

"多长时间了？"康克清问。

"一天了，我给他送的吃喝。"女人答。

康克清问："他为什么躲在那里？"

"他说红军就要走了，他不愿走。想等红军一走，他就带我到白区去。你们千万别打死他啊！"女人嗫嚅着说。

"那你为什么不早说？"康克清问。

女人说："他说我要泄露出去，就把我打死。"

看着把情况弄清楚了，李克农说：

"保卫队，把山包围起来！天亮后搜索。"

康克清对那女人说："走吧，给我们带路！"

"我不去！"女人拧着身子，语气是坚决的。

"把她带上！"李克农命令道。

两个保卫队员走上前，把富农媳妇带到了山下。

等到天色微明时，康克清和李克农及保卫队的人已接近了亭子。

在一块石头下隐蔽好后，康克清用低沉而严厉的声音对那女人说："你喊杨世坤，让他出来！"

"不，我不喊！"女人脸色苍白，颤抖着说。

"你不喊，我们就开枪了！"康克清说。

女人忙说："你们不要开枪，不要打死他！"

康克清火了，一把推开女人，向着亭子的方向大声喊道：

"杨世坤！我们已经知道你藏在亭子里，赶快出来！"

回答康克清的，是"乓"的一声枪响。这一枪是朝着康克清打过来的，但没有打中，却把一个保卫队员打伤了。

这说明杨世坤确实躲在这里。李克农让队员隐蔽起来，亲自喊话说："杨世坤，你要老老实实出来，只要你认罪，我们可以从轻处理。"

回答李克农的，仍然是枪声。

"既然喊话没有用，那就攻上去！"李克农向保卫队的人做了个冲锋的手势。

看着保卫队发起攻击，杨世坤居高临下，利用亭柱作掩护，又打伤了两个保卫队的人。

这时，一个保卫队员用树枝顶着帽子，引诱杨世坤开枪，其他人瞅着机会开枪。

保卫队从四面包围冲进亭子里时，发现杨世坤已自杀身亡。

在往回走的路上，康克清的心情很沉重。是啊，在革命困难的关头，也会有个别不坚定的分子，或者被金钱所利诱，或者为女色所迷惑，干出了违背他初衷的事，这是不难理解的。可作为领导人，应该负什么样的责任呢？她对走在身边的李克农说：

"今天发生这样的情况，说明他这样的问题并非一朝一夕。杨世坤在特务队一年多，我虽然发现他近来表现不好，经过组织手续免了他的职，却未能防止这次事件的发生，我负有严重责任。幸而处理得及时，没有造成更严重的后果！"

李克农立即说："也不能全怪你。特务队调人都是经过保卫局调查挑选的。出了这件事，也怪我们对他审查不严，用人不当，让他当上特务队长。如果我们把好关，就不会发生这类事情。要说责任，首先还在我们。"

回到住处，康克清向朱德说起此事。朱德很赞赏康克清的严格要求和勇于自责的精神，他感慨地说：

"这是一个值得记取的沉痛教训啊！"

深秋的冷风，挟着绵绵冷雨，扑打在红军战士的身上。他们踏着泥泞的路面，急速地前进，发出窸窸窣窣的响声。

康克清走在红军的队列里，不时鼓动着：

"加快速度，同志们！"

渐渐地，雨变小了，最后完全停了，山峦笼罩在蒙蒙的雾霭里。康克清跨出队列，回头向后望了一望，近处是红军行列，远方天地相连，一片阴沉灰暗。已经离开根据地多日了。

那是一个黎明时分，她和总部、机关和部队一起，开始走上这后来被称为万里长征的路。当时，天上挂着一弯残月，地面铺了一层薄薄的霜，偶尔飞过一行行大雁，那嘎嘎咕咕的叫声，更增添了凄凉的气氛。这景象，她记得分外清楚。多年后，她读到毛泽东写的"西风烈，长空雁叫霜晨月"的诗句时，眼前就会浮现出当年的这种情景。

但这时的康克清，既不知道毛泽东的诗词，也无暇多想。她的心中只有一个念头：现在已经冲破了敌人三道封锁线，前面还有一道封锁线，突过去就会安全一些。可是，雨后的道路更加难走，许多人新打的草鞋也坏了，不少人索性打着赤脚。她走在一个年少体弱的战士身边，关切地问道：

"能坚持住吗？"

"能！指导员！"那个战士喘着粗气说，脚踏在泥泞里，发出扑哧扑哧的声音。

康克清看到，这个战士的腿在打战，额头上的汗水流到了脖子上，身上的衣服也是湿的。她伸手把战士的背包拿过来，说：

"让我背着吧！"

"不！我能走得动！"战士想夺回去。

"快走吧！我们要加快速度，你过一会儿再背。"康克清说。

战士没再说什么。康克清大声说：

"同志们，加油呀，冲过敌人最后一道封锁线！"

在这鼓动声中，行军的速度果然加快了。

望着这长长的十分疲惫的行列，康克清又想到朱德。

是啊，她是个指导员，处处关心着战士们，但她又是一个妻子，时时惦念着丈夫。朱德现在哪里呢？是像这样急速的行军，还是在哪个地方指挥？是和周恩来等人一起商量事情，还是一个人对着地图出神？好多天了，她一直没有和朱德见面，她在为丈夫担心啊！

突然，有枪声传过来，先是隐隐约约的，随着部队的前进，越来越清楚，人们顿时警觉起来。

"到湘江了。"有人说。

康克清抬头看看，侧耳辨听，枪声越来越激烈。这时的康克清还不知道，蒋介石调集了近40万大军，凭借湘江这道天然屏障，精心部署了最后一道防线，企图前后夹击，把红军主力消灭在这一袋形地域里。红三军团和红一军团正在彭德怀、林彪的指挥下，与敌人展开血战，掩护中央和总部机关过湘江。凭着经验，她知道仗打得很激烈。

队伍很快来到湘江边上。在一个狭窄的渡口上，挤满了人。还离老远，康克清就看到周恩来站在浮桥边上。他一会儿看过桥的部队，一会儿向远处眺望，一会儿和身边的人小声说话。

走到跟前，康克清看到周恩来那张本来英俊的脸变得更瘦了，眼睛周围布满了暗影，双唇皱裂，前额微蹙，只有那一双炯炯的眼睛，仍旧和以往一样有神。他太累了！康克清心想。

周恩来也看到了康克清。他看到这位女战士一身灰布军装，绑腿打得很高，紧紧扎在腰间的皮带上，插着一支小小的手枪。背上是军毯打成的背包，两层竹篾夹一层油纸的斗笠，遮盖在背包上面，走起路来步伐有力。真是英姿飒爽的女红军啊！

"康克清同志，你们的人都过来了吗？"周恩来向康克清招招手，大声问道。

"都过来了，周副主席 。"康克清回答，"我是走在后面，负责收容的。"

周恩来说："那好，你们赶快过江吧。"

其他人踏上了浮桥，康克清却站着没动，她想说点什么，问点什么。

周恩来向身边的人交代了几句话，一转脸看到康克清还没走，就说："总司令已经过去，临时司令部设在界首，你们也赶快去那里。"

"邓大姐她们过去了吗？"康克清听说朱德过去了，又问其他人。

周恩来微微一笑："她和休养连也过去了。"

康克清放心了，正想迈步上桥，忽然传来一个声音：

"注意空袭！注意隐蔽！"

"快卧倒！"周恩来厉声对康克清说，而他自己则站着没动。

警卫员跑过来，把周恩来推到一个陡崖下，然后把康克清也拉到那里。

第一架飞机向渡口俯冲过来，第二架飞机又俯冲过来，炸弹落到地上，炸起黑色烟尘，响起沉雷般的炸裂声，带着火药味的热浪，向四处扩散。

"周副主席，你也快过江吧！"康克清劝说道。

周恩来很感激。就是刚才，就是在这个地方，朱德也向他说过同样的话。朱德认为，这里可以留别人来指挥渡江，因此对周恩来说："我们一起过不好吗？"

但他没有同意，紧紧握住朱德的手说："你应该迅即赶到界首去，组织指挥各军团全力堵截敌军，以保证渡口的安全，掩护中央纵队渡江。"

"不行啊！"周恩来望着来路，心情沉重地对康克清说，"毛泽东同志还在后边，我要等等他们，随中央纵队一起过江。"

看到康克清还想说什么，周恩来又说："你快过江，到界首去，告诉总司令，赶快把临时指挥部设置起来，在这样的时候，指挥绝对不能中断！"

康克清领会了周恩来的意思，是让她赶快离开这个危险的地方，至于设置临时指挥部，朱德会想到，说不定早已经设置起来，开始了指挥工作。她一步跨上浮桥，又说了一句："周副主席，请你也注意安全呀！"

到了江的对岸，康克清转身再看，见周恩来仍屹立在江边，指挥人员过江。她迈开大步，向界首方向奔去。

界首是个很小的村子，红军临时总司令部设在村中的一间屋子里。康克清走进来时，见朱德正和身边的人员说着什么，她悄悄地站在一旁，唯恐打扰了丈夫的工作。朱德也看到了妻子，他只点点头，送来一个微笑。这是什么样的微笑啊！是发自内心的欢迎？是别后相逢的喜悦？还是二者兼而有之？康克清也说不清楚。但她的心里，感受到了温暖，感受到了力量，感受到了信心。

朱德向身边的人交代完事情后，才走过来和康克清说话：

"其他人也过来了吗？"

康克清点点头，紧接着转达了周恩来的话：

"过江时，我在渡口看到了周副主席，他让我告诉你，赶快把临时指挥部设置起来，说指挥不能中断。"

"他怎么还不过江呀？"朱德着急地说，"那里太危险了！"

"我也劝他早点过江，可他一定要等待毛主席等首长。"

朱德没有再说什么，端过来一搪瓷缸子温开水和一块热红薯，深情地说：

"先喝点水，吃点东西吧！"

康克清的心头涌起热浪。她知道，朱德是个农民的儿子，这么多年来一直保持着本色，以此表达了自己淳朴的感情。眼前的一缸子开水、一块红薯，就寄托着全部的心意。她接过开水，咕嘟咕嘟喝了下去，但没有吃红薯，她想这可能就是他的口粮呀！

朱德看出了妻子的心情，说："把红薯也吃了吧，我已经吃过了。"

"我不饿。"康克清理解丈夫的心意，以此推辞，还有一句话没有说出来，那就是"留着你夜间吃吧，这个时候可是没啥东西可吃的。"

"你这个康克清，怎么骗起我来了？走这么远的路，能不饿吗？"朱德笑着说。

康克清不好意思地笑了，咬了一口红薯，真甜！

"参谋同志！"朱德说，"你去报告周副主席，前线形势十分严峻！一军团非常吃紧，米花山防线已被突破，美女梳头岭防线受到严重威胁，有被敌人利用夜间包围的可能。请他赶快来主持司令部的工作。"

参谋飞步而去，消失在茫茫暮色里。

康克清也告别朱德，说："我到外边去看看！"

"好！告诉同志们，鼓起士气，克服眼前的困难就是胜利！"

朱德说着伸出手。康克清也伸出手。两双手紧紧握在一起，两双目光深情相对，多少话语，多少嘱咐，都在不言之中。

渡过湘江，红军的处境仍然十分艰难。过江时的损失很惨重，出发时的10万多人，减到3万多人。整个八军团被打散了。红军总部本打算稍微休整一下，然后向湘西前进，以便与二、六军团会合，可是桂军夏威部将红军紧紧缠住，后边有敌军追来，红军不得不攀山越岭，向广西方向前进。

山路崎岖，坡陡路滑，天空阴沉沉的。路上，朱德遇到了康克清，两个人并肩走着，这是少有的时候。康克清有很多话想向朱德说，但又不知从何说起。

"要注意部队的情绪，多给他们鼓劲，树立信心。"朱德深情地嘱咐妻子。

"嗯。"康克清答应着，然后问道，"咱们要到什么地方去？"

朱德回头看看，又向前看看，使劲摇了摇头。是啊，往后看血路斑斑，往前看云路茫茫，何处才是立足之地？他也说不清楚。

"我有时同一军团司令部走在一起，"康克清看到朱德摇头，估计到丈夫可能不便于说，就主动转变了话题，"看到林彪常是躺在担架上睡觉，休息时也不理人，有时一个人坐在一边打盹，他和下属、士兵好像格格不入似的。"

朱德看了看康克清，说："你不要去管他那些闲事！"

康克清很惊奇，朱德怎么这样看待林彪呀！几十年之后，她才理解朱德的看法是多么深刻。

"好了，我要到前边去了，你自己多加注意！"朱德关切地说。

"你也要注意身体。"康克清嘱咐道。

看着朱德走远了，康克清停在路边，看着人们从面前走过。

红军总部的后边，是中央机关，有担架，有马匹，还有各种笨重的物资，走得很缓慢，怪不得彭德怀说过"带这么多东西，像打仗吗？"

远远地走过来几个人，康克清认出那是毛泽东、洛甫和王稼祥。他们的身后，有担架，有警卫员、医生，还有几匹马。毛泽东的头发很长，身上穿着和战士一样的军装，人显得很瘦。他没有骑马，也没有坐担架，而是和洛甫一起徒步行走和交谈。王稼祥躺在担架上。他是前一年春天在一座古庙里开会，遭敌机空袭负伤的，伤势很重，一直没有好。可能是看到毛泽东和洛甫两人边走边说，也许看到抬担架的人太累，挣扎着要下来走走。

"这怎么行呢，你还是躺在担架上吧。"洛甫劝道。

毛泽东则说："不妨可以试试嘛。"

王稼祥被扶下担架，在地上走了几步，但很吃力，身子不时摇晃，脚步趔趄。毛泽东和洛甫及医生又把他劝上了担架。王稼祥躺在担架上，长叹了一声说：

"命该如此哟！"

毛泽东和洛甫笑了，其他人也笑起来。

康克清也笑了。她听说过，人们把行军时走在一起、宿营时也常在一起的毛泽东、洛甫和王稼祥三人叫作"中央队"，但并不知道他们在一起谈话说笑的内容。其实，说笑只是表面的现象，谈的却都是有关党和红军前途的大问题。

他们的谈话，首先是在毛泽东和王稼祥之间开始的。在蜿蜒崎岖的山路上，在担架上和篝火旁，两个人越来越接近，分析在江西发生的事情，以及长征途中的情况。毛泽东的观点，影响和改变了王稼祥的看法，他明确地说：

"提出召开一个会，把他们轰下去。"

早在苏区时，洛甫和毛泽东就进行过多次谈话，相信毛泽东是正确的。广昌失败后，洛甫严厉批评过博古，说红军的伤亡太大，打步步为营的堡垒战是不明智的。毛泽东、洛甫、王稼祥三人之间的谈话和所进行的活动，导致了后来的遵义会议，被人戏称为"担架上的阴谋。"

对这些内幕，康克清当然不了解，但此时此地，不论是对毛泽东，还是洛甫、王稼祥，她都是非常尊敬的。

毛泽东看到了康克清，首先说："康克清同志，你怎么在这里呀？"

"毛主席！"康克清说，"我是收容队的。"

"哈！收容队的，收容到我们这里来了！"毛泽东幽默地说。

康克清微微一笑："贺子珍大姐好吗？"

毛泽东说："好几天没看到她了，这个时候怀娃娃，不是时候呀，吃苦咯！"

康克清问候过洛甫后，走到王稼祥的担架边，问道："王主任，你的伤好些了吗？"

"是好些了，可还是走不成路。"王稼祥答。

"总司令在什么地方？"毛泽东问。

康克清答："在前边，刚刚过去。"

"他也难哪！"毛泽东看看前边，对康克清说，"请你转告总司令，他要保重啊！"

"谢谢主席！"康克清说。

从后边远远的地方，传来了几声枪响。

康克清招呼担架队停下来，让毛泽东等人先过。

毛泽东说："你们快走吧，我们跟着。"

"不！"康克清说，"还是请首长快走吧！"

"怕啥子哟！敌人不会那么快就追上来，后面还有红军。你着急，你们就先走嘛！"毛泽东镇定地说。

忽然，前面又传来枪声，子弹从头上飞过，发出嗖嗖的呼啸声。几乎在这同时，尖兵跑来报告，发现前面不远的山头上有敌人。

"怎么回事？谁在这里指挥？"躺在担架上的王稼祥猛地坐起身，大声问道。

康克清走上前说："我在这里负责，你放心！"

"没啥子可怕的，要沉着镇定。"毛泽东从旁说。

康克清立即做了布置。她让担架队退到安全的地方去，派人通知中央机关停止前进，便亲自带着一个步兵班来到了前面。

在一个稍为隐蔽的地方，康克清仔细观察了那个山头，看到山上有敌人，正往山下冲来。她立即带人占据山边的几个坟包，用火力阻击敌人，然后派人告诉前边的司令部机关，请他们从左边进攻敌人。

这时，特务排的两个班上来了，康克清命令说：

"你们从左边迂回进攻，要给敌人造成威胁，又要减少自己的伤亡。司令部会从左边攻击，千万不要发生误会。要注意，敌人若是逃跑，你们就立即回来，不要去追，我们的目的是解除中央机关的危险。"

特务排的人奉命而去，康克清又对身边的人说：

"中央领导同志就在我们身后，我们必须顶住，拼上性命也不能让敌人过来！"

敌人发起了进攻，密集的子弹打过来。就在这时，左边山上响起枪声，那是特务排的两个班打的。接着，司令部的人也赶到了。

敌人不明白怎么回事，在半山坡上停下了，看到红军战士压过来，惊慌地往回跑。有人立即跳起来，想去追赶敌人。康克清制止住大家，说：

"我们的任务是保卫中央机关和担架队的绝对安全，主要不是消灭敌人。"

敌人逃走了。毛泽东、洛甫、王稼祥等及担架队从隐蔽处走了出来，两个特务班也高高兴兴地撤回来了，举着敌人丢掉的两支枪，大声说：

"指导员，把敌人打跑了！"

"指导员，是你指挥得好啊！"有人说。

"是大家打得好！"康克清回答。

王稼祥握住康克清的手，说："谢谢你，真想不到你能这么沉着地指挥！"

"喝！不愧是总司令的夫人！"洛甫赞扬道。

毛泽东上下打量着康克清，微笑着说：

"怪不得大家叫你女司令哩！"

康克清不好意思，脸上泛起一抹红晕，说：

"首长们，快走吧！"

"好啊！跟着咱们的女司令走是安全的。"毛泽东开玩笑地说。

一阵哄然大笑，感染着周围的人。大家沿着山间小路，继续向前行进。

第 15 章
走上颤抖的浮桥，
丈夫伸手扶着妻子

夜已经很深了，康克清还没有入睡，她在等着朱德。

周围一片寂静，古城遵义在寂静中进入了梦乡。这是贵州省的第二大城市，因为它南通贵阳，北通重庆，所以成为交通要道，是商业繁荣的地方。城区有新城和旧城之分，新城是商业区，旧城是住宅区。1 月 7 日，红军占领了遵义城，两天后，中央和军委机关进入城内，红军总司令部住在老城的枇杷桥，康克清跟随朱德住在这里。

这幢灰砖砌成的两层楼，原是国民党二十五军第二师师长柏辉章的公馆。它面对红花岗，背靠湘江河，算是很气派的。就着灯光，康克清看着房间里洁白的墙壁，镌刻着各种花纹的木质窗棂，又想到刚住进来时的零乱景象。房间里到处是纸屑和破碎的物品，杂乱无章，可见它的主人逃跑时是多么惊慌和狼狈。不管怎么说，这是离开根据地以后最好的住处了。

康克清已经很累了。自从进驻遵义城之后，她就接受了筹粮、筹款和扩大红军的任务。每天，早早起来，到群众中去，宣传中国共产党和红军的政策，没收官僚资本家的财产，动员青壮年参加红军。此处是新区，群众不了解红军是干什么的，因此，不论筹粮、筹款和扩大红军，都非常困难，晚上回来后，就感到浑身疲劳，腰酸腿痛。

今日白天，她又抽空到总政治部那边去了一会儿，看望蔡畅、李伯钊、阿金、刘英、刘群仙等女同志，她们都是随总政机关行动的，宿营时也住在那里。这是一个天主教堂，她和一些从苏区走出来的女红军在这里欢聚一堂，谈笑风生。蔡畅、李伯钊等人都在外国学习过，交谈中总说到国外的生活、学习，到过的名胜古迹，见过的风土人情，吃过的美味佳肴，说着未来的光明前景。大家说，这叫"精神会餐"，可以解除白天的疲劳。

参加"精神会餐"的时候，说说笑笑，确实是一种难得的享受，可晚上回到住处，仍然是劳累不堪。不过她仍是不想睡，想等着朱德回来。

此时，朱德离她并不远，就在东厢房里。她去布置过那间厢房。20平方米左右的面积，中间放一张板栗色的香柏木长桌，周围摆着木边藤心靠背椅，屋顶正中吊着一盏煤油灯，左墙上有一架挂钟。康克清之所以没有睡，还不仅仅是因为朱德，更多地还是因为那里正举行政治局的扩大会议，那是一次极为重要的会议啊！

的确，康克清关注的会议正在进行。与会的毛泽东、朱德、周恩来、博古、洛甫、陈云、王稼祥、刘少奇、凯丰、邓发、刘伯承、李富春、林彪、聂荣臻、彭德怀、杨尚昆、李卓然、邓小平、李德、伍修权等人，在煤油灯光的照耀下，热烈讨论博古的主报告和周恩来的副报告。毛泽东首先发言，指出博古的报告是基本上不正确的，第五次反"围剿"失败的根本原因，是制定战略战术上犯了"左"倾的错误。

朱德在几个人发言后也发了言，主要是批判错误的军事领导，并且拥护毛泽东出来指挥红军。是啊，对于李德、博古等人的错误，他是很有意见的。他们不仅剥夺了毛泽东的军事指挥权，就连他这个红军总司令和总政委周恩来的领导权，实际上也被剥夺，成了纯粹执行他们一套的具体指挥者。

1月的遵义，天气还是很冷的，冷雨冷风，时时刺透红军战士单薄的衣服。白天到处奔走还好一些，到了夜间更甚。室内虽然生了一盆木炭火，也难以完全驱除严寒的袭击。康克清站起身走了几步，想使劲跺跺脚，但抬起一只脚，却又轻轻放下了。她怕弄出声音，打破这夜的宁静，影响正在进行的会议。

不知到了什么时候，杂沓的脚步声下楼而去，一个熟悉的脚步朝卧室走来，散会了，他回来了！康克清一阵高兴，急忙去开门。

打开房门，走进来的果然是朱德。他虽然面带倦容，但却透出笑意，可见他是高兴的。他进门就说："你怎么还没有休息呀？"

康克清不免有点奇怪，多长时间了，他还没有这样喜悦过哩！今天是怎么回事，想必会议开得很好！

"会开完了吗？"康克清问。

"还没有呢！"朱德说，"不过大势已定了！"

他们坐到炭火旁，康克清捡起一块木炭放进火盆里，顿时响起一阵轻微的噼啪声。随之，火焰变大变旺。

朱德伸出双手在火旁烘烤一下，两眼盯住燃烧的火焰，含笑的眼睛在出神。他在想些什么呢？是过去的经验教训，是红军面临的处境，还是这次会议的本身？ 26 年之后，他写诗说：

> 群龙得首自腾翔，
> 路线精通走一行。
> 左右偏差能纠正，
> 天空无限任飞扬。

这些发自心头的诗句，是否从这个夜晚就开始构思了呢？

看着丈夫高兴，康克清的心里也无形中充满了喜悦。第五次反"围剿"后，特别是离开苏区以来，她和朱德总是分别的时候多，相聚的时候少。每次相聚，朱德虽然沉着镇定，但深知丈夫内心世界的康克清，从脸色的郁悒看到了一颗忧虑重重的心。前线战事的不顺利，党内意见的不一致，使得他感到举步艰难。这次政治局扩大会议开始时，他还没有把握，不知会是什么样的结果，此时，他又在想些什么呀？

"现在好了！"朱德看着康克清说，语调是兴奋的。

"是吗？"康克清的一双眼睛，在炭火的映照下，闪烁着喜悦的光彩。

朱德拿起铁棍，拨了拨盆中的木炭，火光更亮了。他放下铁棍，轻轻拍了拍手上的灰尘说：

"是呀！毛泽东同志又有了发言权，又可以参与指挥军队了。"

"太好了！"康克清的声音提高了，可转念一想，又压低了声音问，"那李德和博古呢？"

"事实证明，他们指挥不了。"朱德说，"要不是他们用死打硬拼的打法，第五次反'围剿'还不会损失那么大呢！"

不管怎么说，康克清是高兴的。如果说刚见到朱德时的高兴是从脸色上看出来的话，那么这时的高兴则是以事实为根据的。从上井冈山以后，她就亲眼看到了毛泽东和朱德一起指挥红军打过的胜仗，实践使她体会到，毛泽东离不开朱德，朱德也离不开毛泽东，尽管在有些问题上产生过分歧和争论，但他们之间的合作，发展壮大了红军。一旦他们分开，红军受到的损失就更大。

"当初为什么让毛主席离开部队呢？"康克清一直对此不解，此时又问朱德。

朱德沉思一会，说："这件事情很复杂，我也说不清，更不能给你说。"

康克清见朱德不愿说，也就不再问了，转而说：

"今后该不会有什么问题了吧？"

"也难说。"朱德说，"现在仍然很困难，后有追兵，前有堵截，我们还得准备吃苦呀！"

康克清点点头，若有所思。

火盆中的木炭在燃烧，红彤彤的光焰照射着这对夫妻，把他们的形象剪影在墙壁上。

遵义会议之后，红军确实又恢复了生龙活虎之态，再不像刚离开苏区时那样仓皇奔走，人心不稳了。行军路上，康克清看到毛泽东、周恩来、朱德等不时地谈论一些什么。刚刚回到政治局的毛泽东，虽然身体仍然很消瘦，但精神好多了，也不再忧心忡忡。快到土城的时候，他幽默地说：

"土城茅台酒很多，大家可不要呷醉哟！"

人们听后都笑了起来。

进入土城，果然见到商店里摆满一缸缸的茅台酒，还有许多酿制茅台酒的作坊和厂家。有些酒店前门卖酒，后面就是酿酒的作坊。正在传达遵义会议精神的红军指战员们，还愁没法好好庆贺一番呢，这下可好了。

进城之后，后勤供应部门的同志已经和店主、厂家办好手续，抬来了酒。人们纷纷拿出小搪瓷碗、漱口缸，舀出甘醇清香的茅台酒，咕咚咕咚地喝起来，连下酒的菜也不要。有些人还聚拢在一起划起拳来。拳令都是现编的"一定胜利""双枪兵倒大霉"等，像过年一样热闹。

朱德尽管军务繁忙，仍然抽空到战士中间去热闹一番。他举起碗向干部战士祝贺、问候，指战员们也由衷地向自己的总司令敬酒。不过康克清看到，朱德并不贪杯，总是不喝，为了不拂部下的真诚好意，也只是略微抿一点。他肩上的担子重啊！遵义会议后，他仍然负责指挥部队，和周恩来一起，协助毛泽东负责军事指挥工作。

的确，这时候的红军，虽然来到了赤水河边的土城，可是并没有完全脱离险境，摆在面前的形势还是很严重，很险恶。就在红军开进土城，刚刚安顿好时，前面的红一军团就与敌人接上了火。总部正组织部队增援，后边又响起了枪炮声。离土城八九里路的山岭上，敌人拼命向红军阵地攻来，而且援兵源源而至。山头上的敌人越打越多，红军的弹药则越打越少，人员伤亡的数量很大。朱德命令三军团、五军团和干部团，包围迂回歼灭敌人。这样做的目的，是想集中兵力打击川敌主力，消灭它两三个团，然后渡赤水河。战斗打响后，才知道敌人兵力比原来了解到的多得多。敌情发生了变化，尾追的川军一部又咬住不放。在严重的敌情面前，总部决定一军团和三军团迅速回师土城，会同五军团，重创敌人的一部分，解决"后顾之忧"，赢得时间，再定大计。这一仗打好了，可以打乱蒋介石的如意算盘，保证红军渡过赤水河。

在总部的屋子里确定这一作战方针后，朱德对毛泽东、周恩来、王稼祥等人说："打好这一仗，就走活了一盘险棋，我到前线去一趟。"朱德要亲临前线指挥，在场的人目光一齐落到他的身上，眼睛里流露出信任、敬佩和担心。人们相信他的指挥才能，他去了，一定能率领部队实现总部的战略意图。可是，他毕竟是在场的人中年龄最大的一个，已经年过半百，何况第一线又是那么危险啊！大家的心里都很矛盾，看着毛泽东，等着他的决定。

毛泽东没有说话，大口大口地抽烟，抽完一支，又接上一支，既不点头，也不摇头。他也在凝思啊！越是手中握有重权，越是不能轻易下定决心。

朱德也在看着毛泽东，等着他表示态度，可是久久听不到他说话。

朱德知道毛泽东也在为自己的安全担心，就把帽子摘下来，拿在手里说：

"得咯，老伙计，不要光考虑我个人的安全，只要红军胜利，只要遵义会议能开出新天地，区区一个朱德又何足惜？敌人的子弹是打不中朱德的！"

毛泽东看着朱德花白的头发和疲惫的面容，使劲扔掉手中的烟蒂，缓缓站起来，紧紧握住朱德的手，点了点头：

"好！我们举行仪式，欢送你上火线！"

晚上，朱德回到住室，将自己要到前线去的消息告诉了康克清。

康克清半天没说话。她理解朱德的心意，更了解他在艰难危险的关键时刻总是挺身而出，不顾个人安危的品格。作为妻子，她能说什么呢？她支持朱德，当然也有点儿担心，但只能嘱咐他要注意保重身体，注意安全……

果然，总部为朱德亲上火线举行了欢送仪式。上午，久雨初晴，天蓝日丽，空气清新，赤水河的浪涛声阵阵传来。等机关的人赶到土城街上的集合场地，毛泽东、周恩来、张闻天、王稼祥、博古、徐特立、林伯渠等人早已经站在了那里。他们和其他人一样，手中拿着一面三角彩旗，站在200多人的队列的排头。

康克清和朱德走在一起。她很兴奋，昨晚还准备欢送丈夫，今天也成了被欢送的人。早晨，朱德告诉他：

"带上一些人，跟我一起去吧。"

她没有问是谁决定的，是什么时候决定的。既能上前线，又能和丈夫在一起，对她来说，真是两全其美啊！

朱德身着灰棉军衣，戴着灰色红军帽，腰束牛皮带，别一支小手枪，后背上有一顶斗笠。他迈着大步，走得雄壮有力，阳光照着他雄赳赳气昂昂的豪情。

这时，毛泽东立即从欢送队伍的排头走向排尾，一边走一边举着手中的三角旗，领着众人高呼：

"欢送朱总司令上火线！"

"消灭川军，北上抗日！"

"打胜仗创造新苏区！"

洪亮的口号，各色的小旗，更增添了雄壮、热烈的气氛。

朱德快步走近毛泽东，两双手又紧紧地握在了一起。朱德很激动，连声说："不必兴师动众，不必兴师动众。礼重了！礼重了！"

"理应如此，理应如此。大将出征，三军欢呼嘛！祝总司令多打胜仗，多抓俘虏！"

毛泽东说着，拉住朱德的手，走过夹道的队伍，来到周恩来、张闻天、王稼祥等人面前。他们也热情地和朱德握手、祝贺，朱德边和人们握手边说：

"有劳各位，谢谢大家的好意！"

"拿酒来！"毛泽东向旁边招招手。

随着这话，有人端过来几个搪瓷缸子。毛泽东端起一只递给朱德，然后又端起一只，周恩来、张闻天、王稼祥也各端起一只。

毛泽东举起搪瓷缸子，说："茅台酒是闻名世界的酒，用这闻名世界的酒为朱总司令送行，祝总司令打世界闻名的仗！"

朱德端着缸子，半天没说话。

"总司令，喝得吗？"毛泽东问。

"喝得！喝得！"朱德连声说，"'桃花潭水深千尺，不及汪伦送我情'嘛！"

毛泽东哈哈大笑起来："将军原来是诗人呀！"

看着眼前的一切，康克清的心头如春风拂过，多么亲热的场面啊！

这时，毛泽东看着朱德问："康克清不是也去嘛，她在哪里？"

"在那里。"朱德指着康克清站立的地方说。

"来来来！"毛泽东向康克清招手，"我也该敬你一杯！"

康克清的脸顿时红了。

朱德忙说："主席，军情紧急，我该走了。"

毛泽东似乎也觉得朱德应该赶快到前方去，就说：

"好吧，凯旋之日再为你洗尘。"

朱德后退两步，扯扯衣角，立正向毛泽东、周恩来等人敬了一个庄重的军礼。

在人们的掌声中，朱德、康克清和随行的人奔向前线。

路上，康克清向朱德说：

"几年了，我还没看到过毛主席这样欢畅过呢！"

"他高兴呀！"朱德只简单说了四个字。他的心已飞到了前线。

狭窄的田坂，挤满了脚印。朱德站在一块稍高的田坂上，双手举起望远镜。潮湿的冷风，扑打着他的军衣，仿佛要钻透衣服，向皮肤刺去。

朱德没有在意，仍然仔细地观察着。宽不到100米的赤水河，滚滚向前流去，卷起雪白的浪花，水面上架着一座浮桥。当先头部队进到土城附近的青杠岭遭到敌人堵击时，他就是在那里一面指挥部队攻击敌人，一面派出一支部队绕到敌后，突击占领浑溪渡口，夺回这座浮桥，接着又命令红三军团准备将阻击的敌人全部消灭。不料敌人的大批援军赶到了，一场艰险的恶战在即。

轻轻放下望远镜，朱德的浓黑的眉毛耸动起来。这个林彪，预定红一军团赶来参战的，现在时间已到，他率领的部队怎么还不见踪影？他的心里很焦急，但脸上却相当平静，不动声色。

敌人越来越多，从望远镜里可以清楚地看到：他们以守为攻，一股股一群群，向着红军包围过来，枪弹和炮弹掠过头顶和身边，在田里爆炸，掀起的泥土，纷纷向四外撒开。

警卫员和参谋们齐声说：

"总司令，这里太危险，你应该隐蔽一下。"

朱德没有理睬，身子也没动，牢牢地站在原地，一双浓重的剑眉高耸着，两道犀利的目光射向远处，像要把围过来的敌兵杀退似的。

"报告总司令，我们团开过来了！"干部团团长陈赓跑步来到跟前，立正敬了个军礼，大声说。

这干部团是红军的精锐，有着非常强的战斗力。朱德是十分看重这个团的，一见这个团来，他高兴地对陈赓说："好啊，赶快开上去参加战斗！"

"是！"

陈赓带着部队冲向敌人。

"告诉警卫连，保护毛主席、周副主席等领导同志和中央机关的安全！"

朱德大声命令道，连脸也没有转过来。他的目光，始终注视着远处。

就在这时，一声尖利的呼啸由远而近，离朱德不远处的王耀南猛地跑过来，想掩护总司令，可还没等他跑到朱德身边，炮弹就落了下来，斜插在他们两人之间。那是一片稻田，溅起的烂泥，落满了朱德的军衣。被震倒在地上的王耀南出了一身冷汗。

朱德拍打一下身上的泥水，嘿嘿笑了：

"王耀南，你这是怕我炸着吗？"

王耀南脸红了，爬起来说："总司令，好险呀！"

朱德看了一会儿那颗没爆炸的炮弹，淡淡一笑：

"怕啥子嘛，炮弹是炸不着我的。"

这一切，康克清看得清清楚楚。开始，她为朱德的安全捏着一把汗，当看到炮弹呼啸落地的那一刻，她的心猛地提到了嗓子眼，这下子完了，炮弹可不管总司令还是士兵。怎能想到炮弹却没有爆炸呢？她抹了一把额头上的汗水，走过去帮助朱德拍掉身上的泥土。

"算了，不要打了。"朱德转过脸微微一笑，马上又转过去。形势，还很危急。

王耀南小声对康克清说："总司令真沉着。"

康克清看着这位红军学校的同学，说："是啊！他从来都是这样沉着，任何时候我也未见他慌乱过。"

红日偏西，到了下午3点钟。朱德在心里计算一下，从早晨到现在，已经打了七八个小时，川敌后续部队两个旅迅速增援上来，位于赤水城以南的旺隆场地区的川敌两个旅也向红军侧背攻击。从前边传来消息，干部团的伤亡也很大。这样硬打下去是不行的，必须想个办法。他果断地决定红军迅速突围，撤出战斗，渡过赤水河。

撤退的命令很快传开。身为指导员的康克清，接到命令后，立即把司令部机关的参谋、警卫员、管理员和炊事员集合起来，发给每人一支步枪。她站在大家的面前，语调激昂地说：

"同志们！敌人正在包围我们，我们必须全体一致，个个参加战斗，服从指挥，坚决勇敢冲锋，才能保护中央和军委首长的安全。大家一起冲出去！"

康克清动员的话，变成了机关人员的行动。人们很快地做好了突围的准备，只待一声令下，就立即出动，杀出一条血路，粉碎敌人的企图。

苍山逶迤，残阳西坠，傍晚的风吹送着浓烈的火药味。突围开始后，康克清率领司令部机关人员，在火力的掩护下，向着赤水河边前进，嗒嗒的脚步声，和着噼啪的枪声及隆隆的炮声，谱写出一曲雄壮的交响乐。

看着这样的情形，康克清焦急的心中有抑制不住的喜悦。这是遵义会议的成果啊！要是李德和博古继续指挥，还用和敌人死打硬拼的战法，后果该是多么可怕。现在则不同了，打不赢就走，找到了机会再打，红军，又恢复了灵活机动的战术。

行进间，周恩来走过来。他迈着大步走得很急，脸上虽然还是疲惫的面孔，但已透出兴奋之色。一看到康克清，他就大声问：

"克清同志，机关的人都组织起来了吗？"

"都组织起来了！"康克清回答。

"那好！"周恩来赞扬地说，"你这个指导员要带领同志们冲出去，冲出去就是胜利！"

"是！"康克清以军人的特有语言，坚定地说。

周恩来没有马上离开，他和康克清走在一起，边走边问：

"大家的情绪怎么样？"

"都很高。"康克清说，"因为机关的人大部分知道了会议的精神。"

周恩来沉默了一会，颇有感慨地说：

"是啊，红军战士们都是勇敢顽强的，关键在于怎样指挥，怎样打仗，这次会议开得太及时太好了！"

康克清静静地听着，没有说话。她觉得，自己没有知识和水平与军委副主席谈论这样的大问题。

周恩来也没有继续说下去，而是问道：

"见到总司令了吗？"

"突围之前见到过，"康克清回答，"突围后就没有看到他。"

"总司令就在前边指挥战斗呢！"周恩来说，语气里含着抑不住的赞扬和钦佩，"他呀，总是愿意到最前边去指挥。你这个司令部的指导员，也得保护他的安全呀！"

康克清的脸上出现一抹红晕，心想：我的任务，是保卫中央和军委首长的安全，当然也包括他。此时，她不好意思说出口。

枪声激烈起来，炮声也激烈起来。

周恩来说："你们继续加快速度前进，我到前边去看看。"

"你要注意安全呀！"康克清关心地说道。

"放心吧，炮弹也不会炸我。"周恩来说着迈开大步走了，他的警卫员和担架员紧紧跟上。

目送周恩来走远，康克清心中涌起感慨，一路上，他是最忙的人了。

暮色降临时，康克清和司令部的人员到达一个山口处。远远地，她看到一个人站在那里，一会儿向身边的人交代什么，一会儿打着手势。从熟悉的身影上，康克清认出那就是朱德，是红军的总司令，是她亲爱的丈夫。

快到朱德身边的时候，康克清想走过去说点什么，犹豫一下又停住了，转而对司令部机关的人说：

"快！不要停，赶快通过去！"

这声音被朱德听见了，他转过身，深情地看着脸色红润、挂满汗水的妻子，问：

"总部的人都过来了吗？"

"都过来了，这是最后一批。"康克清答。

朱德猛地挥了一下手，说：

"好，快过去，往河边走！"

"是！"康克清回答，接着向队列做了一个快速前进的手势。

这时，有一群红军战士走过来，军衣军帽上沾满泥土，不少人流着血，带着伤。

"怎么回事？"朱德厉声问。

"敌人压过来了！"纷乱中有人回答。

原来，敌人的攻击很猛，红军抵挡不住，退了下来。

刚刚走出几步的康克清，听到这个情况，对身边的一个人说：

"你带人往河边走，我先留在这里。"

敌人的枪声更近了，甚至能听到叫喊声。朱德心想，总部的人有的刚刚过去，必须挡住敌人。他大声说：

"部队停下来，顶住敌人！"

情况很混乱，敌人在进攻，一部分红军在往后退，这样下去，后果是不堪设想的。朱德对排长陈友才说：

"陈排长，朝天开枪，制止后退的人！"

陈友才端起机枪，嗒嗒嗒打了一梭子，边打边喊：

"不准后退！不准后退！"

后退的人听到枪声和喊声，都停住了。

朱德大声说："我们红军战士，要服从命令听指挥，叫打就打，叫退就退。现在，中央、军委的领导和总部机关还没有完全过河，我们必须挡住敌人！"

刚才在慌乱中，那些后退的战士们并没有听到朱德的喊话，也没有认出他来。此刻，他们看到站在面前的是自己的总司令，都立即镇定了。

朱德问了一下，这些退下来的人并不是一个建制单位的，就让陈友才率领他们，将丢失的阵地夺回来。

陈友才领着那些人迎着敌人冲上去后，朱德才来到康克清的面前。其实，他早就看到康克清没有走，心里很感激。因为情况紧急，他顾不上对妻子说什么。这时他才说：

"你怎么不和机关一起走？"

"这里很乱。"康克清说，"我想，我留下来，必要的时候也许能帮你做点什么。"

朱德点点头，没有说什么。他觉得此时此刻，有很多话想说，可又觉得什么话也不用说。是的，他们的心是相通的。

天色黑了下来。陈友才带领的人夺回了阵地，抗住敌人的猛攻。前边传来消息，中央、军委领导和总部机关已过了赤水河。

"咱们也走吧。"朱德对康克清说。

康克清点点头："好的。"

踏着夜色，他们来到了赤水河边，跨上那座浮桥。浮桥摇晃得很厉害。

"小心！"

朱德说着，把手伸出去，扶住康克清。康克清觉得，丈夫的手沉稳而有力。

第 16 章

深夜里，
丈夫焦急等待妻子的到来

经过一天的激战和行军，太阳落山时分，朱德才到达宿营地，走进住的房子。

真是一场恶仗啊！朱德心里想，要不是彭德怀的三军团攻击和打退敌人的多次反扑，今晚说不定不能在这里宿营呢。想着，几天来的情景又涌现到眼前。

中央红军渡过赤水河刚刚集结完毕，敌孙渡纵队和川军潘文华部就从南北两面逼近；周浑元纵队主力正从黔西、大方地区向古蔺、叙永追击。为了迅速脱离川、滇两敌之侧击，红军又渡赤水，回师黔北。蒋介石急忙抽调遵义及其附近的部队向娄山关、桐梓增援，企图阻击和围歼红军于娄山关及遵义以北地区。

朱德和毛泽东、周恩来、王稼祥等人命红一军团先头团先攻占桐梓，迫敌退守娄山关，红五军团和红九军团在桐梓西北地区阻滞川敌，集中主力进攻娄山关及其以南的黔敌。当晚，红三军团就攻占了娄山关，歼敌一部，第二天又击溃进攻之敌。

总司令部是在娄山关战斗之后经过那里的。当时，朱德走在那四川通往贵州的要道上，看到了山顶立的一块石碑，上书"娄山关"三个大字。他停住脚步看了一会，举头注目周围的山峰，直插云霄，悬崖绝壁，万丈矗立，是个"一夫当关，万夫莫开"的险要地势，不由得涌起无比敬意，赞扬红军官兵的英勇顽强，也更加佩服毛泽东的指挥才能和神机妙算。

朱德遥望夜色中的娄山关，簇立着雄伟的群峰。遵义会议开得好啊！他在心里默默地念着。

"总司令，康指导员和潘开文同志还没有来到。"有人报告说。

朱德立即站了起来，但语调却是平缓的：

"怎么还没有来到？"

"指导员一直走在后面收容，"一个人说，"我看见她收容了一个掉队的人，后来再没看到她。"

"潘开文的左脚昨天就扭伤了。"另一个人说。

朱德沉吟一下，自言自语地说：

"他们会不会走在一起？"

"谁知道呢？"一个人说。

朱德没有再说什么，迈步走出了房间，望着墨黑的夜色出神。可以看得出来，他的心里是非常焦急的。

山村的夜，阒寂无声，宿营的部队已经休息了，偶尔传来哨兵的脚步声。

朱德掏出怀表看了看。时间已经过去快两个小时了，她怎么还没有来到呢？路上会出现什么意外吗？在这激战和行军的路上，什么事情都会发生啊！想着，他在地上走来走去。

"总司令，我带几个人回去迎迎指导员他们吧？"排长陈友才以请示的口吻问道。

朱德望了望来路，点了点头，说：

"也好，你带上几个人，沿着咱们走来的路上，去迎他们一下，路上要小心，要提高警惕！"

"是！"陈友才答应着找人去了。

正在陈友才领着人准备上路的时候，康克清和潘开文回来了。

朱德忙说："你这个康克清，怎么现在才来到，我们正要去找你呢！"

康克清喘着粗气说："我把收容的另一个单位的人送到那个单位的宿营地，耽误了时间，路上又碰到潘开文同志，就来晚了。"

"要不是碰到康指导员，我怕是见不到你们了。"潘开文说。

潘开文说的是心里话。他的脚是在前一天的行军中扭伤的。当时山陡路滑，泥泞崎岖，他不慎摔了一跤，脚很快红肿起来。今天早上出发时还能勉强挪步，后来越走越困难，就掉了队。周恩来的警卫员范金标把他的背包、米袋子放在担架上，扶着他一步一步走。

过娄山关时，铺满烂泥和石头的路更难走了。范金标时而推，时而拉，有时干脆背着潘开文往山上爬。潘开文怕周恩来那里有事，几次催范金标不要管他，范金标总是说：

"行军路上不会有什么急事，等我扶着你过了这座山再说吧。"

下山后，天已接近傍晚，范金标找到一根树棍给潘开文做拐杖，说：

"这里离宿营地不远了，路也好走了，你自己慢慢走吧，我得赶到周副主席那里去。你走不了，后面有人来，还会帮助你。"

范金标走远了，潘开文拄着拐杖，咬紧牙关，一步一步艰难地走着。

过一会，从后边走过来两个人，说："同志哥，你走路这么困难，要不要帮忙？"

潘开文看那两个人，浑身沾满了泥水，互相搀扶着，一瘸一拐的，虽然比他走得快一点，可也不好意思再给他们增加负担，就挺了挺身子说：

"你们先走吧，我自己能行。"

那两个人也没有勉强，年长一点的一个人就说："也好，听说这里到宿营地还有 10 来里地，我们先走了。"

天黑了下来，潘开文看看后边再没有人来了，心里很后悔，刚才该跟着那两个人走呀！可现在想跟也晚了，他们已经消失在夜色里。

潘开文挣扎着来到一棵树下，背靠树干坐了下来，顾不得地上的烂泥。抬头看天，阴沉沉的，山影悠悠，让人战栗。他想站起来，可身上像散了架一样无力。他又咬咬牙，身子像铅铸的一样沉重，无论如何也站不起来。他失望了。

正在这时，传来一个熟悉的声音。

"那是谁呀，天黑了还一个人坐在这里？"

这是康克清的声音，潘开文心头热了起来……

朱德并不知道这些。他和康克清两人扶着潘开文到了住的地方，让人打了一盆热水，抚摸着那只红肿的脚，说：

"用热水烫一烫，再揉一揉，用酒搽一搽就会好些的。"

"总司令和指导员休息吧，这些事我来做。"陈友才说。

"也好。"朱德说完，和康克清一起回到了他们住的房间。

这是一间简陋的草房，只是比战士们住的房子略为宽敞一点。走进屋还没坐下，朱德就对康克清说：

"你也快烫烫脚休息吧，明天还得继续行军哩！"

"嗯。"康克清答应着，打来了热水，把双脚放进去，舒服极了。

朱德坐在旁边，看着康克清烫脚，说：

"潘开文的脚扭伤了，怎么让他一个人掉在后边呢？"

康克清边洗脚边说："开始是范金标帮他，范金标走后，他怕给别的同志增加负担，就坚持一个人走。"

"你是怎样碰到他的？"朱德问。

"我把收容的那个人送到他的单位，走到一棵树跟前，看到有人坐在树下哭，我估计是自己人，走过去见是潘开文。"

朱德感慨地说："也是啊，黑天半夜的，就他一个人，脚又肿得不能走路。"

"他一见到我，就哭出了声：'指导员，我走不动了。'我赶忙宽慰他说：'别难过，有我帮你，咱们两个人一定能走到宿营地，路也不远了。'他才高兴起来。"康克清叙述她遇到潘开文的情景。

朱德默默地听着，黑红的脸膛上，像涂了一层油彩，在油灯的照耀下闪闪发光。

康克清继续说："我到路边砍了一根竹竿，把一头砸开，点着照明，用另一只手扶着他走。"

朱德点点头，那意思是发自心底的赞扬，赞扬康克清做得对，做得好。

"潘开文为扭了脚拖累别人而难过。我就对他说：'我们红军战士天下无敌，这点小小的困难还能克服不了吗？'他便有了信心。"康克清说。

"是呀！"朱德深沉地说，"气可鼓而不可泄。前几年我就说过，政治思想工作是我们红军的生命线。我们没有反动派的人多，没有反动派的枪好，我们靠什么？就是靠政治工作啊！"

康克清边擦脚边点头，她完全赞同丈夫的说法和看法。

康克清把水泼掉，放好盆子，对朱德说：

"你也休息吧？"

朱德站起身来，忽然说：

"走，我们再去看看潘开文。"

"好的。"康克清答应。

说着，他们两人走出房间，来到潘开文的跟前，见潘开文已经烫好脚，搽了酒，正准备睡觉。

潘开文见朱德、康克清又来看他，心里十分感动，眼眶里盈满泪水，哽咽着说："总司令，指导员，天这么晚了，你们快休息吧！"

康克清察看过潘开文的脚，问：

"好些了吗？"

"好多了！"潘开文答。

朱德说："潘开文呀，听说你在路上有点悲观失望。干革命性命都可以不顾，再大的困难能克服，再大的痛苦能忍受，怎么能向一时的困难低头哇？"

潘开文不好意思地低下了头，脸上飞起一抹绯红。

见潘开文不好意思，康克清忙岔开话说：

"好好休息吧，明天你骑我的马走。"

"我自己能走！"潘开文着急地说。

"别逞强咯！要不，路上掉队又要哭鼻子了。"朱德说着笑了。

其他人也笑了起来。

多舒心的笑，多和谐的笑！

红军在彝族地区里前进。

连绵不断的大山，古木参天的原始森林，到处是密密麻麻的藤萝灌木，枯枝烂叶。前边有工兵连和先遣队开路，司令部的同志们走在后面，大家感到十分难走，盼望着早一点离开此地。这倒不是此处太艰苦，而是因为后边有国民党的军队紧紧追赶，北上抗日的任务在召唤着他们。

康克清是和司令部走在一起的。她在心中庆幸红军又能够前进了。如果不是民族隔阂造成的困难，我们早已经通过去了。

是的，红军在毛泽东、周恩来、朱德等人的指挥下，四渡赤水，甩掉敌人，巧妙地渡过金沙江，来到冕宁一带的彝民区。由于历史上造成的民族隔阂，国民党反动派对少数民族的欺压，使得彝人仇恨汉人。他们最初也把红军看成和国民党军队一样的汉人进行攻击和杀害，红军不得不停下来做彝族人民的工作。

　　早在进入彝区之前，康克清就向司令部的人员讲解党的民族政策，要求大家遵守群众纪律，尊重彝族生活习惯。后来，总司令部以朱德的名义，发出了《中国工农红军总司令部布告》，康克清又带头认真阅读、领会。那上面的话，她记得很清楚：

中国工农红军，解放弱小民族；
一切夷汉平民，都是兄弟骨肉。
可恨四川军阀，压迫夷人太毒；
苛捐杂税重重，又复妄加杀戮。
红军万里长征，所向势如破竹；
今已来到川西，尊重夷人风俗。
纪律十分严明，不动一丝一粟；
粮食公平买卖，价钱交付十足。
凡我夷人群众，切莫怀疑退缩；
赶快团结起来，共把军阀驱逐。
设立夷人政府，夷族管理夷族；
真正平等自由，再不受人欺辱。
希望努力宣传，将此广播西蜀。

　　尽管这样昭告于民，彝族的群众还是不了解红军。康克清还记得那件令人哭笑不得的事情。刚进入彝区时，工兵连开路走在最前面，一批彝人蜂拥般地把工兵连的干部战士围了起来，嘴里"呜呵""呜呵"地叫个不停。他们抢走了工兵连的枪支、工具，连衣服也扒光了。后面的同志赶到时，就和他们开玩笑说："你们工兵连好凉快呀！在哪里洗的澡，还要晒晒太阳？""你们好会耍啊，连裤衩也不要穿了哟！"羞得那些干部战士满脸通红，而这些同志则纷纷打开背包，拿出自己换洗的衣裤分给他们穿上，他们才好意思行动。进入彝民区后，康克清曾仔细观察过彝族同胞的生活。她一方面感到新鲜，同时也发现他们的生活过得很苦：男人披着黑粗布或是毛毡做的斗篷，女人围着一块布作裙子。白天穿着这些，到了晚上，把斗篷、破衣裙在铺上或地上一裹，既当铺的又当盖的，吃的也非常差。红军战士都觉得好奇，常常去看他们。康克清还向大家讲过，要尊重彝族人民，不要议论，不要让他们反感。

后来，先遣部队做通了彝人头领小叶丹叔侄的工作，刘伯承亲自前往，与小叶丹歃血为盟，结为兄弟。那天，毛泽东、周恩来、朱德等人焦急地等待着刘伯承的消息。毛泽东不停地抽烟，周恩来踱步眺望，朱德默默沉思。当刘伯承与小叶丹结盟的消息传来，他们都十分高兴，说这下红军可以迅速走过去了。听说，结盟的仪式虽然简单，但很庄重。两碗清清的湖水，融合了大公鸡的鲜血。刘伯承高高举起大碗，大声发出誓言："上有天，下有地……刘伯承愿与小叶丹结为兄弟……"

说完，刘伯承便把鸡血水一饮而尽。

小叶丹也是这样做的。

正因为有了这一行动，红军才得以顺利地通过彝民区。

康克清边想边走，接连翻过几座大山，来到了另一座大山下的一条大路中间。

"前面有个小姑娘！"有人说。

康克清加快脚步走过去。眼前的情景使她吃了一惊。出现在面前的，是一个大约十三四岁的小姑娘。小姑娘赤裸着身体，立在路的中间，脸上毫无表情，两只大眼睛忽闪忽闪地眨动，看着越走越近的红军官兵。

部队在几米远的地方停了下来。

这是怎么回事呢？康克清走到跟前，先抬头看看远处的山下。顿时，她发现有许多拿着刀矛、弓箭和枪的彝人，正朝这边观望。她知道，这一带的彝人分为两个部落，一个是沽基，另一个是罗洪。两个部落世代为仇，不断打冤家。和刘伯承结盟的属沽基，这些可能是罗洪部落的。这个小姑娘可能是他们对红军的试探。

康克清走到赤身裸体小姑娘的面前，脱下自己外面的军上衣给她穿上。旁边的人递过一条军裤，康克清接过来，又给小姑娘穿上系好。她看看裤子太长了，就在脚脖处挽了几圈。

小姑娘的脸上一直毫无表情，身子和手都没有动，任凭康克清给她穿衣服。等康克清把裤角挽好后，她的脸上才露出一抹笑容，抬眼看看周围的人，高声说了一句话，又笑了起来。她说的是什么？通司（翻译）说是汉话，可谁也没有听懂。

这时，一个带着照相机的人，照了一张她和小姑娘的照片。

红军部队继续前进了。

康克清又抬头看看山上，那些拿着刀矛、弓箭和枪的彝人，没有任何表示。如果刚才有人对小姑娘无礼，山上的彝人肯定会采取行动。他们可是个性情强悍的民族啊！

看看司令部的人快走过去了，康克清又打量一下小姑娘，虽然衣服不合体，可是长得漂亮，笑起来也很好看。她抚摸着小姑娘的手，点了点头，目送小姑娘朝山边走去，然后才汇入行军的行列，迈开有力的脚步。

晚上到达宿营地，她把白天遇到小姑娘的事向朱德说了。

朱德说："是啊！任何时候都这样，只有尊重人家，才能得到人家的拥护。"

过了多年，康克清得到了她和彝族小姑娘在一起的照片，拿给朱德看。朱德嘿嘿地笑了，说：

"满像母女俩呢！"

康克清的脸红了。作为一个女性，她完全可以做妈妈的，可是因为战争，因为环境的艰苦，她一直没有生孩子。可惜，这张照片后来丢失了。

"开饭了！"

在这山里，在这长途行军的路上，对于饥寒交迫的红军来说，肚子早就饿得咕咕叫了。因此，一听到开饭的声音，都端起搪瓷碗和刷牙缸子，向炊事班走去。

朱德也端着碗来到了炊事班。他喜欢和战士们一起吃饭，只要情况不紧急，他就不让警卫员把饭打回去。此刻，他边走边高声问："大师傅，今天吃什么呀？"

司令部机关的干部战士一听到朱德的声音，便自动让开一条道，请他先打饭。他也没有客气，径直走过去。因为如果他不先打，谁也不会靠前的。

炊事员看着朱德说："总司令，今天有好吃的哩！"

"啥子好吃的咯，莫要骗我哟！"朱德笑着说。

炊事员盛起一勺子菜，放进朱德的碗里，说：

"又新鲜又好吃，在别处可没有呢！"

朱德走到一边，坐在地上，夹起一箸菜放到嘴里，嚼了一会，甜中带有一丝辣味。他品了品味，说：

"很好嘛，又鲜又有味，从那里搞到的韭菜呀！"

"总司令，你猜猜看。"一个人说。

朱德又吃了一口："啊，吃出来了，是野韭菜吧？"

炊事员听到了，大声说：

"总司令真行，连野韭菜也吃出来了。"

"真行的是你这大师傅嘛！"朱德说，"这野韭菜是好东西，没粮食时可以当饭吃。"

炊事员说："这主意是我们的指导员想出来的，我也不行。"

听说是康克清想出来的主意，朱德没有任何怀疑。她是农村长大的穷苦人家的孩子，所以才知道这东西好吃。要是从城市来的女同志，很难有这方面的知识。

这时，康克清走过来了。她到各处去看看有没有掉了队没赶上来的人，特别是伤员和病号，问了问情况，才回来吃饭。

朱德看到康克清回来了，就指着碗说：

"康克清，听说这吃野韭菜的办法是你想出来的？"

康克清朝前走两步，看到碗里盛着煮熟的野韭菜，回答道：

"昨天晚上，我们住下来后，后勤运输的牲口队还没到，我见大家没东西吃，又见房后长着野韭菜，就想起用它来充饥。"

昨天，司令部人员冒着大雨在崎岖的山路上走了整整一天，下山后又走了十几里夜路，宿营在山谷中的一座庙里。雨还在下，可运粮食和行李的牲口掉了队，总也来不到。又累又饿的人，有的发牢骚，有的甚至骂了娘。之后，大家便靠在大殿的墙边睡着了。

看到这情景，康克清的心里也很着急。同志们冒雨走了这么多路，连点东西也吃不上，明天还得行军哩！

于是，她拉上潘开文，提着马灯出来了。在大殿的后边，她看到了一大片野韭菜，便让潘开文等着，她一个人回到大殿里，喊醒特务班的人，说：

"快！每人找一把刀，去割韭菜！"

一听说有韭菜吃，人们的困劲累劲全没了，有的拿上刺刀，有的拿起小洋刀，跟着康克清走了出来，边走边问：

"哪来的韭菜，是和尚种的，还是老乡家的？"

"到那里你就知道了。"康克清顾不上多说，简单地答道。

大殿后面的山坡上，马灯光照着斜下的雨丝，照着岩石缝里一丛丛、一簇簇嫩绿闪亮的野草，在风中轻轻摇摆。康克清伸手扯下一把，分给几个人，说："你们尝尝！"

那几个人嚼了嚼，咽进肚里，异口同声高兴地说：

"指导员，这下可有好菜了！"

是啊，在这前有堵敌后有追兵的路上，即使吃上饭，也是冷饭，何曾有过这么鲜这么香的菜呀！

"这野韭菜可是要多少有多少，大家使劲割吧！"

康克清说着，将马灯高高举起来。野韭菜上的水珠儿，在灯光的照射下，一闪一闪地，如同颗颗水晶珠儿。

人们割着说着，连刚才发牢骚、骂娘的人，也笑了起来。

康克清说："要是粮食一时来不了，把它当饭吃也行呀！"

不一会儿，人们就用斗笠盛或用手抱，带回了好多野韭菜。

炊事班的人一见就惊喜地叫了起来：

"这可是好东西呀！有了粮食可作菜，没有粮食可以用它挡饿。"既然炊事员都说好，那就多割一些吧！康克清又发动不少人，去割来了好多野韭菜，把伙房都堆满了。

开饭的时候，每人一大碗煮熟的野韭菜，边吃边赞不绝口地说："真难为大师傅了，粮食没运到，竟能让我们在深山沟里吃上这么鲜嫩的野韭菜！"

康克清吃了几口，细细品味，确实比所有的野菜都好吃。当时，她就想，朱德要是在这里，他一定也会喜欢吃的。可惜他在前边，和毛泽东、周恩来等人在一起。现在见到朱德果然很喜欢，心里甜丝丝的，像吃了糖一样。

"是不错！你也快吃吧，饭后还要继续行军。"朱德边吃边说。

警卫员也给康克清端来一碗。她接过来，在丈夫的对面坐下来。

"你们吃的什么好东西呀！"远处传来一个声音，周恩来正往这边走。

朱德站了起来："周副主席来了，你也尝尝吧！"

康克清把她还没有开始吃的那碗野韭菜递过去，说："请周副主席尝尝这野韭菜的味道。"

周恩来没客气，接过碗，夹起一箸放到嘴里，边嚼边品，连声说："味道不错，味道不错！"

朱德端着碗沉思一会说："这是个好办法。我们前边的路还很远，而且多是人烟稀少的地区，吃粮吃菜肯定困难，这野菜正好可以救急。"

"值得推广！值得推广！"周恩来很赞成朱德的想法。

前边传来防空的号声，隐约可以听到敌机的声音，正在吃饭的人们立即警觉起来。

康克清看到吃饭的地方树木稀少，就对周恩来和朱德说："你们到那边洼地里去吧！"

"在这里就听你的。"周恩来半开玩笑地说着，拉上朱德走了。

康克清又对战士们说："大家分别寻找有利的地形，卧倒隐蔽！"

敌机飞临上空，俯冲、轰炸、扫射，炸起的泥土、石块和断枝残叶四处飞扬。康克清伏在一个土包的后面，一面看着敌机，一面为周恩来、朱德和战士们担着心。

轰炸一通之后，敌机就飞走了。康克清立即进行检查，发现几个战士负了伤，朱德的裤腿被弹片划破了一处，但没伤着皮肉。

"赶快离开这里！"周恩来说。

朱德摸摸被划破的裤腿说："嘿，刚吃了一顿美餐，敌人又来催着走，真是的。"

康克清一边让卫生员给伤员包扎，一边组织人们继续行军。她打开朱德的公文箱，取出云南白药，给受伤的战士敷上。朱德、周恩来也来帮忙。

上路时，康克清把周恩来、朱德和自己的马，都腾出来给伤员骑。

伤员们怎么也不肯。

周恩来说："你们负了伤，不骑马，难道让人背着走吗？"

朱德说："我们天天骑马，现在正好走路活动一下。"

他们说完，就并肩大步向前走去。

行军又开始了。

第 17 章

他们跟着部队南下了，
可并没有改变北上的信念

　　朱德一步跨进房门，摘下军帽，轻轻地掸了掸，长长地舒了一口气。

　　这些日子中央常常开会，讨论一、四两个方面军会师后的行动问题，几乎每次会都开得很晚。康克清已经习惯了，但看到朱德疲惫的身影和面容，她还是禁不住地问：

　　"会议才结束呀？"

　　朱德摇了摇头："会早结束了，我去找张国焘说了一会儿话。"

　　康克清的心里咯噔一下。自从两个方面军会师后，就出现了一些令人奇怪的现象，原本都是共产党领导下的红军队伍，刚见面时亲如一家，可慢慢地关系却不那么好，一些风言风语也传了出来。她先是听说张国焘不同意北上，接着又听说两河口会议上作出北上的决议。来到毛儿盖，中央又夜以继日地开会。凭直觉，她猜测可能意见还没有统一，现在朱德又找张国焘谈话，会不会与北上的事有关呢？

　　昏黄的油灯光，把屋子里照亮了。借着这灯光，康克清看到朱德黝黑的脸上虽然很平静，但凭着妻子的敏感，她预感到这次谈话并不愉快，丈夫平静的脸上，隐约透出焦急和忧虑。这说明她的担心不是没有根据的。

　　康克清看着丈夫的脸色，试探地说：

　　"中央不是已经做出了决议嘛，还有什么可说的？"

　　"并不那么简单咯！"朱德看着妻子显露出焦虑和迷惑不解的神色，

说，"张国焘的心里还是不同意北上啊！说不定还在想别的什么主意呢！"

"是吗？"康克清更不解了。

朱德没有回答，脸朝向小小的木格窗子。从那里看出去，是一片漆黑的夜色，什么也看不见。但出现在这里的，是一条狭长的山沟，清浅的河水从中间流过，一边是长满密林的高山峻岭，一边是星散分布着的藏民小木楼的村子，几万人的部队就滞留在这里，田间、树下、路边都成了兵营，没有住的地方，没有吃的东西，长此下去怎么得了啊！

但从张国焘的谈话中，他察觉到一种更可怕的东西。那就是张国焘想争权，争党权，争兵权，对于中央红军的 3 万多人枪没有看在眼里。张国焘这样的思想早就流露出来了，今天说得更明确。看来，周恩来把总政委的职务让给他，他仍然是不满足的。但这些，朱德都不能对妻子讲，因为这是党内领导层的事情，她不该知道，再说，张国焘还没有公开亮出牌来嘛！

看到丈夫在凝思，康克清猜到了朱德心里一定在想什么重大问题，先是没有吭声，过了好大一会儿，才问：

"你饿吗？要不要吃点东西？"

朱德本来饿了，经康克清这么一问，更觉得肚子里咕咕叫，晚上吃的那点青稞和野菜早就没有了。但他知道，现在整个部队都在挨饿，而且又找不到粮食，藏民对红军还不了解，不但把粮食、肉等隐藏起来，还从暗处开黑枪打红军，干部战士因为筹粮而被打死的事，已经有好多起了。全军都在挨饿，我这个总司令怎么能吃得下啊！

想到这些，朱德说："算啦，休息吧！"

"我们什么时候能离开这里？"康克清说。

"我也不知道。"朱德摇了摇头，接着又坚定地说，"反正要北上的，这个大的趋势谁也阻挡不住。部队和机关都很着急，你这个指导员要多做思想工作，告诉大家稳定下来，再忍耐一些日子，还要注意和四方面军的同志搞好关系，红军是一家人，不可能分成两家，更不能自己打自己呀！"

康克清点点头，嗯了一声。她从心里赞成朱德的分析和指示，但又不愿在丈夫的面前表示什么决心，她要用自己的实际行动做好工作，为丈夫分担一份能够分担的事情，尽管很困难，也要坚持去做。

朱德眨眨眼睛，忽然说："康克清，你明天去看看恩来同志吧，从今天会上看，他的身体很不好哩！"

"是病了吗？"康克清忙问。

"这段时间他的身体一直不怎么好，我看是累的。长征以来，最忙的要算是他了，一个铁打的人呀！"朱德的话里满含着敬意，"邓颖超已离开休养连，和恩来在一起，以便照顾他。"

康克清说："邓大姐的身体也不好呀！真没想到，他们两个人都病了！"

朱德说："即使这样，他也没办法休息，还得参加会，还得找人谈话，我担心他再这样下去，毛主席就更困难了。"

"我明天一早就去看他。"康克清说。

"还有没有什么好吃的东西，给他带上一些。"朱德说。

康克清想了想："还有一点牛肉干，是准备你过草地时吃的，我带去。"

"都带去！"朱德说，"他的身体需要补养，我这身子没问题。"

"我来办这些事。"康克清催促说，"你就快睡觉吧，时间已经不早了。"

朱德说："好吧，我睡觉，你也睡觉，明天会好的，一切问题都可以解决。"

油灯熄灭了。这座普通的小房子，溶进了毛尔盖的黑暗之中。对岸山林的呼啸声，跨过浅浅的毛尔盖河，不停地传来。

左路军又回到了阿坝。朱德十分气愤，住下后一句话也没说。

康克清十分明白朱德的处境和心情。到达毛尔盖后，中央政治局又开了会，肯定了北上抗日的方针，并决定把红军混合编成左右两路继续北上。右路军由毛泽东、周恩来率领，左路军由张国焘和朱德率领。决定两路军在班佑会合。左路军从卓克基出发，翻过雪山和草地，在阿坝休息后，又走三四天，到达黄河上游的葛曲。这时，右路军已到达班佑四五天，等待左路军前去会合。葛曲离班佑不很远，只要再走三五天就可以到达，与右路军会合，一起前进。可是张国焘却说葛曲河水深不能过，要朱德同他联名发电报给中央，要右路军也回头南下。

当时下了一场雨，河水比原来上涨了一些。为了弄清情况，朱德亲自到河边去察看。他让潘开文骑马去试水的深浅，结果最深的地方才浸到马肚子。朱德看到这种情况，认为队伍完全可以通过，便拒绝签名发电，多次提出过河北上。可是张国焘却按兵不动，连连发电给中央，说河水上涨，部队过不去。接着，就命令部队南下，到达了阿坝。

这时的朱德，是深知局势严重的。早在中央苏区时，他就听人说张国焘有机会主义思想。在两河口和毛尔盖会议上，在个别交谈中，朱德察觉到张国焘的一些错误思想，曾同毛泽东交换意见。毛泽东嘱咐朱德对张国焘多加小心警惕。如今，他公然拉部队南下，看来是决心坚持错误了。

这时的康克清，还不了解党内斗争的详情，但这些天的情况，却是亲眼看到了的。她问朱德：

"不是北上抗日吗，怎么反而南下了呢？"

朱德无可奈何地摇了摇头："我也不知道。"

康克清惊讶了：他是总司令呀，连他都不知道，这不是太奇怪了吗？于是脸上露出惊愕的神色。

看到康克清吃惊的样子，朱德凝思了一会说：

"看来事情复杂咯，你要做好思想准备，不过也不必惊慌失措。"

在那低矮的小屋里，在昏暗的小油灯下，朱德与康克清相对而坐，久久地说着，说着。

"对中央的指示，他的态度怎么这样呢？"康克清气愤地说。

朱德摇摇头说："张国焘这个人，顽固得很呢！不但不接受批评，反而大发雷霆！"

康克清看看朱德，说："他这样做，不是使党和红军分裂了吗？"

"看来，他是顾不得这些了。"朱德沉思一会，继续说，"人哪，只要有了野心，为达到自己的目的，对什么都在所不惜。"

"那我们怎么办呢？"康克清问。

朱德严肃地说："他要再坚持错误，我们就同他斗争到底！否则，革命就会遭到更大的损失。"

"怎样斗争呀？"康克清问。

朱德说："斗争就是要和他讲道理，宣传党的北上政策，号召和团结更多的人认清北上是正确的，反回来往南走是错误的。"

"你这样做，他会不会下毒手呢？"康克清不免有些担心。

朱德很有把握地说："现在还不会，以后会不会就难说了。不管他下不下毒手，我们都得和他斗争。"

康克清皱了皱眉头，说："他还会干什么呢？"

"还不知道。"朱德停一下说，"我们等着看他怎么干吧。"

夜已经很深了，浓密的夜幕，笼罩着阿坝。朱德仍然没有睡意，他坐在油灯下，拿起一本书读了起来。

"你休息吧，白天已经够累的了。"康克清说。

朱德的目光盯着书面，头也没抬地说："你先休息吧，我睡不着。"

这时的朱德还没有想到，一场更严峻的斗争已摆在他的面前，而且来得这么快，势头这么猛。

在阿坝住下后，张国焘就召开了中共川康省委扩大会议。会议是在离司令部半里路远的一个正方形屋子里进行的。朱德一走进会场，就看到气氛很紧张，他和总参谋长刘伯承紧挨着坐了下来。

会议的主持人一开始就大叫大嚷，说中央丢了根据地，损失了红军，执行的是退却逃跑路线。接着就有人让朱德表态，逼他写文章，发表声明，承认中央北上抗日的方针是错误的。

开始朱德没有理睬，他坦然自若地坐着，拿出一本书看起来，当一些人叫嚷后，朱德把书卷起来拿在手里，庄严地说：

"一方面军和四方面军会合是伟大的胜利，使敌人害怕。党是一个整体，不能分裂。红军的行动要按照党中央的决定执行。"

有人又嚷了起来："你说你是北上还是南下？"

"中央北上抗日的决定，我是赞成的，拥护的，举了手的。"

朱德讲到这里停了下来，目光扫视了一下在场的人，接着说道：

"我不能写文章，也不能发表声明，反对我亲自参加作出的决定。如果硬要我发表声明，那我就再声明一次，我是拥护党中央北上抗日的决定的。"

会场上先是鸦雀无声，接着又有人叫嚷起来。

朱德摆摆手，幽默地说：

"朱毛，朱毛，人家外国人都以为朱毛是一个人，哪有朱反对毛的？"

　　刘伯承忽地站起来，说："你们不是开党的会议吗？又不是审案子，怎么能这样对待朱总司令！"

　　这句话如同捅了马蜂窝，有人高声说：

　　"好！你把我们党的会议说成是审案子！"

　　对会场上的这种情况，张国焘全都看到了，但他无事一样地坐着，一点儿也不加以制止。

　　朱德自然看到了张国焘的神色。他转向张国焘，坚决地说：

　　"你张国焘可以把我劈成两半，但是你绝对割不断我同毛泽东同志的关系。"

　　张国焘很狼狈，窘迫地笑了笑。

　　有个人暴跳起来："你既然赞成北上，那你现在就走，快走！"

　　朱德说："我是赞成中央北上抗日决定的，但你们坚持南下，那我就只好跟你们去。"

　　有人又叫起来："你既赞成北上，现在又说跟我们南下，你是两面派、骑墙派！"

　　另一个人说："不让他当总司令了！"

　　"不！"朱德大义凛然地说，"我是党派来的，我不能离开部队！"

　　会议在一片吵嚷声中结束了。

　　朱德和刘伯承一起走出喇嘛寺，他边走边说："不管怎么斗，我们还是要和毛泽东一起干革命的嘛！事情总会搞清楚的。"

　　刘伯承点点头："对！"

　　这一天，康克清被人叫去。

　　一个人气汹汹地问她："你对四方面军的一个人说张主席分裂党？"

　　"我没有对哪个人讲过。"康克清理直气壮地说。

　　那人说："你不要狡辩！"

　　康克清也没有让步："没对谁说就是没对谁说！"

　　"你要去向张主席交代！"

　　那人看康克清不服，就抬出张国焘来，想以此压康克清。

　　"我没什么可向他交代的！"康克清仍不买账，说完走了出来。

　　回来的路上，她感到很委屈。这不是审讯我吗？我是红军战士，是总司令的妻子，想着加快了脚步。

忽然，她看到脚边有个纸团，显然是刚刚扔下的。她看看周围，弯腰捡起来，见上面写着一行字："康克清太太，老子要打死你！"

回到住处，康克清对朱德叙说了刚才有人要她去向张国焘交代的情景，说着把纸条递给朱德，蓄在眼眶里的泪水流了出来。

朱德看过纸条上的字，默思良久，说：

"哭啥子嘛，要记住，群众是革命的，我们要多去做他们的工作。"

尽管朱德的声调很低，但在康克清听来，分量是很重的。这样的话，朱德早就说过，他自己也是这样做的。南下以后，他利用各种机会，到部队中去宣传党中央北上抗日的正确主张，说明只能有一个中央和要执行中央正确决定的道理。一天，警卫班正在讨论，朱德去了，他和战士们席地而坐，拉起家常，问大家的名字，是什么地方人，为什么要参加红军等问题。在亲切的交谈中，他发现战士们都为四方面军的前途担忧，就鼓励战士们说：

"请同志们坚信，革命一定会胜利！党中央北上抗日的正确路线一定会胜利！……"

康克清抹去了泪水，正想说什么，门外传来了嘈杂声，朱德转脸望着门外。

"我去看看！"康克清说。

来到大门口，康克清看到是几个伤员，最前边的一个正对警卫员说：

"我们受伤了，不能走路，要牵朱德的骡子去骑。"

警卫员说："总司令的年纪大了，还要指挥打仗，怎么能牵走他的骡子？"

康克清的出现，使那个说话的伤员后退一步，其他的伤员也看到站在面前的康克清，一身军装，腰间扎着皮带，皮带上插一支驳壳枪。他们听人说过这位有着女司令之称的总司令太太，一时沉默了。

不大一会儿，有个人说：

"把康克清太太的枪下了。"

康克清的右手下意识地按在枪上，心想，这枪是党和红军发给我的，怎么能随便下呢？

多年之后，一个人曾问过她：

"当时要是真的下你的枪，你会怎么办？"

康克清回答："枪是军人的第二生命，我是要坚决捍卫的。"

不过，那时的康克清既没着急，也没有鲁莽，而是沉着冷静地说：

"应该让你们骑骡子，你们为革命负了伤，是光荣的，为什么要来抢呢？"

听康克清这么一说，伤员们你看看我，我看看你，一时无语。

康克清看看伤员说："你们先把我的牲口牵走，如果需要，再来牵总司令的。他的牲口在行军路上就是常常让给伤员们骑嘛！"

伤员们没有牵康克清的牲口，慢慢转身走了。康克清送他们时，走在后边的一个伤员，看看康克清，流下了眼泪，说：

"是人家要我来的。"

康克清心里不由想道："那些人真卑鄙，让这些伤员来闹事。"

过了几天，朱德的牲口还是被牵走了，这一次没有人来说，是被偷走的。

康克清发愁地对朱德说："你的牲口被人偷走了，饭也不给我们打了，怎么办？"

"不要紧。没有牲口咱们步行，不给打饭也饿不死我们。我写个条子，你到三十二军罗炳辉军长那里去一下，向他要点粮食。"

朱德说着在一张纸上写几个字，递给康克清，又说：

"现在有人监视我，你的行动还是自由的，你还可以到处去走走，看看一些同志还在不在，特别是廖承志同志，他的影响很大，我们要把他找到，保护好他。"

康克清接过纸条，犹豫一下说：

"你带着我找中央去吧，别留在这里了。"

"那不行！"朱德果断地说，"这支部队是党的，决不能丢下，要把他们带走。再说，我们也走不了，千万不要这样想了啊！"

康克清一下子明白了，朱德所以经受得住这么多的困难和委屈，完全是为了使党的军队不丢掉啊！她感到自己和朱德相比差得多么远啊！

第二天，康克清带着朱德写的纸条，到了三十二军，找到罗炳辉。罗炳辉听到这情况，十分气愤，当即给朱德送去了粮食。以后，康克清又去五军，见到了董振堂。她还没回到家，就被张国焘叫去审问。在那里，她见到了罗世文、朱光等人。回到住处后，朱德急忙问："你都看到了谁啦？"

"见到了罗炳辉、董振堂、罗世文、朱光等同志，他们问你好！"康克清回答说。

"这些同志都是拥护北上的，他们还在，我就放心了。只是廖承志同志，听说他到四方面军就被扣押了。他将来能发挥很好的作用，一定要设法救他。"朱德欣喜之中夹杂着忧虑。

"我明天再出去探听。"康克清说。

康克清并不认识廖承志，就注意观察被扣押的人员。一次行军时，听到有人议论说扣压的人中有廖承志等人，就赶忙回来告诉了朱德。朱德一听，脸上露出了喜色，连连点头说：

"好！好！"

是说廖承志还在好，还是说康克清做得好呢？大概是二者兼而有之。

康克清也高兴了。

第 18 章

患难之中，
两颗心贴得紧紧的

松岗城里有一座院子，分为前院和后院。红军总司令部来到这里后，朱德就被安排在后院的堂屋里，侧边是卧室，正面大一点的房间作为办公室。当门摆着一张方桌，旁边一条长凳。这天，朱德坐在长凳上，戴着老花镜，伏在方桌上聚精会神地看文件。

文件并不很多，可他读得很慢。红军总司令部的文件，他大多知道，川康省委的文件，他不怎么感兴趣。因为这些文件是受张国焘控制的，内容全是一些不切实际的错误的东西。只有前敌指挥部的文电都是关于打仗的，他又特别关注部队的行动，所以看得比较仔细，以便了解和掌握部队的仗打得怎么样。至于中共中央的来电，则很少，他怀疑有的没有给他送来。

朱德的目光在文件上，心里很想知道更多的情况，可是却不能。他已经发觉，他的行动受到了限制，走动一下都非常引人注目，到哪里去都会给下边造成麻烦，甚至不堪设想的后果，所以，除了张国焘召集的会议，他很少外出，把自己关在屋里看文件，读读书，偶尔也下下棋。

日子过得也算清闲，可就是心里着急。原来康克清在这里，可以到处走走，回来向他讲些在外面听到看到的情况。也许就是这个原因吧，她被调走了，到党校去当一位总支书记。这样一来，朱德等于失掉了眼睛和耳朵。这是针对我的呀！朱德不止一次这样想过。但他又没有阻拦，他担心那样会带来更多的麻烦。耐心，靠耐心吧！

"朱总司令，你好！"一个女同志的声音传进来，接着脚步跨进了堂屋。

朱德闻声抬起头，从老花镜的上方看过去，见是李伯钊，立即高兴地说：

"你来了呀……你从哪里来的？"

"从绥靖来，我在川康省委工作，做工农剧社的社长。"李伯钊回答。

她的声音有些哽咽，能见到总司令的面，能听到总司令的声音，真是不容易啊！

她是送红三军团北上时被拦留在四方面军的三个宣传队员之一，在去三十二军途中来到松岗。她办完手续后见到了罗炳辉军长，提出要看看朱总司令。她以为很简单，在江西苏区，在长征路上，随时可以见到总司令。可罗炳辉说：

"要请示陈昌浩前敌总政委，得到他的批准才能见。"

"万一可以，请你帮我问一问陈政委。"李伯钊说。

"可以。"罗炳辉说着要通了电话。

陈昌浩在电话中问清李伯钊在哪里，找朱德有什么事情后，才同意了。可是来到门前时，哨兵又拦住了她：

"你找谁？"

"我找前敌陈总政委。"李伯钊怕说找朱德会受到阻拦，随即改口说找陈昌浩。

李伯钊被领到陈昌浩办公室。陈昌浩见了面问：

"你来了呀！有什么事？"

李伯钊回答："我来了。我想看看朱总司令。"

"你找他有什么事？"陈昌浩又问。

"许久没有见到朱总司令了，我想看看他。"李伯钊说。

陈昌浩沉吟一会儿，好一阵子没有说话，脸色阴沉沉的。李伯钊插在布袋里的手紧紧捏着，手心里汗湿汗湿的，不知道得到的是同意还是拒绝。

过了两三分钟，陈昌浩才说：

"你去吧，在后院堂屋里！"

见总司令真难呀！李伯钊站在朱德面前，心里这样想，却没有说出口。她在打量朱德，黑里透亮的脸色，很健康，只是面孔消瘦了，一双眼睛还和往常一样炯炯有神。

朱德也在打量李伯钊，一身合体的军装，显得很旧了，脸庞比原来显得消瘦，一双大眼睛里，蓄满了泪水。这就是那个能写能演、会跳会唱、活跃而愉快的女红军吗？他在心里一颤，但还是努力控制住自己的感情，说："你的身体倒还结实。"

"唔！"李伯钊答应一声，她不敢说话，怕一说话泪水就会流出来。

"那就好！"朱德说。

"克清同志呢？她好吗？"李伯钊问。

朱德说："她在党校工作，她很好。"

这时，李伯钊强忍的泪水还是流了出来，顺着面孔，挂到了两腮上。

朱德没有说话，没有安慰，也没有劝说，而是默默地看着，眼前仿佛看到了康克清向他讲述的李伯钊被留下的情景。

包座战斗胜利以后，李伯钊一大早就赶到四军去培训宣传队员。中午，她的爱人、总政治部副主任杨尚昆派他的警卫员张秀夫骑着他的骡子找到李伯钊，交给她一封信，信上要她立即回总政治部。她虽然不知道发生了什么事情，还是动身往回赶。途中遇到去三十军慰劳的刘志坚，他带领 20 多个宣传队员回总政治部。下午，她回到住地阿西，总政治部的人已经走了，哨兵把他们集中到一个藏民楼上。他们想回原部队，可看形势已不可能，想趁黑夜追赶部队，又怕走不脱，因而就留了下来。

后来，她和张秀夫被分到前敌指挥部政治油印科党支部过组织生活。这个支部专门召开批斗她的支部大会，要她说清楚到前敌指挥部的目的。

有人说："她是派来搞阴谋诡计的，她是右倾机会主义的侦探！"

有人说："她的目的就是破坏红军。"

还有人呼口号："打倒反革命侦探！"

"打倒反革命奸细！"

李伯钊理直气壮地说："你们说些什么？不是让我来参加支部会吗？共产党开会又要打什么奸细，谁是奸细？"

由于李卓然副主任说了话，会才不欢而散，但李伯钊的党籍还是被开除了。

一个女同志，两次过草地，吃了那么多苦，在复杂的政治斗争中，受了许多委屈，再加上思念丈夫杨尚昆，怎么能不难过呢？

也许是发现朱德在看着她，眼睛里流露出兄长般的关怀和爱抚，李伯钊尽量控制自己，抹去脸上、腮上的泪水，说：

"怎么能让克清到党校去呢？"

这句问话的意思是很明白的，朱德当然听出来了，可怎么回答呢？康克清最初听到要调她到党校去时，曾愤愤地说："张国焘不就是想封锁和限制你，怕我给你报信，才想出这么个办法，把我和你分开吗？"

朱德当时是这样向康克清说的："党校需要你，你就到党校去工作，要以大局为重，只要能团结大多数同志，到哪里都一样，不要担心我。"

看着眼前这位一起离开苏区，一起渡湘江、过赤水的女同志，该怎么说呢？朱德开朗地笑了笑：

"没关系，我这里不是很好吗？"

李伯钊知道朱德的处境不好，从而联想到自己，忧心地问：

"我怎么办呢？"

"他——张国焘，打红旗跟他走；他要打白旗，再说！"朱德的话坚定而有力。

对呀，怪不得朱总司令这么沉着呢！李伯钊感到心里亮堂多了。她说：

"你要好好地保重。党校离我们剧社很近，我会去看克清同志的。"

"好！"朱德说，"你要是见到康克清，就告诉她好好工作，特别注意团结四方面军的同志，不用为我担心。"

李伯钊立正敬了个军礼："我走了，朱总司令。"

"走吧，我送送你。"朱德从桌上拿起军帽，使劲戴到头上。

缓步走出司令部大门，朱德伸出手，握住李伯钊的手，说：

"你也要保重！"

李伯钊又敬了一个军礼，转身大步走了。

朱德久久地站在门口，先是挥动手臂，后是默默凝思，柔弱的阳光，照着他的面孔、身影和灰白的军衣。他的心里在想，康克清怎么样了呢？

这天是党校的休息日，学员们有的休息，有的学习，有的三三五五聚在一起交谈。

康克清到各处去看了一下，就回到自己住的房间里，拿起军帽补起来，一针一钱，补得认真细致。

这顶军帽是朱德的。他那次到党校来讲课，就是戴的这顶帽子。康克清看到破了，便将它留下来，将自己的帽子给了朱德。

那次朱德讲的是军事课。他站在人们的面前，说：

"我们都是革命军人，不懂军事是不行的。有人觉得敌人骑兵、飞机厉害，其实骑兵、飞机并不可怕，我们没有高射炮，只有用步枪打。光靠勇敢是不行的，要学打飞机的基本知识，掌握其要领，要有坚强的意志，要狠、要准、要巧妙。三至五人一组，在飞机低空俯冲时，朝飞机前面一齐开火，就有可能打中它。"

康克清也和学员们坐在一起听讲课，她感到朱德讲得通俗易懂好记。他一边讲，还一边做示范动作，用一支马枪做出打飞机的姿势。那炯炯有神的目光顺着枪口看出去，好像真的把飞机打下来了似的，学员们发出欢笑声，朱德自己也笑了。

课后，分组进行讨论，康克清参加的是女子组。人们都赞扬朱德讲得好，康克清说：

"女同志能学到真正的军事本领是不容易的，你们都是好学生啊！当然，我也是总司令的学生。"

女学生一下子还没有理解康克清的话，集中向她的目光好像在问："你不是总司令的妻子吗？怎么又变成了学生呢？"

康克清看到了这一点。她说："1925年，我们村里闹起革命来，一批读书人从南昌回来到处宣传革命道理，鼓动我们起来反对封建压迫，不再给地主当牛马，于是，村里成立了农会、妇女会、赤卫军、儿童团、少先队。我那时不过15岁，和几个妇女伙伴一起拿起梭镖，背着红缨枪，站岗放哨，看到敌人杀害劳苦工农，我们就积极配合赤卫军打击敌人。1928年我参加游击队，随部队开往井冈山，后来就一直在总司令身边，我是跟他学习的啊，只是学得还不好……"

一边补着军帽，康克清一边这样想，她希望朱德能常到党校来讲课。一则是学生喜欢听他讲，二则自己也可以多见他几面。

正在这时，有个女学生蹑手蹑脚走进屋内，猛地夺过帽子，说：

"我帮你补吧！"

康克清一抬头，笑着说：

"是杨文局呀！"

康克清是在庆祝三八节的大会上认识杨文局的。当时杨文局领着战友们打着绣有"妇女工兵营"的红旗，迈着整齐的步伐进入会场后，跑步到了主席台的签到处时，张琴秋向康克清介绍说：

"她是总供给部妇女工兵营营长杨文局同志。"

康克清亲切地握住她的手说："今天有你的大会发言哩！"

几天以后，杨文局奉命到党校学习，作为党校总支书记的康克清，握着杨文局的手问长问短，带她去检查身体。杨文局认为自己身体很好，不用检查。

康克清说："身体是学习的本钱，有条件就要把身体保养好，锻炼好。"

杨文局问："都有什么人来学习？"

康克清说："这期学员都是排长以上的干部，现有五个连，女同志只有一个排，肖朝英任排长，你担任班长吧。"

杨文局没有推辞，又问："学习些什么课程呢？"

康克清答："主要是马列主义政治课，由校长刘希文讲，还有军事课、地理课，总司令来讲军事课。"

在不断接触中，彼此都很熟悉了，所以杨文局才抢过军帽要帮助补。

康克清看了看杨文局，问道："你会补吗？"

"会，我还会绣花呢。"杨文局答。

"哟，你会绣什么花？"康克清问。

杨文局说："扎花、挑花、编花，都会。"

康克清没有去夺军帽。她站起身，走到旁边，拿出一个布包，走回来打开说："我还有一点牛肉干，你吃吧！"

杨文局知道，牛肉干是很珍贵的东西，康克清是自己舍不得吃储存下来的，现在拿出来招待她，就说：

"我不吃，你收起来吧，等需要时再吃。"

康克清看着杨文局飞针走线很熟练，说：

"我爱花，可不会做花。我从小学会做鞋补衣服，衣服破了都是自己补的。"

杨文局缝完最后一针，打了个结，用牙齿将线咬断，翻来覆去地看了看，说：

"这军帽太旧了，到总供给部领一顶新的吧！"

"不，不，总司令是不允许搞特殊的！"康克清严肃地说，"何况现在正处在困难时期呢！人常说，穿衣服新三年旧三年，缝缝补补又三年，你看这不是挺好吗？"

因为说到总司令，杨文局问：

"朱总司令身体好吗？"

"我又好多天没见到他了，他会很好的。"康克清回答。

"是啊，他年纪大了，事情又忙。"杨文局语气里充满感慨。

康克清问："你的那位郑部长呢，不再保密了吧？！"

"还想给我找个好女婿吗？"杨文局说完自己先笑了起来。

康克清哈哈大笑："你这个杨文局呀，还记住我那句话呀？！"

那是康克清刚到党校不久，通知学员们去欢迎红四方面军总供给部长郑义斋，杨文局却慢慢腾腾的，说她不愿去。康克清问：

"杨文局，你怎么不愿去呀？"

"我才不去欢迎他呢，叫他来看我吧！"杨文局说。

"你这是什么意思"康克清惊奇地问，突然，她又明白了，开玩笑地说，"哎呀！文局你真行，从来没有暴露过，我还准备给你找个好女婿呢！"

杨文局当时就知道，康克清是开玩笑，又不是开玩笑。她到达党校后，不但关心学员们的政治思想，对女学员的个人生活也很体贴。当时四方面军女战士有几千人，但张国焘不准她们谈恋爱，不准结婚，违犯的轻者处分，重者杀头。但这种事是禁止不住的，有少数人悄悄结了婚，但对外却保密。康克清则坚决反对张国焘的说法和做法，还当面和他争论过，主张婚姻自由，按照规定符合条件的就可以结婚，因此赢得了女战士们的拥戴。杨文局现在又想起那句话，顺口说了出来。

"说真的，你们到底是什么时候结的婚呀！"康克清收住笑容问。

"差不多快一年多时间了。"杨文局说，"其实也不是秘密。1934年4月，我们在通江举行的婚礼。我俩身上穿的是部队发的军装，屋子里挂的摆的各样花卉，还有蜻蜓蝴蝶，全是我和同志们自己动手采用通草编制的。当晚吃的是伙房'食谱'上原订的荞麦面疙瘩。老郑虽然是总供给部长，仓库里有丝绸彩缎，金银珠宝也不少，还有许多食品，但我们的整个婚事没花公家一个铜板。"

康克清静静地听着，仿佛又回到了长汀城内辛耕别墅的那间房子和她和朱德的简朴婚礼，心头涌动一种说不出的甜蜜和幸福。回忆到这些，她又有点儿想念朱德。他到前方去了，听说是和徐向前在一起指挥战斗。她真希望像许多次战斗一样，能在丈夫的身边，与他同甘苦共患难，可是却不能，张国焘还没有放松对朱德和她的提防啊！

杨文局看到康克清在凝思，不知道她心中在想什么，就问：

"康大姐，你和朱总司令结婚时怎么样？热闹吗？"

"我们呀！"康克清猛然醒悟过来自己是和女学员聊天，便打趣地说，"不如你们，几个罐头还是总司令借警卫员的钱买的呢！"

杨文局还想问什么，康克清说：

"不谈这些了，等老了再来回忆吧。走，到外边去看看。"

她们走出了房间，肩并着肩往前行，不时说着什么。

吃过晚饭，朱德走出卧室，来到外边，慢慢地信步而行。太阳已经落山，西边的天空还残留一抹微红。

走着走着，他转身对警卫员说："小李，我下棋去。"

"和谁下？"警卫员问。

"张总政委。"朱德说。

警卫员跟在身后，朱德向张国焘的住房走去。

张国焘沿着错误的路越走越远。他在卓木碉成立了一个"中央"，自封为"中央主席"，并给朱德安上"中央委员"的头衔。朱德坚决反对，严肃地说：

"我是总司令，不能反对中央，不能当你这个'中央委员'。你硬要搞，我也不能赞成。我按党章的规定保留意见，只以总司令的名义做革命工作。"

张国焘听不进朱德的话，但慑于朱德的威望，也没有什么办法。要怎么样就怎么样吧，反正这里得按我说的办。张国焘常在心里聊以自慰。而朱德呢，则想尽一切办法做张国焘的思想工作，动员他放弃自己的主张，回头北上。

朱德到来的时候，张国焘也才刚刚吃过饭，见到朱德，笑着说：

"总司令，你吃饭了没有？"

"刚刚吃过，我们再杀一盘好不好？"朱德说着走进屋里，在桌上摆好了棋盘。

"总司令上门下战表，我怎么能怯阵呀！"张国焘也是很喜欢下棋的，一边说一边迅速坐在桌子的北边。

摆好棋，朱德不慌不忙地坐下来，瞳仁里透出一股锐气，仔细观察着，仿佛眼前不是一盘棋，而是激烈拼杀的战场。但他没有像战场上那样，而是抬了一下手，做了个"请"的动作。

张国焘也不客气，抓起一个子放到前面的位置上，等朱德下棋子后，他就向前沿猛攻，连吃了朱德两个"卒"，脸上漾起洋洋得意之色。

朱德仍然非常沉着，在应战张国焘进攻的同时，首先把自己的"城防"布置好，使其进可攻退可守，接着调集"车""马""炮"迂回迅猛地包围过去。连连几次"将军"，逼得张国焘的"老将"东躲西闪，无力招架，死于"马后炮"之下。

张国焘和朱德多次在"汉界""楚河"两边厮杀过，他总是败的时候多胜的时候少，深知朱德棋术的厉害，但对这第一盘就输了，还是不服气，要接着再下。可惜，第二盘又告败北。第三盘，张国焘连续出击，朱德步步后退，故意陷进张国焘的包围之中，结果认输。

张国焘看着棋盘，眼中射出一缕喜色，可马上又暗淡下来。他觉得，朱德似乎不应该输。

朱德收拾棋子，不紧不慢地说：

"下棋也同打仗一样。我刚才输就输在不该步步退却，落入你的包围之中。"

张国焘一听朱德话外有音，心中忽地不悦起来，但又不好发火，索性将话题挑明，说：

"哈哈，朱老总，你可不能这样说，我们眼下不是胜利了吗？夺取了好几座县城。"

"知彼知己，百战不殆，这是《孙子兵法》中早就讲过的。"朱德语调平静地说，"带兵打仗，不仅要了解自己的部队，还要了解敌人，了解兵要地志。我们是占领了几个县城，可并没有把敌人消灭，有的还是人家主动退出的。我们一进攻，把四川的军阀打得更集中了。北面胡宗南来了，南面的滇军也来了，听说蒋介石还在调广西李宗仁、白崇禧来进攻我们，我们将要腹背受敌。正如我们下棋一样，不能只贪吃眼前几个子儿，要走一着想三着，下步对我军有没有利，都要想到呀！"

"依你之见，下一步该怎么办？"张国焘问。

"重新北上，与中央会合。"朱德干脆果断地说。

张国焘犹豫一下，说："部队不愿再爬雪山再过草地，怎么办？"

朱德立即说："我们是指挥员，部队是我们带领的，只要做好思想工作，我看问题不大，何况指战员们早就要按中央的决定北上抗日呢！"

张国焘虽然无话可说了，但仍不赞成北上，提出在川康藏建立根据地。

"建立根据地要有三个条件。"朱德说，"第一，必须是敌人统治力量薄弱的地方，而这里三面受敌；第二，要有良好的群众基础，而这里人口不过 10 万，而且多为藏民区，由于历史原因，藏民与汉人矛盾极深，对红军不了解，我们难以立足；第三，经济要自给自足，这里人烟稀少，红军的给养和兵员补给困难。此外，我们建立根据地的目的是为了打倒日本帝国主义，解放全中国，现在东三省沦陷，华北危急，日本侵略者妄图灭我中华，我们蹲在偏僻的大后方，能驱逐日本帝国主义吗？……"

这时，警卫员走进来，对朱德说：

"报告总司令，有人带信来，说康指导员病了。"

张国焘知道说服不了朱德，一听到警卫员的报告，还没等朱德说话，就忙说：

"康克清同志病了，你赶快去看看她吧，需要什么告诉我。"

朱德心里很着急，但神情平静：

"谢谢你的关心，我先去看看。"

和张国焘握别后，朱德跨出门槛。夜色里，他加快了脚步。

雨点般的马蹄，急促地敲打着大地，发出嘚嘚嘚的响声。溅起的尘土和草屑，被马蹄带起的风吹得团团转。

朱德坐在马背上，还嫌马跑得太慢，恨不得立即飞到康克清的身边。

昨晚他从张国焘的屋里出来，回到自己的房间，才知道是肖朝英来报告的，说康克清得了伤寒病，已经发烧一个星期还没有退。肖朝英是被指定监视康克清行动的，天天要向上面汇报。在她和康克清的接触中，逐步认识了北上抗日是正确的，张国焘的做法是错误的，很同情朱德和康克清等人受到的遭遇。因此，当康克清病重之后，有人要把康克清安置在老百姓家里时，她偷偷地跑去告诉了朱德。

朱德心想，康克清是个坚强的人，一般的病不会告诉他，何况又是肖朝英主动来讲的，当即就想往回赶，可又一想，还是待到明天为好。所以，早饭后他就出发了。

几十里路程，一会儿就赶到了。朱德跳下马，急步跨进房间，看到康克清正微闭双眼，静静地躺在床上。

听到脚步声，康克清使劲睁开眼睛，见走进的是朱德，嘴角挂一丝笑容，算是打了招呼。

朱德走到床前，俯下身子，把脸凑到康克清的跟前，不由得心里一酸。她消瘦了，原来圆圆的红润的脸庞，现在枯瘦而苍白，一对眼窝下陷。朱德伸出手，把旧军毯往上拉一拉，轻声问：

"克清，你好一点了吗？"

康克清没有回答，泪水顺着眼角流了出来，落到枕头上。她心里有多少委屈要向丈夫倾吐啊。自从生病之后，张国焘等人不但不派医生来治疗，竟然还要把她留下……可是，此刻她却一句话也说不出来。她没有力气，更不愿丈夫因自己而难过。

朱德掏出手帕，轻轻给妻子擦去泪水，才让跟随他来的医生给康克清看病，他自己则坐下，喘着粗气。直到这时，他才感到刚才走得太急，确实有点儿累了，还没顾得上擦擦脸上的汗水呢！

医生看过病，留下一点药到屋外去了。

康克清想坐起来，朱德忙把她按下，说：

"你躺着吧，等一会儿吃了药好好休息。"

"昨天李伯钊来了。"康克清吃力地说。

朱德点点头："她说什么了？"

"她说她看过你，她哭了。"康克清说。

其实，李伯钊不止一次来看过康克清，这次是听说康克清病得很重而特地来的。她看到康克清病得这样重，联想到自己的遭遇就哭了。康克清也哭了。她们两人抱在一起，痛哭了好大一会儿。

现在，康克清只向朱德说李伯钊哭了，却没有说自己也哭过，是没有力气说，还是不好意思说呢？

朱德没有再问什么，凝神地看着康克清。

正在这时，张国焘的秘书长领着几个人进来。看到朱德，先是一愣，旋即换了一副笑脸问道：

"朱总司令，你回来了？"

朱德擦着汗，严厉地说："她辛辛苦苦干了那么多工作，生了病，你们就要把她留下不要了。还瞒着我这个总司令，是对待革命同志的态度吗？"

这位秘书长不吭声了。就是这位秘书长，紧紧追随着张国焘，起劲地反对中央北上抗日的决定，在两个方面军中挑拨离间，制造分裂。在那次会上，他仗着张国焘的势，逼着朱德表态反对北上，反对毛泽东，大加谩骂，就差没有动手了。

"她病得这样重，决不能留在老百姓家里。谁还能不生病！生病不能走，用担架抬着走。"朱德的语气果断而坚决，毫无商量的余地。

那位秘书长不禁吓了一跳。他已经见识过面前这位外表像马夫、伙夫的人，意志可是比钢铁还硬。所以，他眨眨眼睛，说：

"这是总部决定的。"

"哪个总部决定的？我是总司令，我怎么不知道？"朱德使劲拍了一下桌子，语调变得有些激愤，"你们不是说她是太太吗？是我的太太，把她留下来就会被敌人杀掉的。"

"那怎么办？"秘书长反问道。

"怎么办？走！跟着部队走！"朱德说。

那位秘书长不说话了。这段时间里，他看到张国焘都怕朱德几分，自己算什么呢？

朱德看到他的心里并不满意，就转成温和的口气说：

"我们共产党，我们红军，决不能干那种过河拆桥的事。要人工作时就使唤人家，不能工作了就扔下不管。不光是康克清，对其他人也是这样。"

那位秘书长摊开双手，摆出一副无可奈何的样子说：

"可是没有人抬呀！"

"没有人抬我们抬！"肖朝英往前站了一步说。

"对！我们抬，我们找人抬！"跟那位秘书长来的几个女同志一齐说。

那位秘书长见此情景，没有什么话好说，悄悄地退了出去。

朱德站起身来，看着面前这些年轻的女红军，心里非常感动，连声说：

"谢谢同志们！谢谢同志们！请你们先回去吧，如果需要，我就去请你们！"

肖朝英等人走了。屋里只剩下朱德和康克清两个人。朱德走到床边坐下来，伸手摸摸康克清的额头。由于刚才医生看过，又吃了药，烧似乎减退了一点，康克清拉住朱德的手，拉得紧紧的，生怕丈夫再走了似的。

朱德轻轻拍拍康克清的手背，让她躺好，问道：

"你想吃什么东西吗？"

康克清摇摇头。

朱德走到门口，喊来警卫员，小声说了几句什么，警卫员点点头走了。过了不大一会儿，警卫员提来一只鸡，朱德和警卫员一起杀好煮好，亲自端到了床前，说：

"来！坐起来，把这鸡吃下去。"

鸡？康克清很惊奇，一是这里很难买得到，二是朱德从来不特殊，他自己和战士们吃一样的东西，现在怎么会弄来鸡呢？就问：

"是哪里来的？"

"是用咱们的伙食尾子买的，你的身子太虚了，需要补一补。"

说着，朱德撕下一条鸡腿，递到康克清的手里，康克清拿着油汪汪香喷喷的鸡腿，眼眶里蓄满了泪水。她看到，朱德的脸也是黝黑黝黑的，他日夜操劳，多需要补养一下啊，可是他舍不得，却为自己买来了鸡。就说：

"还是你吃吧，你肩头的担子比我重！"

"不，还是你吃。一个女同志，能走过来已经很了不起了，再说，你现在不是正在生病吗？早点把病治好，把身子养好，才能北上抗日嘛！快，快吃吧！"

在朱德的一再催促下，康克清吃了一些鸡肉，又喝了点汤，感慨地说：

"四方面军有些女同志真好，比如肖朝英，本来是来监视我的，可是和我还挺谈得来，并且没有去汇报。"

"还是她跑去告诉我说你病了，要不然我怎么会赶回来。"朱德说。

"是吗？"康克清不相信似地问道。

朱德点了点头。

"这就是你说的，四方面军的绝大多数是好的，是愿意执行中央北上抗日方针的。"

朱德说："所以我们要耐心细致地工作，宣传中央的决定的，讲红军要团结，不能分裂的道理。"

"前面的情况怎么样？"康克清又想到朱德刚从前边回来，问道。

"徐向前总指挥是拥护中央的决定的，对张国焘的做法也有意见。可是整个形势并不好，虽然打了几个胜仗，但是敌人又围过来了。不过，贺龙、任弼时同志率领的二方面军正在向这里转移，等他们到来后，事情会好办一些。"

屋子里很闷，可是他们两人并不觉得。特别是康克清，心里更有一种说不出来的滋味。

朱德看到康克清太累了，就让她躺下，帮她把毯子盖好，说：

"好好休息吧！等你养好了身子，咱们就去追赶中央！"

康克清使劲点了点头。

第 19 章

走出草地时，
和煦的阳光剪下并肩的身影

俗话说，人逢喜事精神爽。

的确是这样。康克清的病虽然好了，身体还是很虚弱，但精神很好，尤其是心里格外舒畅。左路军南下天全、芦山后，由于干部战士的英勇顽强，打了几个胜仗，可是没有能够改变困境，相反却越来越艰难。在事实面前，张国焘不得不同意北返，回到了甘孜。

想想几个月的经历，康克清的心里不免有点庆幸，真是九死一生啊！如果不是朱德及时赶去看她，带来了医生；如果不是朱德顶住那些人的主张，没有让她留在当地，现在肯定不是在这里，能不能活下来也说不定呢！

她还记得北返途中翻越党岭山时，她的病才刚好。那可是一座很高的山啊，终年积雪，云遮雾漫，道路冰冻，崎岖险要。她身体虽然还没有恢复，仍得对其他人做思想鼓动工作。当看到有人面对皑皑白雪覆盖的山梁心情沉重时，就笑眯眯地说：

"眼下确实非常艰苦，但是我们吃这个苦是值得的。因为千百万劳苦群众等待我们去解放，日本侵略者等着我们去赶走。想想这个，我们就不要怕啥子困难了，就没有啥子战胜不了的困难。雪山再高，没有我们的志气高。"

这些话激励着别人，也激励着她自己。可是困难还是很大的，特别是平时很少骑马的她，不得不骑着马爬山。这时候，穿着皮袄还觉得十分寒冷。下山的时候，骑马难行，她又不愿意让别人抬着走，便将皮袄裹在身上，从山上滚了下来。

当时朱德没在跟前，过后听到康克清叙说那情景时，先是一惊，接着嘿嘿笑了：

"你这个康克清呀，坐上飞机了！"

康克清在心里想，现在好了！二方面军来了。那些领导人任弼时、萧克、王震，她都熟悉，贺龙虽然没见过面；但常听朱德说到他，赞扬他参加南昌起义，又在湘西建立红军等功绩。这些同志的到来，一定能够更有力地说服张国焘北上，去同中央领导的红军会合。这些，她是从朱德的脸上和眼睛中看到的。

二方面军来的消息，朱德早就告诉过她，并且鼓励她快养好病，恢复体力，准备和二方面军会合，继续北上。总司令部、总政治部也发出通知，要求做好迎接的准备工作，以实际行动欢迎兄弟部队的到来。她在学员大会上作了动员，派人到总供给部领来羊毛，准备分头织毛衣，作为送给二方面军战友的礼物。

为织毛衣，康克清可是费了一番心思，她看到一些女学员大都会编织，可不会捻毛线，就去请了两个藏族小姑娘来当老师，在她们的帮助和指导下，不但女学员，连男学员也学会了洗毛线、捻毛线，然后编织成毛衣、毛背心、毛袜子等既能表达心意又能防寒的物品。

早上，朱德让饲养员牵来马，对康克清说："我要到二方面军去，看看弼时、贺龙、萧克、王震和战士们，你们可要做好欢迎的准备啊！"

"你放心去吧！"康克清高兴地说，"礼物准备好了，还排练了节目呢！"

朱德一边上马一边连声说：

"太好了！太好了！"

他可能已到了那里，见到了二方面军的同志。康克清在心里计算着，60多里的路程，催马飞跑，是要不了很长时间的。他们见了面，一定非常亲热，有说有笑，并且商量会合后怎么办。

想到这些，康克清拿出自己织好的毛衣，又仔细地看了一遍。这是她一点一点捻出来的线，又一针一针织起来的。洁白的颜色，摸上去蓬松柔软，穿在身上一定会暖和的。织好以后她曾让朱德看过。朱德戴上老花镜，一边看一边称赞道："很好！很好！二方面军的同志一定会喜欢的。"

丈夫的赞扬，反而使妻子心头生出一种内疚。几年来，还没有给他织过一件毛衣呢。康克清说：

"等有了时间，我也给你织一件吧。"

"好啊！"朱德顺口说。

"如果在这里住的时间长了我就织。"康克清说。

"不用了，这件不是很好吗？"

朱德说着拍拍身上的毛衣，那是一方面军和四方面军会合后四方面军的同志送的，朱德得到了一件。

康克清把毛衣包好，拿着它走了出来。天空晴朗，明亮的太阳照在绿茵茵的草地上，各色野花散发芳香，星散的牛群、羊群，如同撒在草丛里的珍珠、玉石。高大的喇嘛寺的金顶，闪烁耀眼的金光。不知名的鸟儿，叽叽喳喳地叫着，展翅向远方飞去。

来到学员们中间，康克清看到人们笑逐颜开，谈论二方面军到来的事情，把织好的毛衣、毛背心、毛袜放到一起，打成一捆一捆地堆起来。真多呀！康克清心想，这是战友间的情意，从中，她看到了大家花费的心血和汗水。

看见康克清走过来，学员们一齐围住了她，一些女学员更是亲热，七嘴八舌地问：

"大姐，你准备了什么礼物？"

"你送给二方面军同志的毛衣织好了吗？大姐！"

康克清打开包，拿出自己织的毛衣，说：

"我也准备好了一件礼物。"

那些学员争着把毛衣抢过去，互相传递着观看。

一个说："嗬，大姐织得真好呀！"

另一个说："这毛线捻得也好，又细又匀！"

又一个说："大姐是个巧手！"

男学员们似乎不怎么注意毛衣，他们看到女学员又看又评论，只是笑。有个男学员问：

"大姐，二方面军的同志什么时候来呀？"

"很快就会来到。"康克清说，"张总政委和总司令已去看二方面军的首长了。"

"那些首长你都认识吗？"另一个男学员问。

康克清说："除贺龙同志以外，任弼时、萧克、王震同志都见过。不过，我早就听说过贺龙同志两把菜刀闹革命的故事。"

"大姐，二方面军同志很快就来了，咱们欢迎的节目还得排练排练哩！"一个女学员说。

康克清说："对呀，为了欢迎二方面军，咱们的节目一定要演好啊！抓紧时间再练一练。"

"什么时间练呀？"另一个女学员问。

"如果大家没有什么事，现在就可以练。"康克清说。

人们一齐赞成："好，现在就练！"

于是，男女学员们有的唱歌、有的跳舞，俨然是热热闹闹的庆祝会的场面和气氛。

轮到合唱的节目时，一直在下面注意观看的康克清，整整军帽，拉拉衣襟，全副武装地走过去，和女学员们站在一起，挺胸昂首，精神抖擞，齐声高唱：

> 金沙江流水响叮当，
>
> 二六军团来过江，来过江。
>
> ……

这胜利的歌声，团结的歌声，激越嘹亮，传得很远，很远……

草地茫茫，茫茫草地，这是一个望不到边的水沼泽国。

已经进入草地几天了，人们总是在泥泞中跋涉。虽然天天如此，但康克清并不感到累，这一方面因为她身体得到了恢复，更主要的是因为心里高兴，红军终于又踏上了北上的路。这是她第三次穿越草地了。可是，越往前走，困难就越多。不少人出发时带的粮食吃光了，没吃光的，也所剩无几。有的人有点吃不消了，边走边嚷着累呀，饿呀。康克清紧走几步，笑着问道：

"你们在议论什么呀？"

小张说："我管不住我的肚子了。它给我提意见说，要给我进食，这样才能让我跑得快。"

"唔！"康克清沉吟片刻说，"大家都一样肚子饿，可是都忍受了。同志哥，把腰带紧一紧，说服给我们提意见的肚子。"

大家都笑了，小张也笑了。

正说着，来到一群人面前。上前一看，是前卫部队收容队在掩埋一个牺牲的同志。大家都默默地注视着，似乎在行注目礼，仿佛说："安息吧，同志！你没有走完的路我们继续走。"

勤务员赵科看看被掩埋的战士，目光又转到康克清的身上，心里想，是她救了我啊！不然的话，我可能早就被掩埋了。

那是进入草地不久，一个疾风夹着雨雪的夜间，赵科脚上磨起的水泡溃烂了，肿得像发面馒头，摔倒后爬也爬不动。白天，他看到有人陷入泥潭，前去救的人也跟着陷进去。他怕自己身下也是泥潭，会连累别人，连喊也没喊，终于掉了队，爬着爬着昏迷了过去。等他醒过来，发现自己又回到了同志们中间。原来是康克清发现他掉了队，派人沿原路回去找到他，使他免于死在水草地里。

在人群的旁边，有个战士因极度饥饿疲劳躺倒地上，吃力地对身旁的同志说：

"你们走吧，我在后面跟着……我一点点地爬……爬到革命的终点……"

说着就昏迷了，脸色煞白。

康克清走到战士跟前，俯下身去，把自己的干粮袋倒了又倒，终于倒出了半碗炒面，从赵科的手里接过水壶，倒进碗里拌和一下，喂进这个战士嘴里。战士吃下炒面，慢慢睁开了眼睛。

站在一旁的人说："是康指导员仅有的一点炒面救了你啊！"

这个战士握住康克清的手，眼里流出了激动的泪水。

康克清紧紧握住战士的手说："你好些了吗？"

"指导员，我吃了你的炒面，一定能走出草地！"这个战士说。

不知什么时候，朱德来到了这里，站在了人群的外面。这里发生的一切，他都看到了。他为死去的战士痛心，对康克清的举动很满意。

康克清站起身说："同志们，我们红军战士要互相关心，一同前进，一定能走到胜利的那一天！"

转瞬之间，她看到朱德正站在不远的地方看她，目光里流溢出发自内心的赞扬，心里腾起一股暖流。她已经几天没看到朱德了。她向朱德走过去。

朱德也往前跨几步，说："你在这里呀！"

"看到这里有一群人，我就来看看，没想到一个牺牲了，另一个昏了过去，幸好，半碗炒面把那个昏迷的战士救过来了。"康克清说。

"是啊！"朱德感慨地说。

朱德望望前边，又望望后边，感慨地说："大自然的和内部的困难，轮番向我们进攻。我看，哪个困难也搞不垮我们。"

康克清受到了鼓舞，但当她的目光落在那疲惫的行军行列时，又说：

"大部分人的粮食都吃光了，又冷又饿，有的人实在走不动了！""不管怎么说，只能前进不能后退！"朱德竖起剑眉，坚定地说，"困难总是可以克服的，没有粮食就挖野菜，实在不行就把牲口杀了，肉、皮都可以吃。要千方百计保证人走出去，有了人就好办了。"

康克清点点头："对，目前只能这么办。"

朱德和蔼的目光注视着妻子发黄的面孔，和那疲倦而有神的双眸，问：

"你的病才好不久，身体吃得消吗？"

"没有问题！"康克清回答，并且挥了一下手臂，"你看这不是很好嘛！"

"要多注意保重，你的身体还是很虚弱的。"朱德关切地嘱咐道。

康克清说："我会注意的，你自己也要多当心一点才好。"

"那就好！"朱德点点头，"我还要到前边去，先走了。"

饲养员牵过马来，朱德推开了，说：

"马也是很累的，让它歇歇吧，一旦有了病号可以骑，我自己能走。"

饲养员求救地看看康克清，意思是让她劝说朱德骑上马走。康克清无可奈何地摇摇头。

朱德往前迈出两步，又转身走回来，站在康克清的面前说：

"这是不易通过的艰险地带，你要多照顾一下女同志，她们的困难更多一些。"

康克清很感动，过草地之前，朱德就提出了这个问题。党校领导根据这个指示，让妇女排紧跟校部行军，目的就是为了便于照顾，这个安排就是康克清向妇女排的班长、排长传达的。现在朱德又这样嘱咐，康克清明白丈夫的意思，女的照顾女学员更方便一些。她使劲点点头，"嗯"了一声。

转过身，朱德向远处走去。康克清目送他，直至他的身影溶进了行军的队伍之中。

康克清又继续前进了，在烂泥的草丛中深一脚浅一脚地行走，来到一条小河边。河水有深有浅，水流有急有缓。她在河边上站住脚，全神贯注地看着学员们过河。妇女排过河的时候，她上前去搀扶，帮助拿枪支，直到最后一个人安全地过了河，她才松了一口气，加快脚步追赶前边的人。

太阳落山，夜幕降临，学员们在一片稍高的土坡上宿营下来。康克清安排好之后，又去查哨。这已经是她的习惯了，不论多累，只要一住下来，她就去查铺查哨，从没有马虎过。

她首先来到的是妇女排。站岗的是班长杨文局，康克清见了面说：

"文局同志，你太辛苦了！"

"你才辛苦呢。"杨文局说，"大家都睡下了，你还要查铺查哨。"

康克清无意讨论谁更辛苦的问题，问道：

"班里的情况怎么样？"

杨文局回答："同志们都很坚强。大家团结友爱，遵守纪律，能克服困难。"

"还有什么问题吗？"康克清又问。

"主要是没有东西吃，肚子饿，寒冷难受。"杨文局说到这里，顿了一下又说，"还有，女同志月经来了无法收拾，缺乏卫生用品……"

康克清沉默了。黑暗中，她长叹了一声：

"唉！有什么办法呢？由于生理上的原因，我们这些女同志要吃更多的苦。你告诉大家，越是困难的时候，越是要顶住，坚持顶下去。只要我们这些人有坚定的信念和勇气，互相帮助，紧密团结，经得起，顶得住，就能战胜一切困难！"

杨文局看不清康克清的脸色，但从这些话中，似乎看到了她严肃的面孔和坚定的决心。她也是女人啊！她能做到的，我们也应该做到。她是我们的榜样！

"对！我向大家讲。"杨文局说。

"好，谢谢你！"

分别的时候，康克清的手和杨文局的手握在一起，握得很紧，很有力。

又是一天的行军，又是一个下午。

金色的太阳，慢慢西斜，柔和的光线，照在一望无际的草地上。康克清披着夕阳，向一个草坡走去。

那是党校宿营的地方，朱德和学员们宿营在一起。

今天宿营比较早，大家刚做完准备工作，朱德就来了。他脚穿草鞋，背一个斗笠和公文包，挂一根两头都磨圆了的棍子，一见面就说：

"我向你们报告两个好消息：一是快走出水草地了，二是有了一头牦牛！"

牦牛？在这荒无人烟、连飞鸟也不愿来的草地上，哪来的牦牛呢？朱德看出了人们目光中的疑问，解释说：

"是先头部队给我们送来的一头牦牛。"

"把牦牛杀了，美美地吃一顿！"有人说。

"同志们，过日子要有个长远打算，不能光看到鼻子尖上。"朱德说，"宁愿顿顿缺，不能一顿无啊！我的意见是把牦牛杀了，留下牛皮、牛肉做干粮，牛骨头炖野菜，营养好得很，是我们今天最好的晚餐。"

大家都赞成朱德的意见，跟着他去找野菜，康克清因为有事，没有去找野菜，而且到现在才回来。

远远地，康克清就看到了那几口行军锅，蓝色的火苗舔着锅底，锅内热气腾腾，香喷喷的牛肉气味传了过来，四周围满了就餐的人。朱德和几个警卫员蹲在一起，正津津有味地吃着，不时和旁边的人说着什么。

这时，一个警卫员端着一个大碗走到朱德跟前。康克清停住脚步静静地观看。

"总司令，你吃这个吧！"警卫员说。

朱德看了看，皱着眉头问：

"这是哪里来的？"

警卫员回答："先头部队送牦牛来时，顺便捎来一点大米，专门嘱咐给您熬粥喝。"

朱德口气变得温和了："你给那边几个病号送去吧，我吃牛骨头煮野菜，营养好得很。"

警卫员端着碗，慢慢走到病号旁边，可是病号也不喝，让朱德喝，朱德又让送给病号，警卫员来回几趟也没有办法，就请刘坚劝朱德喝粥。

刘坚和大家的心情一样，她就走近朱德，摆出自己预先想好了的理由，扳着指头说：

"朱总司令，我看这粥还是得您吃。论职务，您是首长；论年纪，您比我们大；论身体，您不如我们年轻人。"

朱德侧着头，微笑地静静听着。等刘坚住了口，才哈哈大笑起来，问道：

"你的理由都说完了没有？"

刘坚知道自己的话并没有说服朱德，忽然灵机一动，大声说：

"还有，您平时经常说，遇事要讲民主，少数要服从多数，现在您是少数，大家是多数。您今天就是不民主，大家要您吃粥，您为什么不吃呢？"

朱德还是静静地听着。

刘坚望望朱德，心想，这下子可"将"了朱总司令一"军"。

朱德望着刘坚，慢悠悠地说："你讲完了吧？少数服从多数，也得看是什么情况呀！咱们的三大纪律八项注意的第一条还是一切行动听指挥呢！"

刘坚涨红着脸，无话可说了。

朱德把手中的野菜碗放到地上，不慌不忙地继续说：

"同志们，米粥还是应该病号吃，因为他们是病号嘛！"

刘坚见自己所有的理由都没有说服总司令，就举着碗恳求道："总司令，您就尝一点点吧。"

朱德温和地笑着说："尝什么，我又不是没有吃过。你这个女娃娃呀！"

看着眼前的情景，康克清边往前走边在心里想，你们还是不了解他啊，越是在这样的时候，他想到的首先是战士，是伤病员，而不是他自己，这样的事情难道还少吗？就是在这草地上，骑兵警卫员的马在战斗中被打死了，只好步行。可是脚又被碰伤了，走路时一瘸一拐的。朱德看到了，就跳下马来对警卫员说：

"骑上我的马吧！"

说着把缰绳交给饲养员，让他扶警卫员上马，自己则跑着去追赶前面的队伍；一次露营时，参谋为朱德找到一间藏民放牧时住的木架房子。朱德看到草地上躺着一些伤病员，立即吩咐参谋叫伤病员到房子里去住，而自己则露营在草地上；缺粮时，他把他的牛皮带解下来，割成一小块一小块，煮熟给别人吃了……

看到康克清走来，刘坚好像看到了救星，忙把碗塞到康克清手里，说：

"还得你才能解决这个难题，快来劝劝总司令吧！"

康克清看看碗里的大米粥，稀得能照见人影。她想，即使这样的米粥他也不会喝的，我也没法劝说啊！

她抬起头来，看着人们期待的目光，心里思忖了半天，拿过一把小勺子，舀了两三小勺米粥放进朱德碗里，边舀边说：

"你就尝尝吧，你不吃，他们是不会吃的。"

朱德没有表示反对。康克清又把其余的粥分给了四个病号。

朱德喝完碗里的粥，举起碗向着伤员说："我已经吃了，你们快吃吧！"

一个病号连长噙着泪对其他病号说："吃吧，不吃会辜负总司令的心意的。"

朱德看着病号们在吃粥，脸上浮现出满意的笑容，又低下头吃碗里的野菜，咀嚼着，像很甜很香似的。

康克清也盛了一碗野菜，坐到朱德旁边吃起来。虽说野菜里放了一些牛骨头，闻起来香喷喷的，可吃起来就不是滋味了。特别是那野葱，闻起来香味和家葱一样，吃进嘴里味道却如同刚结出的李子，又苦又涩，令人难以下咽。

坐在旁边的刘坚说："朱总司令对野菜真熟悉。刚才总司令带领我们找野菜，讲了好多野菜的知识，什么牛耳大黄，什么灰灰菜，什么车前草，不但知道名称，还知道生长期和味道呢！"

刘坚的话，使康克清一下子又想到了临出发过草地之前，朱德请来了通司和几个当地老百姓，笑嘻嘻地询问他们这一带有什么可吃的野菜。他们明白了朱德的意思后，就讲了许多野菜的形状和名称。随后，朱德又领着炊事员、饲养员和警卫员，亲自出去挖野菜。他按通司和老百姓讲的，拔下野菜用手捏捏，放到鼻子底下闻闻。接着又发动更多的人去挖，一棵棵分类整理好，用水滋养起来，开了个展览会。怪不得他在展览会上说：

"野菜也是宝，有它就饿不死人了！"

原来，他早就为过草地考虑好吃饭问题了呀！

朱德听见了刘坚的话，指着康克清说：

"这是她教给我的办法呢！"

"我教给你的？"康克清奇怪了。

"你忘了那次野韭菜啦？"朱德说。

康克清想起来了。怪不得他那次问得那么详细呀！

吃过饭之后，夜幕已经降临了，笼罩着无边无际的草地。人们点起一堆堆篝火。红色的火苗，熊熊地燃烧起来。人们围在篝火旁取暖。朱德轻轻拨着火，对大家说：

"我们北上的红军和陕北红军会合后，打了胜仗。我们也快要和他们会合了。"

人们听到这里，顿时兴奋起来，连躺在地上的人也坐直了身子。在火焰的映照下，一双双眼睛里放射着明亮的光芒。

"来，咱们唱个歌吧！"朱德提议说。

一个人开了头，大家都跟着唱了起来：

> 同志们，我们是中国工农红军，
> 勇敢前进，
> 不怕困难和牺牲，
> 钢铁红军是好汉，
> 战胜雪山和草地，

向着陕北，向着胜利，

奋勇前进，前进，前进！

这雄壮嘹亮的歌声，回响在草地，回荡在夜空，向远方飞去。

康克清唱着。她看看朱德，朱德也在唱。寥廓的天空，一碧如洗，繁星点点，北斗横斜……

一夜风雨，好像把蓝天擦得分外明亮，把野草洗得格外翠绿。

天还不亮，人们就早早地起来了。确切地说，他们夜里就没有好好睡过。一是风雨湿透了衣服，更主要的是，就要走出草地了，心里激动啊！

可是这天夜里，朱德却睡得特别香。白天，他又和党校的学员们一起走了一天水草地，夜晚就和他们宿营在一座草坡上。警卫员撑起一块雨布，他就在下边沉沉入睡了。

他是被人们的议论声惊醒的。睁开眼睛，看到大家都在做准备，忙碌而紧张。他慢慢坐起身来，看到康克清和几个警卫员站在身边，就说：

"你们起得这样早，是不是激动得睡不着觉呀？"

康克清说："是啊！就要出草地了，你不高兴吗？"

"高兴是高兴，睡觉还得睡觉嘛！"朱德说，"出了草地，还有更多的事情要做哩，不睡好觉哪行！"

"总司令真沉着，这样的时候还睡得这么好。"警卫员说。

朱德笑了："我是老君炉里的孙猴子，经得火多也就习以为常了。"

"听警卫员说你睡得很沉，我还以为你病了呢。"康克清说，"我来了两次，看不像病的样子，就没有惊动你。"

"看来你也一夜没睡了。"朱德说。

康克清不好意思地笑了："睡不着嘛！"

"那白天怎么走路呀！"朱德说着站起了身。

这时，警卫员端来一碗野菜汤，说：

"总司令，快吃点吧，就要出发了。"

朱德接过碗，牢牢端在手里。他没有马上吃，久久地打量着，深情地说：

"这野菜对革命可是立了大功的啊！没有它，我们会有更多的同志走不出草地。"

"再见了，野菜！"有个警卫员调皮地说。

"可以说再见，但不要忘记它！记住这野菜，记着生长它的草地！"朱德说。

康克清催促说："快吃吧，该出发了。"

朱德吃起了野菜汤，恋恋不舍地吃着，唯恐吃完就没有了似的。

太阳升起来了，橘红色的霞光，为碧绿的野草涂上一层绯红，草叶上的露珠，透明而闪亮，如同一颗颗耀眼的珠子。和夜间的风雪比较，此刻，显得明丽、宁静而温柔。朱德边吃边看，目光中充满迷恋和陶醉。

在康克清和警卫员的再一次催促下，朱德才吃完那碗野菜汤，把碗递给警卫员，伸手抹抹嘴唇，低沉地说：

"走吧。"

党校的学员们已经出发了，朱德迈步踏上了行军路，康克清在他的身边走着。

这里接近了草地的边沿，路虽然还是泥泞的，但比起前几天已经好多了。朱德一步一步地走着，不时抬头看看前边，又回过头看看后边。忽然，他转脸说：

"康克清，我看你的身体完全恢复了，是不是？"

"是的，早就恢复了。"康克清说。

她的目光有些疑惑，不明白朱德为什么在这个时候问这个问题。

"你会忘记草地吗？"朱德问。

"不会忘记的，这一辈子都不会忘记的。"康克清答。

朱德点点头："过草地是够苦的，有的人走了一次，我们和不少人走了三次，苦是多吃了不少，可它也教会了我们好多东西。"

康克清非常赞同朱德的观点，说：

"是的，我会永远记住。"

朱德顺着自己的思路，继续说下去：

"反动派的追杀，党内的分歧，大自然的艰险，都没有把我们搞垮，这说明我们的党是坚强的，红军是坚强的。"

"是呀！我们到底走过来了，胜利地走过来了，以后就好了。"康克清受到朱德的感染，语调也激昂起来。

朱德看看康克清，说：

"以后会好的，但是困难还不会少，斗争也还会有，我夜间想了很多。"

原来他夜里并没有光是睡觉啊！对于朱德的这些话，康克清有的马上理解了，有的则是在以后很长的时间里才逐渐真正明白的。

忽然，前边传来阵阵欢呼声：

"我们终于走出草地了！"

"我们终于胜利了！"

寻声望过去，战士们有的呼喊，有的跳跃，有的捡起路边的石头，一遍遍地抚摸着，嘴里喃喃地说着：

"石头！石头！"

是啊，多少天没见到石头了。

一个女学员跑过来，手里举着一束花，递给康克清，大声说："花！花！"

康克清抚摸一会，又递给朱德。

朱德将花捧在手里，看了又看，放在鼻子下闻了闻，脸上闪着兴奋的光彩，连声说：

"好！好！"

"前边有好多好多呢！"女学员压制不住满腔的喜悦说。

"走，咱们去看看！"朱德对康克清说。

"好的。"康克清看看朱德，大声回答。

他们并肩迈步，急速地向前面走去。

阳光，剪下了他们的身影。

附录

最后的十年

　　1886 年诞生于四川省仪陇县农家的一个孩子，后来成为人民军队的总司令，闻名中外的元帅，受到人民的尊敬和爱戴。他，就是朱德同志。

　　1976 年的 7 月 6 日，朱德同志怀着惴惴不安和深沉的忧虑，离开了他为之奋斗终生而又正处在动乱的痛苦中的人民，但他和蔼的形象，他光辉的业绩，却一直印在人民的心里。对于康克清同志来说，自然更是如此。

　　在朱总司令 100 周年诞辰前夕，我曾见过尊敬的康大姐一次。她端坐在沙发上，时而用缓慢的江西口音讲述她所接触的朱老总，时而抬眼望望墙上悬挂的朱老总遗像，潮润的双眸在深情凝视，庄重沉静的面孔陷入无限的怀念之中。

　　大姐的心情，是可以理解的。我有幸听她讲过她和朱老总一起走过的战斗历程，知道这一对 1929 年结成的革命伴侣，跋涉过赣南、闽西和闽中的崇山峻岭，穿越过五次反"围剿"的烽火硝烟，历经了长征路上的艰难险阻，还有那延水河边的甘苦，太行山上的酸甜，西柏坡村的欢欣，北京城内的忧乐……直到 1976 年朱老总去世，在将近半个世纪的时间里，他们始终相随相伴，相濡以沫。作为学生，她得到过严师的教诲；作为同志，她得到过战友的关心；作为妻子，她得到过丈夫的体贴。她更熟悉朱老总，更了解朱老总，因而也更加怀念朱老总。然而，在大姐的心目中，他们最后 10 年的共同生活，却占着特殊重要的位置。因为那是"文化大革命"的 10 年，朱老总和许多革命家一样，受到了不公正的对待。但他在这种不公正的对待中，表现出无产阶级革命家的高风亮节，使他在"高举红旗贯平生"的一生中，闪射出尤为绚丽耀目、鲜为人知的光彩。

谈到"文化大革命"中的朱老总，康大姐说：

"运动刚开始时，他很少说话，常常一个人独坐默想。可以看得出来，他是不理解的，心情是苦闷的。"

显然，那场历史性灾难突然凶猛地降临时，他虽然是中共中央政治局常委，是全国人大常委会委员长，仍然不理解。但由于当时种种复杂的政治原因，他只能默默地思考，而在无言之中，又流露出内心的看法和不满。

一次，他突然问道："戚本禹怎么成了中央文革小组的成员呢？"

还有一次，他参加中央的会议回来，将林彪那个专说"政变"的讲话交给秘书，转身就走，一句话也没有说。

以往，凡是中央的文件，毛泽东、刘少奇、周恩来同志的讲话，他在交给秘书时都要坐下来讲讲怎样理解，怎样贯彻。这次不屑一提的鄙视态度，不正是心中不满的外现吗？对林彪，朱总司令是深知其人的。早在 1959 年庐山会议后，他就对康大姐说："林彪以前有功，但他不愿见人，更不能团结人，把军队交给他，不知以后会搞成什么样子呢！"

如今，林彪又大谈"政变"，朱总当然有自己的看法。他怎能不更多地思考党和国家的命运呢？

但这种思考和沉默的时间并不长。当林彪和江青相互勾结，煽动造反、串联、点名批判、关押从中央到地方的一大批领导同志的时候，当攻击刘少奇、邓小平及彭德怀、贺龙、陈毅、徐向前、聂荣臻、叶剑英等老帅的大字报贴上大街的时候，朱老总坐不住了。他挂着手杖，冒着寒风，在中南海院里看大字报，到北京大学去看大字报。面对那些造谣和诬陷，他要么脸上露出一丝冷笑，要么十分愤懑，实在气愤极了，才说：

"心怀叵测，心怀叵测呀！"

朱总司令的这种态度，使林彪和江青一伙又恨又怕，必欲置之死地而后快。因此，1966 年 12 月的一天，戚本禹奉江青之命，召集中南海造反派的头头开会，布置揪斗朱老总。就在这天晚上，几十个人闯到朱老总住处。正巧这晚朱总不在家，那些人在门前和墙上贴满"朱德是黑司令""朱德是大军阀""炮轰朱德"等大字报后才离开。接着，北京街头也出现了"打倒朱德"的大标语，还成立了"揪朱联络站"，策划召开"批斗朱德大会"。对此，朱老总冷冷一笑，什么话也没有讲。当有人问他时，他坦然地说："历史终究是历史。历史是最公正的！"

为了诬陷和打倒朱老总，全国妇联机关也对康大姐进行了围斗，说她是"走资派"，逼她揭发、交代朱总"反党、反毛主席的罪行"。康大姐理直气壮地说：

"我不是'走资派'，我没有反党反毛主席。朱老总和毛主席是一起战斗几十年的战友，他不会反对毛主席！"

这时，又有人质问道："你说，是不是毛主席和林副主席在井冈山会师的？"

康大姐摇摇头，说："不是。是朱德与陈毅带领湘南起义后的部队，上井冈山和毛主席会师的。历史在那里摆着，不是谁想改就能改得了的。"

有一天，康大姐回到家里，见朱老总正看一张传单，传单上说：成立了一个"中国（马列）共产党"，在一个地方开过会，朱老总当了中央书记，传单上还列有其他负责人的名单。朱老总看过后笑了。康大姐问他笑什么，他说：

"根本没有这回事，这是造谣嘛！让他们造去，将来一定会弄清楚的。"

康大姐还是有些不安地说："现在，你成了'黑司令'，我成了'走资派'，往后不知还会怎么样呢？"

朱老总充满信心地说："只要有主席、总理在，就没有关系，他们最了解我。你不要怕，'走资派'多了也好。都成了'走资派'，就都不是'走资派'了。形势不会总这样下去的。"

康大姐听了这些话，心里感到很宽慰。

不久，毛泽东同志在中共中央军委的一次碰头会上说：朱德还是要保。但林彪和江青一伙仍然歪曲红军时期的一段历史，说朱老总是"资产阶级军事路线的代表"。一天，康大姐在外边开过会回到家里，拿这个问题问老总。朱老总不慌不忙地说：

"这是党内的事情，我不能告诉你！"

康大姐着急了，大声说："人家说你是资产阶级军事路线的代表，到底是不是？我是你的老婆，不能糊涂。"

朱老总看到康大姐焦急的样子，笑了笑说：

"急啥子嘛！做什么事总都有个代表，是就是，不是，想代表也代表不了。当时不少部队刚从国民党部队起义过来，资产阶级军事思想是存在的，他们要找我代表，那就找嘛！"

朱老总的这番铿锵的话语，从容的态度，显示出坦荡的胸怀。

听着康大姐叙述朱老总在"文化大革命"开始后临变不惊、泰然自若的言语和举动，我忽然想到了大自然中的树。敬爱的朱总司令，在那场狂风暴雨中，您如同一棵参天的大树，不管怎样的风吹雨打，都不摇不动，巍然屹立。正如英国诗人拜伦在一首诗中歌颂的普罗米修斯那样：

> 你那抗拒强暴的毅力，
> 你那百折不挠的灵魂
> 天上和人间的暴风雨，
> 怎能摧毁你的果敢和坚忍！
> 你给了我们有力的教训：
> 你是一个标记，一个象征，
> 标志着人的命运和力量。

然而，对于这样一棵大树，林彪和江青一伙不摧毁是不甘心的。

1969年4月，党召开"九大"，82岁的朱老总抱病参加了这次会议。那几天，他正患气管炎，喘得很厉害。就是这样，林彪、江青一伙仍然不放过他，在会上多次对朱总司令进行围攻和批斗，逼他做检讨。这是多么残酷的折磨啊！

即使如此，朱老总也没有屈服，更不对别人讲。

康大姐回忆到当时的情景时说："一次朱总开会回来，问我认识不认识吴法宪、邱会作，我说不认识。他又说总该认识李作鹏吧，我想了想说，就是过去在你警卫班里当战士的那个李作鹏吧？他'嗯'了一声。我感到他突然问起这几个人必有原因，就问他什么意思。他叹了一口气，说：'这几个人，都左得不可收拾咯！'就再也没有说别的。"

康大姐告诉我，"文化大革命"开始不久，就听说要把朱老总和她赶出中南海。她问朱老总，朱老总说，有这个可能。果然，被他言中了。

原来，还在"九大"闭幕不久，朱总司令就接到一个"勒令"，要他和董必武、李富春、聂荣臻、陈毅、叶剑英、李先念、徐向前等人交代"反党罪行"。朱老总说："不要理它！"

到了10月，林彪擅自发出所谓"第一个号令"，扬言"要准备打仗"。康大姐怀疑地问朱老总："真的要打仗吗？"

朱老总淡然一笑，说："战争又不是小孩子打架，凭空就能打起来的。打仗之前，总会有很多预兆、迹象。现在根本看不到任何战争的预兆、迹象嘛。'醉翁之意不在酒'啊！"

尽管朱老总看出了林彪的真实阴谋，是把一批领导人赶出北京，实行隔离监视，分而治之，但仍得根据这"第一个号令"，被"疏散"离开北京。当时，他身边没有人，就对康大姐说：

"康克清，你得跟我一起走啊！"

正在被"专政"的康大姐为难地说："对呀，我是该跟你一起走。可是，军代表要是不点头，我想去也走不了啊！"

朱老总沉思一会儿，无可奈何地说："那我只好打电话给恩来，让恩来去跟他们说了！"

听到这里，我的心不由得一缩。一个指挥千军万马的总司令，让妻子跟自己一起到外地去，竟然需要一个军代表的批准，而且自己连电话也不能打。

就这样，朱老总和康大姐一起到了广东。关于在那里的生活，康大姐说得不多。但我从一个材料上看到过这样的记载：

> 当朱老总坐了三个多小时飞机到达广州时，连个休息的地方也没有，不得不在候机室里久久等着，最后被送到了从化。那里，虽然是个风景优美的地方，但此时却是软禁朱老总的牢狱。在这里，朱老总完全失去了自由，没有人来看他，不准他到附近的工厂、农村去，甚至连散步也不能超过"桥头警戒线"。终日陪伴他的，只有老战友康克清和一个小孙

女。不过，即使在这样的境遇中，朱总仍然对前途充满信心，
坚信那些为非作歹的人不会长久。他对康大姐说："军队还是
党掌握的。有了军队，就什么也不怕！我最担心的，还是工农
业生产。"

　　是的，全国人民的生活疾苦，时时萦绕在朱老总的心头。从"文化
大革命"一开始，他就在中央的一些会议上说，今年是第三个五年计划
的第一年，我们应该使工农业生产有大幅度的增长。他反复强调，现在
的"文化大革命"运动，搞到破坏生产的地步，要注意解决。后来，虽
然他的活动受到限制，仍时时关注着生产，担心生产继续受到破坏。

　　1972 年 9 月以后，他以 86 岁的高龄，先后视察了七机部、一些工
厂和农村。针对"四人帮"一伙把抓生产当成是"唯生产力论"的观点，
他说："别听他们'革命'口号喊得比谁都响，实际上就是他们在破坏革

观看革命历史文物，回顾往昔峥嵘岁月

命破坏生产。不讲劳动，不搞好生产，能行吗？粮食不会从天上掉下来的。没有粮食，让他们去喝西北风！"

1976年春旱，朱老总很着急。后来下了一场大雨，他十分高兴，要身边工作人员去量湿了多厚的土层。不久，他又亲自到郊区去调查，看到麦子长势好，才放下心来，归途中路过一个果园，当时正刮大风，他担心大风给桃、梨、苹果带来损害，就下车向劳动的群众了解情况，得知这场风对果树结实没有妨害，他才微笑着上车而回。

"1974年1月，我到首都体育馆参加'批林批孔'会，回到家对朱总说：'我刚才听了江青的讲话，一个突出的印象，就是她把手伸到军队里去了。'朱总沉思一会说：'你不用害怕。军队的大多数是好的，地方干部大多数是好的，群众也是好的。'文化大革命'以来，军队里虽然出了几个败类，但从整个军队来说，他们是拉不走的。干部中，也有少数人被他们拉了过去，但广大干部战士是不会跟着他们跑的。江青这人是打旗子，又有一部分人捧她。她的本事有多大，你还不知道吗？你去问问工人、农民、战士和知识分子，谁愿回到半封建半殖民地去呢？别看那些人闹得凶，总有一天，干部和群众会醒悟过来，把他们推翻的。'朱老总的话，使我受到很大的启发和教育。"康大姐一口气说了这么多，把身子轻轻靠在沙发上，微微闭上眼睛。片刻，她又坐起来，仿佛当年率领她的女子义勇队战斗胜利后想到牺牲的同志一样，语调沉重地说：

"1976年1月周总理逝世时，朱总万分悲痛，两眼直直地望着灰蒙蒙的天空，热泪一滴滴顺着脸颊往下流，嘴里不停地说：'恩来，恩来在哪里？'我和他一起生活了那么多年，看到他掉泪，这还是第一次。"

随着大姐的叙述，我好像看到从周总理患病住院后，朱总司令就经常向身边的人询问总理的身体情况，还亲自到医院里去看望的情景。那一晚，有多少人看到扶着手杖的朱老总，举起颤抖的右手，站在总理的遗体旁，行了一个庄严的军礼，迟迟不愿离去。可是人们没有看到，在向遗体告别回来的路上，朱总司令一直在流泪；更不知道，朱总决意要去参加周总理的追悼会，由于过分悲痛，两条腿怎么也站不起来，只得在电视机前，参加了追悼会。那些天，他吃不好饭，睡不好觉，整天念着"恩来"这两个字，还向康大姐及周围的工作人员讲述周总理光辉的革命历史和英勇斗争的事迹，说：

"周总理为国家为人民鞠躬尽瘁，死而后已，死后还把骨灰撒在祖国的江河大地上，周总理是一个彻底的无产阶级革命家……"

康大姐告诉我，周总理逝世后，朱老总就说：

"总理去世了，毛主席身体也不大好，我应该更多地做些工作。"

这一年的春节，他对人大常委会的几位负责同志说：

"总理不在了，我们要更加努力地工作。不然，我们既对不起党和人民，也对不起总理。"

他是这样说的，更是这样做的。

这幅题字一直挂在康克清的卧室中

从此，他以90岁的高龄，带着病开会，看文件，找人谈话，会见外宾，处理日常事务。

当"四人帮"大肆诬陷和攻击邓小平同志时，朱总司令在不同场合多次说："在毛主席领导下，由邓小平同志主持中央的日常工作，这个班子不要变动。"

一天，朱老总收到一封揭发"四人帮"的群众来信，他态度鲜明地给予支持，并马上转呈毛主席：

"收到人民来信一件，事关重大，请主席酌处。"

他收到成仿吾同志寄来的一本新校译的《共产党宣言》，急忙把老译本找出来，对照着阅读了一遍，第二天前去看望了成仿吾，称赞这是"做了一件有世界意义的工作"……

由于过度的紧张和劳累，朱老总的肺炎复发了。但他毫不在意，照样工作，照样会见外宾。直到生命的最后一息，想的还是人民，还是革命。

6月12日，朱老总会见马达加斯加民主共和国总统迪迪埃·拉齐拉卡。

6月21日，朱老总病重了。按照原先安排，他要去会见外宾。人们劝他休息，改由其他中央首长代替会见。他没有同意，说：

"这是党的安排，我怎么能够因为身体不好，就随便不去呢？"

他还是吃了药，坚持会见了澳大利亚联邦总理马尔科姆·弗雷泽。

由于这次会见的时间改变，朱老总在有空调的房间里等得太久，加重了他的病情。

6月25日，经过医生会诊后，建议立即住院治疗。朱老总想到次日要会见外宾，坚持说：

"不要紧嘛，等到明天我会见了外宾，再去住院也不晚。"

6月26日，朱总病情突然恶化，他才不得不同意住院治疗。

7月1日，病情更严重，除肺炎之外，又增加了肠胃炎和肾病，高烧一直不退。这天，他把秘书叫到床前，问道：

"今天是党的生日，报纸该发表社论了吧！念给我听听。"

7月初的一天，朱老总对到医院看他的李先念同志说：

"我看还是要抓生产，哪有搞社会主义不抓生产的道理呢？！"

"他是抱着深深的遗憾和不安离开人世的。因为他没有看到祸国殃民的'四人帮'被粉碎，因为他希望活到1980年，看到第五个五年计划实现。可是他都没能如愿……"

在说到这些的时候，康大姐的眼睛又一次润湿了，语调更加沉痛。这不难理解，失去亲密伴侣的创痛，是时间所无法平复的。但大姐是一位坚强的女性，她能控制自己的感情。她最后说：

"对先行者最好的怀念，是把他们的事业继续下去，把他们的理想变为现实！"

你说得对，大姐！朱总司令和其他所有的先行者一样，永远是一种巨大的精神力量，将长久激励我们朝着他们为之奋斗了终生的目标，奋勇前进！

在家中

1990 年版后记

几次拿起又放下，几次放下又拿起，经过6个多思的春，6个燥热的夏，6个风雨的秋，6个冰雪的冬，我终于完成了这部书稿。

当我怀着忐忑的心情，准备将它呈献于读者面前的时候，不由得又想到1983年那个渗透汗水的7月，我连续三次采访康克清大姐的情景。她热情接待我，拿出花生招待我，让我吃新鲜的荔枝。见我坐得离她远了点，就说：

"怎么不坐近一点呀？"

我说："我抽烟，怕呛着您。"

"我不怕。"

她说着叫我挨她而坐，使我感到更亲切、更随便。

话题自然是从朱总司令开始的。那时朱老总去世虽然已有7个年头，但大姐失去伴侣的悲痛仍在心头，所以语调是沉缓的，心情是难受的。第一次，大姐向我讲了她了解的朱总司令；第二次，大姐谈到了她的家世，怎么参加革命活动，怎样走上井冈山，怎样见到朱老总，怎样同朱老总结婚；第三次，大姐谈了她和朱老总在中央苏区和长征路上并肩战斗、甘苦与共的生活。她谈得那么详尽，连具体细节也讲得十分清楚。我把这些记在笔记本上，更多的则是记在心里。

有些朋友听说后，就鼓励我把它写出来。我有些动心，可又不得不采取严肃和慎重的态度。因为对朱老总这位"红军之父"，对于康大姐这位"红军的标准产物"，已经有众多书籍和文字作了记载，同时，我也想有机会再请大姐细谈她和朱老总在延安、太行及后来共同经受的风风雨雨，可惜未能如愿。大约是 1984 年那个难忘的初春，我还是动笔写出了一部初稿。随后，便长期搁置起来了。

不过，我的心中仍然时刻想着它，思考它，并且注意阅读了不少传记文学作品，和一些人进行过交谈。慢慢地，我发现对此有两种态度：一是有人怕谈爱情婚姻生活，也反对去写；二是有人津津乐道伟人名人的私生活，甚至专门去写其"隐私"。这种情况，外国中国都有。而我则认为，爱情、婚姻及家庭是人生的一个组成部分，任何伟人名人都概莫能外，当然，因所处的国度和时代不同而不同。然而，爱情、婚姻和家庭毕竟是客观存在的事实，无须去忌讳或躲避。特别是他们在这方面所体现出的精神和情操，对后代也不仅仅是轶闻趣事。基于这样的想法，我写了《任弼时和陈琮英》《蜜月行动》。现在，我又决定把这部《朱德和康克清》拿出来，请读者去鉴赏、品味以至批评。为了弥补没有写后来的事迹的缺憾，特地将朱老总 100 周年诞辰前夕我采访康大姐后所写的《最后的十年》一文附在后面，以供参阅。

文中所用的材料，绝大部分是康大姐亲口所谈。在写作的过程中，我还请教了一些老同志。尤其是曾志大姐，在南下的火车上向我讲述了她如何充当朱老总和康大姐的红娘的故事。另外，我也参考了有关的史料。在此，我向所有这些同志致以真诚的谢意。

任何采访都是事后的，也都是有限的。由于我不是那个时代的亲身经历者，又有许多无法排除的不足，所以书稿中可能有出入，甚至有错误。尽管这都是在所难免的事，但我愿意真诚地听到赐教和指正。

纪　学
1990 年 1 月